A METZ,

DE L'IMPRIMERIE DE COLLIGNON.

ÉLÉMENS

DE LA

GRAMMAIRE LATINE,

PAR LHOMOND;

AVEC LES NOTES

DE F.-P. SAINSÈRE,

PRÊTRE, PROVISEUR DU COLLÉGE ROYAL DE METZ.

QUATRIÉME ÉDITION CORRIGÉE ET AUGMENTÉE.

METZ,

L. DEVILLY, LIBRAIRE DU COLLÉGE ROYAL,
RUE DU PETIT-PARIS.

1822.

*Les Exemplaires voulus par la Loi ont été dé-
posés à la Bibliothèque royale, et je poursuivrai
tout contrefacteur.*

L. Deville

AVIS DE L'ÉDITEUR.

L'ACCUEIL favorable que les personnes vouées à l'Instruction publique, ont daigné faire aux notes que j'ai ajoutées à la Grammaire latine de Lhomond, m'a engagé à revoir particuliérement cet Ouvrage, et à y faire beaucoup d'additions, qui ne sont ni moins intéressantes, ni moins utiles que les précédentes.

Je n'ai pas touché au texte de l'auteur; il est entier et sans altération. Je n'ai ajouté que très-peu de chose pour les commençans. Comme il est aisé de voir que les notes contenues dans cette Grammaire, ne conviennent pas également à tous les Elèves, j'ai laissé à la sagacité des Maîtres le soin d'indiquer aux jeunes étudians celles qui sont à leur portée. On peut s'en servir jusqu'en quatrième; il y en a même qui ne sont propres qu'aux Elèves de cette Classe.

Les jeunes gens se trompent si souvent sur le genre des noms latins, que j'ai cru nécessaire de donner à la fin de cette Grammaire des règles capables de les fixer sur cet objet. Je les ai fait précéder de quelques observations sur l'emploi convenable des participes, et sur la place que certains mots doivent occuper dans les phrases. J'aurais pu m'étendre davantage sur ce dernier article; mais il aurait fallu faire un traité d'élégance qui ne peut trouver place dans une Grammaire. J'ai terminé le peu que j'en ai dit, par une règle générale, dont MM. les Professeurs pourront aisément faire remarquer l'application dans les Auteurs qu'ils mettront entre les mains de leurs Elèves.

J'ai tâché de ne rien omettre pour rendre cet Ouvrage aussi complet qu'il est possible. Mon seul but a été de me rendre utile à la jeunesse. Ce but sera rempli, si mon travail peut lui faciliter l'étude d'une langue qui souvent ne lui présente des difficultés que par le défaut de règles suffisantes, claires et précises.

ÉLÉMENS

DE LA
GRAMMAIRE LATINE.

PREMIÈRE PARTIE.

Il y a en latin neuf sortes de mots, *le Nom*, l'*Adjectif*, le *Pronom*, le *Verbe*, le *Participe*, l'*Adverbe*, la *Préposition*, la *Conjonction* et l'*Interjection*.

PREMIÈRE ESPÈCE DE MOTS.
Le Nom.

Le *Nom* est un mot qui sert à nommer une personne ou une chose, comme *Pierre, Paul, Livre, Chapeau.*

Il y a dans les Noms deux Nombres, le *Singulier*, quand on parle d'une seule personne ou d'une seule chose: ainsi *un homme, une rose*, sont au nombre *singulier*; le *Pluriel*, quand on parle de plusieurs personnes ou de plusieurs choses; ainsi *les hommes, les roses*, sont au nombre pluriel.

En latin le Nom change sa dernière syllabe: ainsi *rosa*, fait *rosæ, rosam, rosarum, rosis, rosas:* ces différentes manières de finir un Nom, s'appellent *Cas.*

Il y a en latin six *Cas*, savoir: le *Nominatif,*

I

le *Génitif*, le *Datif*, l'*Accusatif*, le *Vocatif*, et l'*Ablatif*. Quand on récite de suite les six Cas d'un Nom, cela s'appelle *décliner*. Il y a en latin cinq *Déclinaisons* différentes, que l'on distingue par le Génitif singulier et pluriel.

PREMIÈRE DÉCLINAISON.

La première Déclinaison a le génitif singulier en *æ*, et le génitif pluriel en *arum*,

NOMBRE SINGULIER.

Nominatif,	*f.* Ros	a,	*la Rose.*
Génitif,	Ros	æ,	*de la Rose.*
Datif,	Ros	æ,	*à la Rose.*
Accusatif,	Ros	am,	*la Rose.*
Vocatif,	ô Ros	a,	*ô Rose.*
Ablatif,	Ros	â,	*de la Rose.*

NOMBRE PLURIEL.

Nominatif,	Ros	æ,	*les Roses.*
Génitif,	Ros	arum,	*des Roses.*
Datif,	Ros	is,	*aux Roses.*
Accusatif,	Ros	as,	*les Roses.*
Vocatif,	ô Ros	æ,	*ô Roses.*
Ablatif,	Ros	is,	*des Roses.*

Ainsi se déclinent tous les Noms dont le génitif singulier est en *æ*, et le génitif pluriel en *arum*, comme:

Statu a, æ, *la Statue.*	Mens a, æ, *la Table.*
Hor a, æ, *l'Heure.*	Herb a, æ, *l'Herbe.*
Port a, æ, *la Porte.*	Cauda , æ, *la Queue.*
Plum a, æ, *la Plume.*	Musc a, æ, *la Mouche.*

SECONDE DÉCLINAISON.

La seconde Déclinaison a le génitif singulier en *i*, et le génitif pluriel en *orum*,

SINGULIER.

Nom.	m.	Domin us,	le Seigneur.
Gén.		Domin i,	du Seigneur.
Dat.		Domin o,	au Seigneur.
Acc.		Domin um,	le Seigneur.
Voc.	ô	Domin e,	ó Seigneur.
Abl.		Domin o,	du Seigneur.

PLURIEL.

Nom.		Domin i,	les Seigneurs. *
Gén.		Domin orum,	des Seigneurs.
Dat.		Domin is,	aux Seigneurs.
Acc.		Domin os,	les Seigneurs.
Voc.	ô	Domin i,	ó Seigneurs.
Abl.		Domin is,	des Seigneurs.

Ainsi se déclinent tous les Noms dont le génitif singulier est en *i*, et le génitif pluriel en *orum*, comme :

Hort us, i, *le Jardin.*	Corv us, i, *le Corbeau.*
Lup us, i, *le Loup.*	Av us, i, *le Grand-Père.*
Popul us, i, *le Peuple.*	Asin us, i, *l'Ane.*
Cerv us, i, *le Cerf.*	Capill us. i, *le Cheveu.*

NOMS de la seconde Déclinaison qui ont le Nominatif singulier en er; dans ces Noms le Vocatif est semblable au Nominatif.

SINGULIER.

Nom.	m.	Puer,	l'Enfant.
Gén.		Puer i,	de l'Enfant.
Dat.		Puer o,	à l'Enfant.
Acc.		Puer um,	l'Enfant.
Voc.	ô	Puer,	ó Enfant.
Abl.		Puer o,	de l'Enfant.

* Remarquez bien que dans les Noms français le pluriel se forme en ajoutant *s*.

PLURIEL.

Nom.	Puer i,	*les Enfans.*
Gén.	Puer erum,	*des Enfans.*
Dat.	Puer is,	*aux Enfans.*
Acc.	Puer os,	*les Enfans.*
Voc.	ô Puer i,	*ô Enfans.*
Abl.	Puer is,	*des Enfans.*

Ainsi se déclinent:

Magist er, ri, *le Maître.* | Lib er, ri, *le Livre.*
Ap er, ri, *le Sanglier.* | Vir, viri, *l'homme.*

Nom neutre de la seconde Déclinaison.

REMARQUE. Il y a en français deux genres, le genre *masculin* et le genre *féminin*. Les noms d'hommes sont du masculin, comme le Grand-Père, *Avus.* Les noms de femmes sont du féminin, comme la Fille, *Filia :* ensuite par imitation l'on a donné le genre masculin ou le genre féminin à des choses qui ne sont ni mâles ni femelles ; ainsi l'on a fait le Jardin, *Hortus,* du masculin ; la Rose, *Rosa,* du féminin. En latin il y a un troisième genre qu'on appelle neutre. Les noms qui ne sont ni du genre masculin, ni du genre féminin, sont du genre neutre.

Le genre de chaque Nom est marqué ainsi: *m.* pour le masculin, *f.* pour le féminin, *n.* pour le neutre.

SINGULIER.

Nom.	*n.*	Templ um,	*le Temple.*
Gén.		Templ i,	*du Temple.*
Dat.		Templ o,	*au Temple.*
Acc.		Templ um,	*le Temple.*
Voc.		ô Templ um,	*ô Temple.*
Abl.		Templ o,	*du Temple.*

PLURIEL.

Nom.	Templ a,	*les Temples.*
Gén.	Templ orum,	*des Temples.*
Dat.	Templ is,	*aux Temples.*

Acc.	Templ a,	*les Temples.*
Voc.	ô Templ a,	*ô Temples.*
Abl.	Templ is,	*des Temples.*

Ainsi se déclinent tous les Noms neutres dont le génitif singulier est en *i*, et le génitif pluriel en *orum*, comme :

Brachi um, i, *le Bras.*	Vin um, i, *le Vin.*
Foli um, i, *la Feuille.*	Coll um, i, *le Cou.*
Bell um, i, *la Guerre.*	Exempl um, i, *l'Exemple.*
Viti um, i, *le Vice.*	Studi um, i, *l'Etude.*

TROISIÈME DÉCLINAISON.

La troisième Déclinaison a le génitif singulier en *is*, et le génitif pluriel en *um*.

SINGULIER.

Nom.	f.	Soror,	*la Sœur.*
Gén.		Soror is,	*de la Sœur.*
Dat.	*	Soror i,	*à la Sœur.*
Acc.		Soror em,	*la Sœur.*
Voc.	ô	Soror,	*ô Sœur.*
Abl.		Soror e,	*de la Sœur.*

PLURIEL.

Nom.		Soror es,	*les Sœurs.*
Gén.		Soror um,	*des Sœurs.*
Dat.		Soror ibus,	*aux Sœurs.*
Acc.		Soror es,	*les Sœurs.*
Voc.	ô	Soror es,	*ô Sœurs.*
Abl.		Soror ibus,	*des Sœurs.*

Ainsi se déclinent tous les Noms masculins et féminins dont le génitif singulier est en *is*, et le génitif pluriel en *um*, comme :

Labor, is, *le Travail.*   Pat er, ris, *le Père.*

* Tous les Cas se forment du Génitif singulier, excepté le Vocatif et le Nominatif *singuliers*, en changeant la terminaison du Génitif, en celle qui est propre à chaque Cas.

Virg o,	inis, *la jeune Fille.*	Mat er, ris, *la Mère.*
Hom o,	inis, *l'Homme.*	Sermo, nis, *le Discours.*
Dolor,	is, *la Douleur.*	Mil es, itis, *le Soldat.*

Nom neutre de la troisième Déclinaison.

SINGULIER.

Nom.	n.	Corp us,	le Corps.
Gén.		Corp oris,	du Corps.
Dat.		Corp ori,	au Corps.
Acc.		Corp us,	le Corps.
Voc.	ô	Corp us,	ô Corps.
Abl.		Corp ore,	du Corps.

PLURIEL.

Nom.		Corp ora,	les Corps.
Gén.		Corp orum.	des Corps.
Dat.		Corp oribus,	aux Corps.
Acc.		Corp ora,	les Corps.
Voc.	ô	Corp ora,	ô Corps.
Abl.		Corp oribus,	des Corps.

Ainsi se déclinent les Noms neutres suivans :

Temp us, oris, *le Temps.*	Ol us, eris, *le Légume.*
Cap ut, itis, *la Tête.*	Pec us, oris, *le Troupeau.*
Lum en, inis, *la Lumière.*	Pect us, oris, *la Poitrine.*
Nem us, oris, *le Bois.*	Vuln us, eris, *la Blessure.*

SINGULIER.

Nom.	f.	Av is,	l'Oiseau.
Gén.		Av is,	de l'Oiseau.
Dat.		Av i,	à l'Oiseau.
Acc.		Av em,	l'Oiseau.
Voc.	ô	Av is,	ô Oiseau.
Abl.		Av e,	de l'Oiseau.

PLURIEL.

Nom.	Av es,	les Oiseaux.
Gén.	Av ium,	des Oiseaux.
Dat.	Av ibus,	aux Oiseaux.

Acc.	Av es,	les *Oiseaux.*
Voc.	ô Av es,	ô *Oiseaux.*
Abl.	Av ibus,	des *Oiseaux.*

Déclinez de même :

Nox, noctis, *la Nuit.*	Mens is, is, *le Mois.*
Coll is, is, *la Colline.*	Cæd es, is, *le Carnage.*
Mons, montis, *la Montagne.*	Fons, fontis, *la Fontaine.*

QUATRIÈME DÉCLINAISON.

La quatrième Déclinaison a le génitif singulier en *ús*, et le génitif pluriel en *uum*.

SINGULIER.

Nom.	*f.*	Man us,	la *Main.*
Gén.		Man ûs,	dé la *Main.*
Dat.		Man ui,	à la *Main.*
Acc.		Man um,	la *Main.*
Voc.	ô	Man us,	ô *Main.*
Abl.		Man u,	de la *Main.*

PLURIEL.

Nom.		Man us,	les *Mains.*
Gén.		Man uum,	des *Mains.*
Dat.		Man ibus,	aux *Mains.*
Acc.		Man us,	les *Mains.*
Voc.	ô	Man us,	ô *Mains.*
Abl.		Man ibus,	des *Mains.*

Ainsi se déclinent :

Fruct us, ûs, *le Fruit.*	Vult us, ûs, *le Visage.*
Exercit us, ûs, *l'Armée.*	Curr us, ûs, *le Char.*

Nom neutre de la quatrième Déclinaison.

REMARQUE. Les Noms neutres de la quatrième Déclinaison sont indéclinables au singulier, c'est-à-dire, qu'ils ne changent point leur dernière syllabe ; mais ils se déclinent au pluriel.

SINGULIER.

Nom	n.	Corn u,	la Corne.
Gén.		Corn u,	de la Corne.
Dat.		Corn u,	à la Corne.
Acc.		Corn u,	la Corne.
Voc.	ô	Corn u,	ô Corne.
Abl.		Corn u,	de la Corne.

PLURIEL.

Nom.		Corn ua,	les Cornes.
Gén.		Corn uum,	des Cornes.
Dat.		Corn ibus,	aux Cornes.
Acc.		Corn ua,	les Cornes.
Voc.	ô	Corn ua,	ô Cornes.
Abl.		Corn ibus,	des Cornes.

Ainsi se déclinent :

Genu, *le Genou.* | Tonitru, *le Tonnerre.*

CINQUIÈME DÉCLINAISON.

LA cinquième Déclinaison a le nominatif en *es*, le génitif singulier en *ei*, et le génitif pluriel en *erum*.

SINGULIER.

Nom.	m. f.	Di es,	le Jour.
Gén.		Di ei,	du Jour.
Dat.		Di ei,	au Jour.
Acc.		Di em,	le Jour.
Voc.	ô	Di es,	ô Jour.
Abl.		Di e,	du Jour.

PLURIEL.

Nom.	m.	Di es,	les Jours.
Gén.		Di erum,	des Jours.
Dat.		Di ebus,	aux Jours.
Acc.		Di es,	les Jours.
Voc.	ô	Di es,	ô Jours.
Abl.		Di ebus,	des Jours.

Ainsi se déclinent :

R es, ei, *la Chose.* | Faci es, ei, *le Visage.*
Speci es, ei, *l'Apparence.* | Sp es, ei, *l'Espérance.*

REMARQUE. Les génitifs, datifs et ablatifs pluriels ne sont point usités, excepté dans *res*, *dies* et *species.*

TABLEAU GÉNÉRAL

Dans lequel on a mis sous un même coup-d'œil toutes les Déclinaisons.

SINGULIER.

	1	2	3	4	5
N.	Rosa,	dominus,	soror,	manus,	dies.
G.	Rosæ,	domini,	sororis,	manûs,	diei.
D.	Rosæ,	domino,	sorori,	manui,	diei.
A.	Rosam,	dominum,	sororem,	manum,	diem.
V.	ô Rosa,	domine,	soror,	manus,	dies.
A.	Rosâ,	domino,	sorore,	manu,	die.

PLURIEL.

N.	Rosæ,	domini,	sorores,	manus,	dies.
G.	Rosarum,	dominorum,	sororum,	manuum,	dierum.
D.	Rosis,	dominis,	sororibus,	manibus,	diebus.
A.	Rosas,	dominos,	sorores,	manus,	dies.
V.	ô Rosæ,	domini,	sorores,	manus,	dies.
A.	Rosis.	dominis.	sororibus.	manibus.	diebus.

REMARQUE. Dans toutes les Déclinaisons, les datifs et ablatifs pluriels sont semblables, de même les nominatifs et vocatifs pluriels.

Dans les Noms neutres, le nominatif, l'accusatif et le vocatif, tant du singulier que du pluriel, sont toujours semblables, et ces trois cas, au pluriel, sont toujours terminés en *a.*

RÈGLES DES NOMS,

Ou manière de joindre deux Noms ensemble.

Manus *Pueri.*

Pour joindre ensemble deux Noms, en français, nous mettons *de* entre les deux ; la main *de* l'enfant. En latin, on met le second au génitif, *Manus pueri.*

Exemples :

L'heure du jour, *hora diei.*
Le fruit de l'arbre, *fructus arboris.*

De même au pluriel :

La table des seigneurs, *mensa dominorum.*
Le livre des enfans, *liber puerorum.*

SECONDE ESPÈCE DE MOTS.

L'ADJECTIF.

L'*Adjectif* est un mot que l'on ajoute au Nom, pour marquer la qualité d'une personne ou d'une chose, comme *bon* père, *bonne* mère, *beau* livre, *belle* image. *Bon*, *bonne*, *beau*, *belle*, sont des adjectifs * : ils se déclinent en latin, et ils ont les trois genres, masculin, féminin et neutre.

Il y a des adjectifs qui se rapportent à la première et seconde déclinaison, comme *bonus*, *bona*, *bonum* ; *niger*, *nigra*, *nigrum :* la terminaison en *us* ou en *er* est pour le masculin, et se décline sur *Dominus* ou *Puer ; bona* est pour le féminin, et se décline sur *Rosa :* bonum est pour le neutre, et se décline sur *Templum.*

MODÈLE DE DÉCLINAISON.

SINGULIER.

	m.	*f.*	*n.*
Nom.	Bon us,	bon a,	bon um.
	Bon,	bonne,	bon.
Gén.	Bon i,	bon æ,	bon i.
Dat.	Bon o,	bon æ,	bon o.
Acc.	Bon um,	bon am,	bon um.

* On connaît un adjectif quand on peut y joindre le mot *chose* ou *personne :* ainsi *agréable*, *habile*, sont des adjectifs, parce qu'on peut dire *chose agréable*, *personne habile.*

| *Voc.* | ô Bon e, | ô bon a, | ô bon um. |
| *Abl.* | Bon o, | bon â, | bon o. |

PLURIEL.

Nom.	Bon i,	bon æ,	bon a.
	Bons,	bonnes,	bons.
Gén.	Bon orum,	bon arum,	bon orum.
Dat.	Bon is,	bon is,	bon is.
Acc.	Bon os,	bon as,	bon a.
Voc.	ô Bon i,	ô bon æ,	ô bon a.
Abl.	Bon is,	bon is,	bon is.

Ainsi se déclinent :

Sanct us, sanct a, sanct um, *Saint, sainte, saint.*
Doct us, doct a, doct um, *Savant, savante, savant.*
Magn us, magn a, magn um, *Grand, grande, grand.*
Parv us, parv a, parv um, *Petit, petite, petit.*

ADJECTIFS en ER.

SINGULIER.

Nom.	*m.* Nig er,	*f.* nig ra,	*n.* nigrum.
	Noir,	*noire.* ★	*noir.*
Gén.	Nig ri,	nig ræ,	nig ri.
Dat.	Nig ro,	nig ræ,	nig ro.
Acc.	Nig rum,	nig ram,	nig rum.
Voc.	ô Nig er,	ô nig ra,	ô nig rum.
Abl.	Nig ro,	nig râ,	nig ro.

PLURIEL.

Nom.	Nig ri,	nig ræ,	nig ra.
	Noirs,	*noires,*	*noirs.*
Gén.	Nig rorum,	nig rarum,	nig rorum.
Dat.	Nig ris,	nig ris,	nig ris.
Acc.	Nig ros,	nig ras,	nig ra.
Voc.	ô Nig ri,	ô nig ræ,	ô nig ra.
Abl.	Nig ris,	nig ris,	nig ris.

★ Remarquez bien que dans les Adjectifs français, le féminin se forme en ajoutant e.

Ainsi se déclinent :

Pulch er, pulch ra, pulch rum, *Beau, belle, beau.*

Pig er, pig ra, pig rum, *Paresseux, paresseuse, pa-*
resseux.

Mis er, mis era, mis erum, *Malheureux, malheureuse,*
malheureux.

Lib er, lib era, lib erum, *Libre, libre, libre.*

Il y a des adjectifs de la troisième Déclinaison
qui n'ont qu'une seule terminaison pour les trois
genres, excepté l'accusatif.

SINGULIER.

Nom. m. f. n. Prudens, *Prudent, prudente.*
Gén.　　　Prudent is, ⎱ *pour les trois genres.*
Dat.　　　Prudent i, ⎰
Acc. m. f. Prudent em, n. prudens.
Voc.　　ô Prudens, ⎱ *pour les trois*
Abl.　　　Prudent e *ou* prudent i. ⎰ *genres.*

PLURIEL.

Nom. m. f. Prudent es, n. prudent ia, *Prudens.*
Gén.　　　Prudent ium, ⎱ *pour les trois genres.*
Dat.　　　Prudent ibus, ⎰
Acc.　　　Prudent es, n. prudent ia.
Voc.　　ô Prudent es, n. ô prudent ia.
Abl.　　　Prudent ibus, *pour les trois genres.*

Ainsi se déclinent :

Sapien s, tis, *Sage.*
Auda x, cis, *Hardi, hardie, hardi.*
Feli x, cis, *Heureux, heureuse.*
Velo x, cis, *Prompt, prompte.*

Il y a des Adjectifs de la troisième Déclinaison
qui ont au nominatif deux terminaisons, comme
fortis, forte. La première est pour le masculin et
le féminin, et la seconde pour le neutre.

SINGULIER.

SINGULIER.

m.   f.   n.

Nom.   Fort is, fort e, *Courageux*, cou-
rageuse.

Gén.   Fort is,} *pour les trois genres.*
Dat.   Fort i, }

Acc.   m. f.   Fort em, n. fort e.

Voc.   ô Fort is, n. ô fort e.

Abl.   Fort i, *pour les trois genres.*

PLURIEL.

Nom.   m. f.   Fort es, n. fort ia, *Courageux.*

Gén.   Fort ium, } *pour les trois genres.*
Dat.   Fort ibus, }

Acc.   m. f.   Fort es, n. fort ia.

Voc.   ô Fort es, n. ô fort ia.

Abl.   Fort ibus, *pour les trois genres.*

Ainsi se déclinent :

Util is, util e, *Utile.* | Facil is, facil e, *Facile.*
Com is, com e, *Poli.* | Lev is, lev e, *Léger.*

REMARQUE. Les Adjectifs de la troisième Déclinaison qui ont le nominatif neutre en *e*, ont l'ablatif en *i*, afin que l'on puisse distinguer ces deux cas.

Il y a quelques Adjectifs de la troisième Déclinaison qui ont trois terminaisons au nominatif et au vocatif singulier, comme :

SINGULIER.

Nom.   m. Celeber *ou* celebr is, f. celebr is,
n. celebr e, *Célèbre.*

Gén.   Celebr is, } *pour les trois genres.*
Dat.   Celebr i, }

Acc.   m. f. Celebr em, n. celebr e.

Voc.   ô Celeb er, ô celebr is, n. ô celebr e.

Abl.   Celebr i, *pour les trois genres.*

PLURIEL.

Nom. m. f. Celebr es, n. celebr ia, *Célèbres.*
Gén.   Celebr ium,⎫
Dat.   Celebr ibus,⎬ *de tout genre.*
Acc. m. f. Celebr es, n. celebr ia.
Voc.   ô Celebr es, n. ô celebr ia.
Abl.   Celebr ibus, *pour les trois genres.*

Ainsi se déclinent :

    m.   f.   n.
Saluber salubr is, salubr e, *Salutaire.*

Acer, acr is, acr e, *Vif.*

Celer, celer is, celer e, *Prompt.* (*Gén. plur.* Cele-
rum.

Alacer, alacr is, alacr e, *Actif.*

La terminaison en *er* est pour le masculin seulement :
la terminaison en *is* est pour le masculin et le féminin.

RÈGLES DES ADJECTIFS,

Ou manière de joindre un Adjectif avec un Nom.

Pater *bonus.*

Tout Adjectif se met au même genre, au même
nombre et au même cas que le Nom auquel il est
joint.

Exemple :

SINGULIER.

le Père	bon,	la mère	bonne,	l'exemple	bon.
Pater	bonus,	mater	bona,	exemplum	bonum.
Patris	boni,	matris	bonæ,	exempli	boni.
Patri	bono,	matri	bonæ,	exemplo	bono.
Patrem	bonum,	matrem	bonam,	exemplum	bonum.
ô Pater	bone,	ô mater	bona,	ô exemplum	bonum.
Patre	bono,	matre	bonâ,	exemplo	bono.

PLURIEL.

les Pères	bons,	les mères	bonnes,	les exemples	bons.
Patres	boni,	matres	bonæ,	exempla	bona.

Patrum	bonorum,	matrum	bonarum,	exemplorum	bonorum,
Patribus	bonis,	matribus	bonis,	exemplis	bonis.
Patres	bonos,	matres	bonas,	exempla	bona,
ô Patres	boni,	ô matres	bonæ,	ô exempla	bona.
Patribus	bonis,	matribus	bonis,	exemplis	bonis.

Autre exemple.

SINGULIER.

Travail	court,	heure	courte,	temps	court.
Labor	brevis,	hora	brevis,	tempus	breve.
Laboris	brevis,	horæ	brevis,	temporis	brevis.
Labori	brevi,	horæ	brevi,	tempori	brevi.
Laborem	brevem,	horam	brevem,	tempus	breve.
ô Labor	brevis,	ô hora	brevis,	ô tempus	breve.
Labore	brevi,	horâ	brevi,	tempore	brevi.

PLURIEL.

Travaux	courts,	heures	courtes,	temps	courts.
Labores	breves,	horæ	breves,	tempora	brevia.
Laborum	brevium,	horarum	brevium,	temporum	brevium.
Laboribus	brevibus,	horis	brevibus,	temporibus	brevibus.
Labores	breves,	horas	breves,	tempora	brevia.
ô Labores	breves,	ô horæ	breves,	ô tempora	brevia.
Laboribus	brevibus,	horis	brevibus,	temporibus	brevibus.

TROISIÈME ESPÈCE DE MOTS.

LE PRONOM.

Le *Pronom* est un mot qui tient la place du Nom.

PRONOMS PERSONNELS.

Il y a trois personnes; la première personne est celle qui parle; la seconde est celle à qui on parle; la troisième est celle de qui on parle.

Pronom de la première personne.

Nom.	Ego, *je ou moi.*
Gén.	Meî, *de moi.*
Dat.	Mihi *à moi.*
Acc.	Me, *moi.*

Il n'y a pas de vocatif.

Abl.   Me, *de moi.*

PLURIEL.

Nom.   Nos, *nous.*
Gén.   Nostrûm *ou* nostrî, *de nous.*
Dat.   Nobis, *à nous.*
Acc.   Nos, *nous.*
Abl.   Nobis *de nous.*

Pronom de la seconde personne.

SINGULIER.

Nom.   Tu, *tu ou toi.*
Gén.   Tuî, *de toi.*
Dat.   Tibi, *à toi.*
Acc.   Te, *toi.*
Voc.   ô Tu, *ô toi.*
Abl.   Te, *de toi.*

PLURIEL.

Nom.   Vos, *vous.*
Gén.   Vestrûm, *ou* vestrî, *de vous.*
Dat.   Vobis, *à vous.*
Acc.   Vos, *vous.*
Voc.   ô Vos, *ô vous.*
Abl.   Vobis, *de vous.*

Pronom de la troisième personne.

Il n'a pas de nominatif (a); il est de tout genre, et le même au pluriel qu'au singulier.

SINGULIER et PLURIEL.

Gén.   Suî, *de soi, de lui-même, d'eux-mêmes ou d'elles-mêmes.*

(a) *Suî* est un pronom réciproque, qui se rapporte toujours au sujet de la phrase; mais il ne peut jamais être sujet. C'est pour cela qu'il n'a point de nominatif.

Dat.   Sibi, *à soi, à lui-même, à eux-mêmes, à elles-mêmes.*

Acc.   Se, *se, soi, lui-même, eux-mêmes, elles-mêmes.*

Abl.   Se, *de soi, d'eux-mêmes, d'elles-mêmes.* (b)

PRONOMS ADJECTIFS.

SINGULIER.

Nom.   m.   Is, *f.* ea, *n.* id, *il, elle, ce.*
Gén.   Ejus, *de lui, d'elle.*
Dat.   Ei, *à lui, à elle.*
Acc.   Eum, eam, id, *le, la, le.*
Abl.   Eo, eâ, eo, *de lui, d'elle.*

PLURIEL.

Nom.   Ii *ou* ei, eæ, ea, *ils, elles.*
Gén.   Eorum, earum, eorum, *d'eux, d'elles.*
Dat.   Iis *ou* eis, *à eux, à elles.*
Acc.   Eos, eas, ea, *les, eux, elles.*
Abl.   Iis, *ou* eis, *d'eux, d'elles.*

AUTRE.

SINGULIER.

     m. f. n.

Nom.   Hic, hæc, hoc, *celui-ci, celle-ci, cela.*
Gén.   Hujus, }
Dat.   Huic,   } *de tout genre.*
Acc.   Hunc, hanc, hoc.
Abl.   Hoc, hâc, hoc.

(b) On ajoute quelquefois aux pronoms, *ego, tu, nos, vos,* la syllabe *met* qui veut dire *même.* Ainsi, *egomet, nosmet,* moi-même, nous-mêmes.

PLURIEL.

Nom.	Hi , hæ , hæc , *ceux-ci , celles-ci ,*
	ces choses.
Gén.	Horum , harum , horum.
Dat.	His , *de tout genre.*
Acc.	Hos , has , hæc.
Abl.	His , *de tout genre.*

AUTRE.

SINGULIER.

m.   *f.*   *n.*

Nom.	Ille , illa , illud , *celui-là , celle-là ,*
	cela.
Gén.	Illius ,⎫
Dat.	Illi , ⎬ *de tout genre.*
Acc.	Illum , illam , illud.
Abl.	Illo , illà , illo.

PLURIEL.

Nom.	Illi , illæ , illa , *ceux-là , celles-là ,*
	ces choses.
Gén.	Illorum , illarum , illorum.
Dat.	Illis , *de tout genre.*
Acc.	Illos , illas , illa.
Abl.	Illis , *de tout genre.*

Déclinez de même Iste , ista , istud.

AUTRE.

SINGULIER.

Nom.	*m.*	Ipse , *f.* ipsa , *n.* ipsum , *moi , toi , ou*
		lui-même , elle-même , cela même.
Gén.		Ipsius ,⎫
Dat.		Ipsi , ⎬ *de tout genre.*
Acc.		Ipsum , ipsam , ipsum ,
Abl.		Ipso , ipsà , ipso.

PLURIEL.

Nom.	Ipsi, ipsæ, ipsa.
Gén.	Ipsorúm, ipsarum, ipsorum.
Dat.	Ipsis *de tout genre.*
Acc.	Ipsos, ipsas, ipsa.
Abl.	Ipsis, *de tout genre.* (c)

AUTRE.

SINGULIER.

Nom.	m.	Idem, *f.* eadem, *n.* idem, *le même,* *la même, le même.*
Gén.		Ejusdém, ⎰ *de tout genre.*
Dat.		Eidem, ⎰
Acc.		Eumdem, eamdem, idem.
Abl.		Eodem, eâdem, eodem.

PLURIEL.

Nom.	Iidem, eædem, eadem, *les mêmes.*
Gén.	Eorumdem, earumdem, eorumdem.
Dat.	Iisdem, *ou* eisdem, *de tout genre.*
Acc.	Eosdem, easdem, eadem.
Abl.	Iisdem *ou* eisdem, *de tout genre.*

Pronoms possessifs.

SINGULIER.

Nom.	m.	Meus, *f.* mea, *n.* meum, *mon, ma,* *mon, le mien, la mienne, le mien.*

(c) Les mots *is*, *hic*, *ille*, *iste*, *ipse*, ne sont de véritables pronoms que quand ils sont seuls, parce qu'alors ils tiennent la place d'un nom ; mais on doit les regarder comme adjectifs, quand ils sont joints à un nom. Ainsi, quand je dis *hic vir*, *is puer*, *homo ipse*, les mots *hic*, *is*, *ipse*, ne sont qu'adjectifs, parce qu'ils ne tiennent pas la place d'un nom : mais si je dis simplement *hic*, celui-ci, *ille*, celui-là, *ipse*, lui-même, ces mots sont des pronoms, parce qu'ils tiennent lieu d'un nom dont j'ai déjà parlé, ou auquel je les fais rapporter dans mon idée. Cependant l'usage les a toujours fait considérer comme des pronoms.

Gén.	Mei, meæ, mei.
Dat.	Meo, meæ, meo.
Acc.	Meum, meam, meum.
Voc.	ô Mi, ô mea, ô meum.
Abl.	Meo, meâ, meo.

PLURIEL.

Nom.	Mei, meæ, mea, *mes, les miens, les miennes, les miens.*
Gén.	Meorum, mearum, meorum.
Dat.	Meis, *de tout genre.*
Acc.	Meos, meas, mea.
Voc.	ô Mei, ô meæ, ô mea.
Abl.	Meis, *de tout genre.*

Ainsi se déclinent :

Tuus, a, um, *ton, ta, ton ; le tien, la tienne, le tien.*
Suus, a, um, *son, sa, son ; le sien, la sienne, le sien.*
Et Cujus, ja, jum, *à qui ?* Mais ils n'ont point de vocatif.

SINGULIER.

Nom.	m.	Noster, f. nostra, n. nostrum, *notre, le nôtre, la nôtre, le nôtre.*
Gén.		Nostri, nostræ, nostri.
Dat.		Nostro, nostræ, nostro.
Acc.		Nostrum, nostram, nostrum.
Voc.		ô Noster, ô nostra, ô nostrum.
Abl.		Nostro, nostrâ, nostro.

PLURIEL.

Nom.	Nostri, nostræ, nostra, *nos, les nôtres.*
Gén.	Nostrorum, nostrarum, nostrorum.
Dat.	Nostris, *de tout genre.*
Acc.	Nostros, nostras, nostra.
Voc.	ô Nostri, ô nostræ, ô nostra.
Abl.	Nostris, *de tout genre.*

Déclinez de même : Vester, vestra, vestrum, *votre, le vôtre.*

RÈGLE. Les Pronoms adjectifs, quand ils sont joints à un nom, s'accordent avec ce Nom en genre, en nombre et en cas. *Exemp.* Mon père, *pater meus* ; ma mère, *mater mea* ; mon bras, *brachium meum*.

Pronom relatif.

SINGULIER.

Nom.   Qui, quæ, quod, *qui, laquelle, lequel.*
Gén.   Cujus, *dont, de qui, de laquelle, duquel.*
Dat.   Cui, *à qui, auquel, à laquelle.*
Acc.   Quem, quam, quod, *que.*
Abl.   Quo, quâ, quo, *dont, de qui, de laquelle, duquel.*

PLURIEL.

Nom.   Qui, quæ, quæ, *qui, lesquelles, lesquels.*
Gén.   Quorum, quarum, quorum, *dont, de qui, desquelles, desquels.*
Dat.   Quibus *et* queis, *à qui, auxquels, etc.*
Acc.   Quos, quas, quæ, *lesquels, lesquelles, lesquels.*
Abl.   Quibus *et* queis, *dont, de qui, etc.*

RÈGLE DU *QUI* RELATIF,

Ou manière de joindre le Qui *relatif avec le Nom ou Pronom qui est devant, et que l'on appelle* Antécédent.

On fait accorder en latin *qui, quæ, quod,* en genre et en nombre avec son antécédent.

Exemples :

Le père qui, *pater qui* ; la mère qui, *mater quæ,* le temple qui, *templum quod.* ★

* Les pronoms *hic, is, ille, ipse, iste,* s'accordent aussi en genre et en nombre avec le Nom dont ils tiennent la place :

Composés de Qui.

Dans les composés de *qui*, on décline seulement *qui ;* les autres syllabes restent les mêmes.

N.   Quicunque, quæcunque, quodcunque, quiconque.

G.   Cujuscunque, D. Cuicunque, *de tout genre.*

A U T R E.

N. *m.* Quidam, *f.* quædam, *n.* quoddam *et* quiddam, *un certain.*

G.   Cujusdam, D. Cuidam, *de tout genre.*

A U T R E.

N.   Quilibet, quælibet, quodlibet *et* quidlibet, *qui l'on voudra.*

G.   Cujuslibet. D. Cuilibet. *De même.* Quivis, quævis, quodvis. G. Cujusvis. D. Cuivis.

Qui interrogatif, Quis?

S I N G U L I E R.

N. *m.* Quis, *f.* quæ, *n.* quid (*et* quod, *avec un nom*) *qui, quel, quelle, quoi.*

G.   Cujus, } *de tout genre.*
D.   Cui,   }

Acc.   Quem, quam, quid (*et* quod, *avec un nom.*)

Abl.   Quo, quâ, quo.

P L U R I E L.

N. *m.* Qui, *f.* quæ, *n.* quæ, *qui, quelles, quels.*
G.   Quorum, quarum, quorum.
D.   Quibus, *de tout genre.*
Acc.   Quos, quas, quæ.
Abl.   Quibus, de tout genre.

ainsi, en parlant de la tête, nous disons *elle*, parce que tête est du féminin : en latin, il faut mettre *illud*, parce que *caput* est du neutre.

Compos*és* de Quis.

On décline seulement *quis ;* les autres syllabes restent les mêmes.

N. *m.* Quisnam, *f.* quænam, *n.* quodnam *et* quidnam, *quel*, *quelle*, *quelle chose.*

G. Cujusnam. *D.* Cuinam, *de tout genre.*

N. *m.* Quispiam, *f.* quæpiam, *n.* quodpiam *et* quidpiam, *quelqu'un*, *quelqu'une*, *quelque chose.*

G. Cujuspiam. *D.* Cuipiam. *De même, N.*Quisquam, quæquam, quodquam *et* quidquam.

G. Cujusquam. *D.* Cuiquam, *de tout genre.*

N. *m.* Quisque, *f.* quæque, *n.* quodque *et* quidque, *chacun*, *chacune*, *chaque chose.*

G. Cujusque. *D.* Cuique, *de tout genre.*

N. Quisquis, *masc.* Quidquid, *neutre. Qui que ce soit, tout ce qui.*

Il n'a que les cas suivans : *Dat. sing.* Cuicui. *Abl.* Quoquo. *Acc. plur.* Quosquos.

Dans les deux composés suivans, *quis* est à la fin du mot, et les cas neutres au pluriel sont en *a*.

N. Aliquis, aliqua, aliquod *et* aliquid, *quelque*, *quelqu'un*, *quelque*, *quelque chose.*

G. Alicujus. *D.* Alicui. *Devant un nom de choses qui se comptent, on dit au pluriel.* Aliquot, *(indéclinable.)*

N. Ecquis, ecqua, ecquod *et* ecquid, *quel*, *quelle*, *quoi.*

G. Eccujus. *D.* Eccui.

Dans Unusquisque, *chacun, on décline* unus *et* quisque.

N. Unusquisque, unaquæque, unumquodque.

G. Uniuscujusque. *D.*Unicuique. *Acc.* Unumquemque, unamquamque, unumquodque. *Abl.* Unoquoque, unâquâque, unoquoque.

QUATRIÈME ESPÈCE DE MOTS.

LE VERBE.

Le mot dont on se sert pour exprimer que l'on est, ou que l'on fait quelque chose, s'appelle *Verbe*: ainsi le mot *être*, je *suis*, etc., est un verbe. Le mot *lire*, je *lis*, etc., est un Verbe.

On connaît un Verbe en français quand on peut y ajouter ces pronoms, *je*, *tu*, *il*, *nous*, *vous*, *ils* ou *elles*: comme *je* lis, *tu* lis, *il* lit, *nous* lisons, *vous* lisez, *ils* lisent.

Ces mots, *je*, *nous*, marquent la première personne, c'est-à-dire celle qui parle.

Ces mots, *tu*, *vous*, marquent la seconde personne, c'est-à-dire celle à qui l'on parle.

Ces mots, *il*, *elle*, *ils*, *elles*, et tout Nom mis devant un Verbe, marquent la troisième personne, c'est-à-dire, celle de qui l'on parle.

Il y a dans les Verbes deux nombres, le singulier, quand on parle d'une seule personne, comme *l'enfant dort ;* et le pluriel, quand on parle de plusieurs personnes, comme *les enfans dorment.*

Il y a trois temps : le Présent, qui marque que la chose se fait actuellement, comme *je lis :* le Passé ou Prétérit, qui marque que la chose a été faite, comme *j'ai lu :* le Futur, qui marque que la chose se fera, comme *je lirai.*

On distingue trois sortes de prétérits ou Passés ; savoir : l'Imparfait, *je lisais :* le Parfait, *j'ai lu :* et le Plusque-parfait, *j'avais lu.*

Il y a aussi deux Futurs, le Futur simple, *je lirai*, et le Futur passé, *j'aurai lu.*

Il y a quatre modes (d) dans les Verbes : 1º l'In-

(d) Les modes dans les Verbes sont les différentes manières d'exprimer l'action signifiée par le Verbe.

dicatif,

dicatif, quand on affirme que la chose se fait, ou qu'elle s'est faite, ou quelle se fera; 2° l'Impératif, quand on commande de la faire; 3° le Subjonctif, quand on souhaite ou qu'on doute qu'elle se fasse; 4° l'Infinitif, qui exprime l'action en général, sans nombres ni personnes, comme *lire*. Ce dernier mode contient le Participe, le Supin et le Gérondif, qui sont des noms formés du Verbe.

Réciter de suite les différens modes d'un Verbe avec tous leurs temps, leurs nombres et leurs personnes, cela s'appelle *conjuguer*.

Il y a en latin quatre Conjugaisons : la première fait à l'Infinitif $\overline{are}$, et à la seconde personne du Présent de l'Indicatif *as*.

La seconde Conjugaison fait à l'Infinitif $\overline{ere}$, (le premier *e* se prononce long) et à la seconde personne du Présent de l'Indicatif *es*.

La troisième conjugaison fait à l'Infinitif $\breve{ere}$, (le premier *e* se prononce bref) et à la seconde personne du Présent de l'Indicatif *is*.

La quatrième Conjugaison fait à l'Infinitif *ire*, et à la seconde personne du Présent de l'Indicatif *is*.

Il faut commencer par le Verbe *Sum*, je suis, que l'on appelle Verbe substantif. ⋆

INDICATIF.

Présent.

Sing.	Sum,	*je suis.*
	Es,	*tu es.*
	Est,	*il est.*
Plur.	Sumus,	*nous sommes.*
	Estis,	*vous êtes.*
	Sunt,	*ils sont.*

⁎ Ce Verbe est le seul auxiliaire chez les Latins.

3

IMPARFAIT.

Sing.	Eram,	*j'étais.*
	Eras,	*tu étais.*
	Erat,	*il était.*
Plur.	Eramus,	*nous étions.*
	Eratis,	*vous étiez.*
	Erant,	*ils étaient.*

PARFAIT.

Sing.	Fui,	*j'ai été.*
	Fuisti,	*tu as été.*
	Fuit,	*il a été.*
Plur.	Fuimus,	*nous avons été.*
	Fuistis,	*vous avez été.*
	Fuerunt, *ou* fuère,	*ils ont été.*

Autrement pour le français : *Je fus, tu fus, il fut, nous fûmes, vous fûtes, ils furent.*

Ou : *J'eus été, tu eus été, il eut été ; nous eûmes été, vous eûtes été, ils eurent été.*

PLUS-QUE-PARFAIT.

Sing.	Fueram,	*j'avais été.*
	Fueras,	*tu avais été.*
	Fuerat,	*il avait été.*
Plur.	Fueramus,	*nous avions été.*
	Fueratis,	*vous aviez été.*
	Fuerant,	*ils avaient été.*

FUTUR.

Sing.	Ero,	*je serai.*
	Eris,	*tu seras.*
	Erit,	*il sera.*
Plur.	Erimus,	*nous serons.*
	Eritis,	*vous serez.*
	Erunt,	*ils seront.*

FUTUR PASSÉ.

Sing.	Fuero,	*j'aurai été.*

	Fueris,	*tu auras été.*
	Fuerit,	*il aura été.*
Plur.	Fuerimus,	*nous aurons été.*
	Fueritis,	*vous aurez été.*
	Fuerint.	*ils auront été.*

IMPÉRATIF.

Il n'a point de première personne.

Sing.	Es, *ou* esto,	*sois.*
	Esto (ille),	*qu'il soit.*
Plur.	Simus,	*soyons.*
	Este, *ou* estote,	*soyez.*
	Sunto,	*qu'ils soient.*

SUBJONCTIF.

PRÉSENT.

Sing.	Sim,	*que je sois.*
	Sis,	*que tu sois.*
	Sit,	*qu'il soit.*
Plur.	Simus,	*que nous soyons.*
	Sitis,	*que vous soyez.*
	Sint,	*qu'ils soient.*

IMPARFAIT.

Sing.	Essem *ou* Forem,	*que je fusse.*
	Esses *ou* Fores,	*que tu fusses.*
	Esset *ou* Foret,	*qu'il fût.*
Plur.	Essemus,	*que nous fussions.*
	Essetis,	*que vous fussiez.*
	Essent *ou* Forent,	*qu'ils fussent.*

Autrement pour le français : *Je serais, tu serais, il serait, nous serions, vous seriez, ils seraient.*

PARFAIT.

Sing.	Fuerim,	*que j'aie été.*
	Fueris,	*que tu aies été.*
	Fuerit,	*qu'il ait été.*

Plur.	Fuerimus,	*que nous ayons été.*
	Fueritis,	*que vous ayez été.*
	Fuerint,	*qu'ils aient été.*

PLUS-QUE-PARFAIT.

Sing.	Fuissem,	*que j'eusse été.*
	Fuisses,	*que tu eusses été.*
	Fuisset,	*qu'il eût été.*
Plur.	Fuissemus,	*que nous eussions été.*
	Fuissetis,	*que vous eussiez été.*
	Fuissent,	*qu'ils eussent été.*

Autrement pour le français : *J'aurais été, tu aurais été, il aurait été ; nous aurions été, vous auriez été, ils auraient été.*

INFINITIF.

PRÉSENT ET IMPARFAIT.

Esse, *être, qu'il est,* ou *qu'il était.*

PARFAIT et PLUS-QUE-PARFAIT.

Fuisse, *avoir été, qu'il a,* ou *qu'il avait été.*

FUTUR.

Fore, (indécl.) *ou* futurum, futuram esse, (décl.) *devoir être, qu'il sera,* ou *qu'il serait.*

FUTUR PASSÉ. (*Il se décline.*)

Futurum, futuram fuisse, *avoir dû être, qu'il aurait été,* ou *qu'il eût été.*

PARTICIPE FUTUR.

Futurus, futura, futurum, *devant être, qui sera,* ou *qui doit être.*

Ainsi se conjuguent les Verbes composés de *Sum,* comme *Adesse,* être présent. *Abesse,* être absent. *Deesse,* manquer. *Interesse.* assister à. *Obesse,* nuire. *Præesse,* présider à. *Subesse,* être dessous, etc.

RÈGLE GÉNÉRALE pour tous les Verbes.
Ego sum.

Tout verbe s'accorde en nombre et en personne avec son nominatif (e).

Exemples :

Je suis, *ego sum*. *Ego* est du singulier ; *sum* est aussi du singulier. *Ego* est de la première personne ; *sum* est aussi de la première personne.

Vous êtes, *tu es* ; il est, *ille est* ; nous sommes, *nos sumus* ; vous êtes, *vos estis* ; ils sont, *illi sunt*.

Cette règle regarde également tous les autres Verbes que nous allons conjuguer.

VERBES ACTIFS.

On appelle Verbes actifs ceux qui sont terminés en *o*, et qui ont un passif, comme *Verbero*, je frappe, qui a le passif *Verberor*, je suis frappé.

PREMIÈRE CONJUGAISON.
ARE, as.
INDICATIF.
PRÉSENT.

Sing. AM O,   j'aime.

(e) Le nom ou l'adjectif qui suit le Verbe *sum* dans tous ses temps, doit être au nominatif. L'adjectif sera toujours du même genre et du même nombre que le nominatif du Verbe. Exemples : je suis, j'ai été, je serai sage, *sum, fui, ero sapiens*. Ma mère est, était, a été et sera pieuse, *mater mea, est, erat, fuit et erit pia*. Mes frères seront savans, *mei fratres erunt docti*. Je désire être heureux, *cupio esse beatus*.

On peut exercer les jeunes gens sur de pareils exemples en les faisant conjuguer. On fera de même en faisant conjuguer les Verbes actifs qui doivent toujours être suivis d'un accusatif.

	Am as,	*tu aimes.*
	Am at,	*il aime.*
Plur.	Am amus,	*nous aimons.*
	Am atis,	*vous aimez.*
	Am ant,	*ils aiment.*

IMPARFAIT.

Sing.	Am abam,	*j'aimais.*
	Am abas,	*tu aimais.*
	Am abat,	*il aimait.*
Plur.	Am abamus,	*nous aimions.*
	Am abatis,	*vous aimiez.*
	Am abant,	*ils aimaient.*

PARFAIT.

Sing.	Am avi,	*j'ai aimé.*
	Am avisti,	*tu as aimé.*
	Am avit,	*il a aimé.*
Plur.	Am avimus,	*nous avons aimé.*
	Am avistis,	*vous avez aimé.*
	Am averunt *ou* am avère,	*ils ont aimé.*

Autrement pour le français : *J'aimai, tu aimas, il aima ; nous aimâmes, vous aimâtes, ils aimèrent.*

Ou : *J'eus aimé, tu eus aimé, il eût aimé ; nous eûmes aimé, vous eûtes aimé, ils eurent aimé.*

PLUS-QUE-PARFAIT.

Sing.	Am averam,	*j'avais aimé.*
	Am averas,	*tu avais aimé.*
	Am averat,	*il avait aimé.*
Plur.	Am averamus,	*nous avions aimé.*
	Am averatis,	*vous aviez aimé.*
	Am averant,	*ils avaient aimé.*

FUTUR.

Sing.	Am abo,	*j'aimerai.*
	Am abis,	*tu aimeras.*
	Am abit,	*il aimera.*

Plur.	Am abimus,	*nous aimerons.*
	Am abitis,	*vous aimerez.*
	Am abunt,	*ils aimeront.*

FUTUR PASSÉ.

Sing.	Am avero,	*j'aurai aimé.*
	Am averis,	*tu auras aimé.*
	Am averit,	*il aura aimé.*
Plur.	Am averimus,	*nous aurons aimé.*
	Am averitis,	*vous aurez aimé.*
	Am averint,	*ils auront aimé.*

IMPÉRATIF.

Point de première personne au singulier.

Sing.	Am a, *ou* am ato,	*aime.*
	Am ato (ille),	*qu'il aime.*
Plur.	Am emus,	*aimons.*
	Am ate, *ou* am atote,	*aimez.*
	Am anto,	*qu'ils aiment.*

SUBJONCTIF.

PRÉSENT.

Sing.	Am em,	*que j'aime.*
	Am es,	*que tu aimes.*
	Am et,	*qu'il aime.*
Plur.	Am emus,	*que nous aimions.*
	Am etis,	*que vous aimiez.*
	Am ent,	*qu'ils aiment.*

IMPARFAIT.

Sing.	Am arem,	*que j'aimasse.*
	Am ares,	*que tu aimasses.*
	Am aret,	*qu'il aimât.*
Plur.	Am aremus,	*que nous aimassions.*
	Am aretis,	*que vous aimassiez.*
	Am arent,	*qu'ils aimassent.*

Autrement pour le français : *J'aimerais, tu ai—*

merais, il aimerait ; nous aimerions, vous aime-
riez, ils aimeraient.

PARFAIT.

Sing.	Am averim,	*que j'aie aimé.*
	Am averis,	*que tu aies aimé.*
	Am averit,	*qu'il ait aimé.*
Plur.	Am averimus,	*que nous ayons aimé.*
	Am averitis,	*que vous ayez aimé.*
	Am averint,	*qu'ils aient aimé.*

PLUS-QUE-PARFAIT.

Sing.	Am avissem,	*que j'eusse aimé.*
	Am avisses,	*que tu eusses aimé.*
	Am avisset,	*qu'il eût aimé.*
Plur.	Am avissemus,	*que nous eussions aimé*
	Am avissetis,	*que vous eussiez aimé.*
	Am avissent,	*qu'ils eussent aimé.*

Autrement pour le français : *J'aurais aimé, tu
aurais aimé, il aurait aimé ; nous aurions aimé,
vous auriez aimé, ils auraient aimé.*

INFINITIF.

PRÉSENT et IMPARFAIT.

Am are, * *aimer, qu'il aime,* ou *qu'il aimait.*

PARFAIT ET PLUS-QUE-PARFAIT.

Am avisse, *avoir aimé, qu'il a,* ou *qu'il avait aimé.*

FUTUR. (*Il se décline*).

Am aturum, am aturam esse, *devoir aimer, qu'il
aimera,* ou *qu'il aimerait.*

FUTUR PASSÉ. (*Il se décline*).

Am aturum, am aturam fuisse, *avoir dû aimer,
qu'il aurait,* ou *qu'il eût aimé.*

* Il y a quatre Conjugaisons françaises: la première comprend tous les Verbes dont l'Infinitif est en *er* ; ils se conjuguent
comme *aimer.*

PARTICIPE PRÉSENT.

Am ans, am antis, *aimant, qui aime ou qui aimait.*

PARTICIPE FUTUR.

Am aturus, am atura, am aturum, *devant aimer,
qui aimera,* ou *qui doit aimer.*

SUPIN.

Am atum, *à aimer.*

GÉRONDIFS.

Am andi, *d'aimer.*
Am ando, *en aimant,*
Am andum, *à aimer* ou *pour aimer.*

REMARQUE. Les Participes se déclinent, savoir : les Participes en *ans* et *ens*, comme *prudens*, et les Participes en *us*, comme *bonus, a, um.*

Ainsi se conjuguent *laudare*, louer, *vituperare*, blâmer, *verberare*, frapper, *vocare*, appeler, etc.

SECONDE CONJUGAISON.
ERE, ES.
INDICATIF.
PRÉSENT.

Sing.	Mon EO,	*j'avertis.*
	Mon es,	*tu avertis.*
	Mon et,	*il avertit.*
Plur.	Mon emus,	*nous avertissons.*
	Mon etis,	*vous avertissez.*
	Mon ent,	*ils avertissent.*

IMPARFAIT.

Sing.	Mon ebam,	*j'avertissais.*
	Mon ebas,	*tu avertissais.*
	Mon ebat,	*il avertissait.*
Plur.	Mon ebamus,	*nous avertissions.*

Mon ebatis,   *vous avertissiez.*
Mon ebant,   *ils avertissaient.*

PARFAIT.

Sing. Mon ui,   *j'ai averti.*
      Mon uisti,   *tu as averti.*
      Mon uit,   *il a averti.*
Plur. Mon uimus,   *nous avons averti.*
      Mon uistis,   *vous avez averti.*
      Mon uerunt *ou* mon uère, *ils ont averti.*

Autrement pour le français: *J'avertis, tu aver-*
tis, il avertit ; nous avertîmes, vous avertîtes, ils
avertirent.

Ou: *J'eus averti, tu eus averti, il eut averti ;*
nous eûmes averti, vous eûtes averti, ils eurent
averti.

PLUS-QUE-PARFAIT.

Sing. Mon ueram,   *j'avais averti.*
      Mon ueras,   *tu avais averti.*
      Mon uerat,   *il avait averti.*
Plur. Mon ueramus,   *nous avions averti.*
      Mon ueratis,   *vous aviez averti.*
      Mon uerant,   *ils avaient averti.*

FUTUR.

Sing. Mon ebo,   *j'avertirai.*
      Mon ebis,   *tu avertiras.*
      Mon ebit,   *il avertira.*
Plur. Mon ebimus,   *nous avertirons.*
      Mon ebitis,   *vous avertirez.*
      Mon ebunt,   *ils avertiront.*

FUTUR PASSÉ.

Sing. Mon uero,   *j'aurai averti.*
      Mon ueris,   *tu auras averti.*
      Mon uerit,   *il aura averti.*
Plur. Mon uerimus,   *nous aurons averti.*

Mon ueritis,   *vous aurez averti.*
Mon uerint,   *ils auront averti.*

IMPÉRATIF.

Point de première personne.

Sing.   Mon e, *ou* mon eto, *avertis.*
        Mon eto (ille),   *qu'il avertisse.*
Plur.   Mon eamus,   *avertissons.*
        Mon ete, *ou* mon etote, *avertissez.*
        Mon ento,   *qu'ils avertissent.*

SUBJONCTIF.

PRÉSENT.

Sing.   Mon eam,   *que j'avertisse.*
        Mon eas,   *que tu avertisses.*
        Mon eat,   *qu'il avertisse.*
Plur.   Mon eamus,   *que nous avertissions.*
        Mon eatis,   *que vous avertissiez.*
        Mon eant,   *qu'ils avertissent.*

IMPARFAIT.

Sing.   Mon erem,   *que j'avertisse.*
        Mon eres,   *que tu avertisses.*
        Mon eret,   *qu'il avertît.*
Plur.   Mon eremus,   *que nous avertissions.*
        Mon eretis,   *que vous avertissiez.*
        Mon erent,   *qu'ils avertissent.*

Autrement pour le français : *J'avertirais , tu avertirais, il avertirait ; nous avertirions, vous avertriiez, ils avertiraient.*

PARFAIT.

Sing.   Mon uerim,   *que j'aie averti.*
        Mon ueris,   *que tu aies averti.*
        Mon uerit,   *qu'il ait averti.*
Plur.   Mon uerimus,   *que nous ayons averti.*

Mon ueritis,   *que vous ayez averti.*
Mon uerint,   *qu'ils aient averti.*

Plus-que-parfait.

Sing.	Mon uissem,	*que j'eusse averti.*
	Mon uisses,	*que tu eusses averti.*
	Mon uisset,	*qu'il eût averti.*
Plur.	Mon uissemus,	*que nous eussions averti.*
	Mon uissetis,	*que vous eussiez averti.*
	Mon uissent,	*qu'ils eussent averti.*

Autrement pour le français : *J'aurais averti, tu aurais averti, il aurait averti ; nous aurions averti, vous auriez averti, ils auraient averti.*

INFINITIF.

Présent et Imparfait.

Mon ere, *avertir* ★, *qu'il avertit*, ou *qu'il avertissait.*

Parfait et Plus-que-parfait.

Mon uisse, *avoir averti, qu'il a*, ou *qu'il avait averti.*

Futur. (*Il se décline*).

Mon iturum, mon ituram esse, *devoir avertir, qu'il avertira*, ou *qu'il avertirait.*

Futur passé. (*Il se décline*).

Mon iturum, mon ituram fuisse, *avoir dû avertir, qu'il aurait*, ou *qu'il eût averti.*

Participe présent.

Mon ens, mon entis, *avertissant, qui avertit*, ou *qui avertissait.*

★ La seconde conjugaison française comprend tous les Verbes dont l'Infinitif est terminé en *ir*; ils se conjuguent sur *avertir.*

Participe

PARTICIPE FUTUR.

Mon iturus, mon itura, mon iturum, *devant aver-*
tir, qui doit, ou *qui devait avertir.*

SUPIN.

Mon itum, *à avertir.*

GÉRONDIFS.

Mon endi, *d'avertir.*
Mon endo, *en avertissant.*
Mon endum, *à avertir,* ou *pour avertir.*

Ainsi se conjuguent, *docere,* instruire, *terrere,* épou-
vanter, *tenere,* tenir, *implere,* emplir : ce dernier fait au
parfait *implevi.*

TROISIÈME CONJUGAISON.
ĔRE, IS.
INDICATIF.

PRÉSENT.

Sing.	Leg o,	*je lis.*
	Leg is,	*tu lis.*
	Leg it,	*il lit.*
Plur.	Leg imus,	*nous lisons.*
	Leg itis,	*vous lisez.*
	Leg unt,	*ils lisent.*

IMPARFAIT.

Sing.	Leg ebam,	*je lisais.*
	Leg ebas,	*tu lisais.*
	Leg ebat,	*il lisait.*
Plur.	Leg ebamus,	*nous lisions.*
	Leg ebatis,	*vous lisiez.*
	Leg ebant.	*ils lisaient.*

PARFAIT.

Sing.	Leg i,	*j'ai lu.*

4

Leg isti,   *tu as lu.*
Leg it,   *il a lu.*
Plur.   Leg imus,   *nous avons lu.*
Leg istis,   *vous avez lu.*
Leg erunt, *ou* leg ère, *ils ont lu.*

Autrement pour le français : *Je lus, tu lus, il lut ; nous lûmes, vous lûtes, ils lurent.*

Ou : *J'eus lu, tu eus lu, il eût lu ; nous eûmes lu, vous eûtes lu, ils eurent lu.*

PLUS-QUE-PARFAIT.

Sing.   Leg eram,   *j'avais lu.*
Leg eras,   *tu avais lu.*
Leg erat,   *il avait lu.*
Plur.   Leg eramus,   *nous avions lu.*
Leg eratis,   *vous aviez lu.*
Leg erant,   *ils avaient lu.*

FUTUR.

Sing.   Leg am,   *je lirai.*
Leg es,   *tu liras.*
Leg et,   *il lira.*
Plur.   Leg emus,   *nous lirons.*
Leg etis,   *vous lirez.*
Leg ent,   *ils liront.*

FUTUR PASSÉ.

Sing.   Leg ero,   *j'aurai lu.*
Leg eris,   *tu auras lu.*
Leg erit,   *il aura lu.*
Plur.   Leg erimus,   *nous aurons lu.*
Leg eritis,   *vous aurez lu.*
Leg erint,   *ils auront lu.*

IMPÉRATIF.

Point de première personne.

Sing.   Leg e, *ou* leg **ito**,   *lis.*
Leg ito (ille),   *qu'il lise.*

Plur. Leg amus,   *lisons.*
Leg ite, *ou* leg itote, *lisez.*
Leg unto,   *qu'ils lisent.*

SUBJONCTIF.
PRÉSENT.

Sing. Leg am,   *que je lise.*
Leg as,   *que tu lises.*
Leg at,   *qu'il lise.*
Plur. Leg amus,   *que nous lisions.*
Leg atis,   *que vous lisiez.*
Leg ant,   *qu'ils lisent.*

IMPARFAIT.

Sing. Leg erem,   *que je lusse.*
Leg eres,   *que tu lusses.*
Leg eret,   *qu'il lût.*
Plur. Leg eremus,   *que nous lussions.*
Leg eretis,   *que vous lussiez.*
Leg erent,   *qu'ils lussent.*

Autrement pour le français : *Je lirais, tu lirais, il lirait ; nous lirions, vous liriez, ils liraient.*

PARFAIT.

Sing. Leg erim,   *que j'aie lu.*
Leg eris,   *que tu aies lu.*
Leg erit,   *qu'il ait lu.*
Plur. Leg erimus,   *que nous ayons lu.*
Leg eritis,   *que vous ayez lu.*
Leg erint,   *qu'ils aient lu.*

PLUS-QUE-PARFAIT.

Sing. Leg issem,   *que j'eusse lu.*
Leg isses,   *que tu eusses lu.*
Leg isset,   *qu'il eût lu.*
Plur. Leg issemus,   *que nous eussions lu.*
Leg issetis,   *que vous eussiez lu.*
Leg issent,   *qu'ils eussent lu.*

Autrement pour le français : *J'aurais lu, tu au-rais lu, il aurait lu ; nous aurions lu, vous auriez lu, ils auraient lu.*

INFINITIF.

PRÉSENT et IMPARFAIT.

Leg ere,   *lire, qu'il lit,* ou *qu'il lisait.*

PARFAIT et PLUS-QUE-PARFAIT.

Leg isse, *avoir lu, qu'il a,* ou *qu'il avait lu.*

FUTUR. (*Il se décline*).

Lec turum, lec turam esse, *devoir lire, qu'il lira,* ou *qu'il lirait.*

FUTUR PASSÉ. (*Il se décline*).

Lectu rum, lec turam fuisse, *avoir dû lire, qu'il aurait,* ou *qu'il eût lu.*

PARTICIPE PRÉSENT.

Leg ens, leg entis, *lisant, qui lit,* ou *qui lisait.*

PARTICIPE FUTUR. (*Il se décline.*).

Lec turus, lec tura, lec turum, *devant lire, qui doit,* ou *devait lire.*

SUPIN.

Lectum,   *à lire.*

GÉRONDIFS.

Leg endi,   *de lire.*
Leg endo,   *en lisant.*
Leg endum,   *à lire,* ou *pour lire.*

Ainsi se conjuguent *vincere,* vaincre, *occidere,* tuer, *scribere,* écrire, *cognoscere,* connaître, etc.

Second *Verbe de la troisième Conjugaison* terminé en io.

INDICATIF.

PRÉSENT.

Sing. Accip io,   *je reçois,*
       Accip is,   *tu reçois.*
       Accip it,   *il reçoit.*
Plur. Accip imus,   *nous recevons.*
       Accip itis,   *vous recevez.*
       Accip iunt,   *ils reçoivent.*

IMPARFAIT.

Sing. Accip iebam,   *je recevais.*
       Accip iebas,   *tu recevais.*
       Accip iebat,   *il recevait.*
Plur. Accip iebamus,   *nous recevions.*
       Accip iebatis,   *vous receviez.*
       Accip iebant,   *ils recevaient.*

PARFAIT.

Accep i, *j'ai reçu.... le reste comme* leg i.

PLUS-QUE-PARFAIT.

Accep eram, *j'avais reçu.... comme* leg eram.

FUTUR.

Sing. Accip iam,   *je recevrai.*
       Accip ies,   *tu recevras.*
       Accip iet,   *il recevra.*
Plur. Accip iemus,   *nous recevrons.*
       Accip ietis,   *vous recevrez.*
       Accip ient,   *ils recevront.*

FUTUR PASSÉ.

Sing. Accep ero, *j'aurai reçu... comme* leg ero.

IMPÉRATIF.

Il n'a point de première personne.

Sing.   Accip e, *ou accip* ito, *reçois.*
          Accip ito (ille),   *qu'il reçoive.*
Plur.   Accip iamus,   *recevons.*
          Accip ite, *ou accip* itote, *recevez.*
          Accip iunto,   *qu'ils reçoivent.*

SUBJONCTIF.

Présent.

Sing.   Accip iam ,   *que je reçoive.*
          Accip ias,   *que tu reçoives.*
          Accip iat,   *qu'il reçoive.*
Plur.   Accip iamus,   *que nous recevions.*
          Accip iatis,   *que vous receviez.*
          Accip iant,   *qu'ils reçoivent.*

Imparfait.

Sing.   Accip erem,   *que je reçusse.*
          Accip eres,   *que tu reçusses.*
          Accip eret,   *qu'il reçût.*
Plur.   Accip eremus,   *que nous reçussions.*
          Accip eretis,   *que vous reçussiez.*
          Accip erent,   *qu'ils reçussent.*

Autrement : *Je recevrais, tu recevrais, il recevrait, nous recevrions,* etc.

Parfait.

Accep erim , *que j'aie reçu, comme* leg erim.

Plus-que-parfait.

Accep issem, *que j'eusse reçu, comme* leg issem.
    Autrement : *J'aurais reçu, tu aurais reçu, il aurait reçu,* etc.

INFINITIF.

PRÉSENT et IMPARFAIT.

Accip ere, *recevoir*, ★ *qu'il reçoit*, ou *qu'il rece-*
vait.

PARFAIT et PLUSQUE-PARFAIT.

Accep isse, *avoir reçu*, *qu'il a*, ou *qu'il avait reçu*.

FUTUR. (*Il se décline*).

Accep turum, accep turam esse, *devoir récevoir,*
qu'il recevrait, ou *qu'il recevra.*

FUTUR PASSÉ. (*Il se décline.*)

Accep turum, accep turam fuisse, *avoir dû rece-*
voir, qu'il aura, ou *qu'il aurait reçu.*

PARTICIPE PRÉSENT.

Accip iens, ientis, *recevant, qui reçoit*, ou *qui re-*
cevait.

PARTICIPE FUTUR.

Accep turus, ra, rum, *devant recevoir, qui rece-*
vra, ou *doit recevoir.*

SUPIN.

Accep tum, *à recevoir:*

GÉRONDIFS.

Accip iendi, *de recevoir.*
Accip iendo, *en recevant.*
Accip iendum, *à recevoir*, ou *pour recevoir.*

★ La troisième Conjugaison française comprend tous les Verbes
dont l'Infinitif est terminé en *oir ;* ils se conjuguent sur *recevoir.*

QUATRIÈME CONJUGAISON.
IRE, is.
INDICATIF.

PRÉSENT.

Sing.	Aud io,	*j'entends, ou j'écoute.*
	Aud is,	*tu entends,* ou *tu écoutes.*
	Aud it,	*il entend,* ou *il écoute.*
Plur.	Aud imus,	*nous entendons,* etc.
	Aud itis,	*vous entendez.*
	Aud iunt,	*ils entendent.*

IMPARFAIT.

Sing.	Aud iebam,	*j'entendais,* ou *j'écoutais.*
	Aud iebas,	*tu entendais.*
	Aud iebat,	*il entendait.*
Plur.	Aud iebamus,	*nous entendions.*
	Aud iebatis,	*vous entendiez.*
	Aud iebant,	*ils entendaient.*

PARFAIT.

Sing.	Aud ivi,	*j'ai entendu.*
	Aud ivisti,	*tu as entendu.*
	Aud ivit,	*il a entendu.*
Plur.	Aud ivimus,	*nous avons entendu.*
	Aud ivistis,	*vous avez entendu.*
	Aud iverunt, *ou* aud ivère,	*ils ont entendu.*

Autrement pour le français : *J'entendis, tu entendis, il entendit ; nous entendîmes, vous enten-
dîtes, ils entendirent.*

Ou : *J'eus entendu, tu eus entendu, il eut entendu ; nous eûmes entendu, vous eûtes entendu,
ils eurent entendu.*

PLUS-QUE-PARFAIT.

Sing.	Aud iveram,	*j'avais entendu.*

	Aud iveras,	*tu avais entendu.*
	Aud iverat,	*il avait entendu.*
Plur.	Aud iveramus,	*nous avions entendu.*
	Aud iveratis,	*vous aviez entendu.*
	Aud iverant,	*ils avaient entendu.*

FUTUR.

Sing.	Aud iam,	*j'entendrai.*
	Aud ies,	*tu entendras.*
	Aud iet,	*il entendra.*
Plur.	Aud iemus,	*nous entendrons.*
	Aud ietis,	*vous entendrez.*
	Aud ient,	*ils entendront.*

FUTUR PASSÉ.

Sing.	Aud ivero,	*j'aurai entendu.*
	Aud iveris,	*tu auras entendu.*
	Aud iverit,	*il aura entendu.*
Plur.	Aud iverimus,	*nous aurons entendu.*
	Aud iveritis,	*vous aurez entendu.*
	Aud iverint,	*ils auront entendu.*

IMPÉRATIF.

Point de première personne.

Sing.	Aud i, *ou* aud ito,	*entends.*
	Aud ito (ille),	*qu'il entende.*
Plur.	Aud iamus,	*entendons.*
	Aud ite, *ou* aud itote,	*entendez.*
	Aud iunto,	*qu'ils entendent.*

SUBJONCTIF.
PRÉSENT.

Sing.	Aud iam,	*que j'entende.*
	Aud ias,	*que tu entendes.*
	Aud iat,	*qu'il entende.*
Plur.	Aud iamus,	*que nous entendions.*
	Aud iatis,	*que vous entendiez.*
	Aud iant,	*qu'ils entendent.*

IMPARFAIT.

Sing.	Aud irem,	*que j'entendisse.*
	Aud ires,	*que tu entendisses.*
	Aud iret,	*qu'il entendît.*
Plur.	Aud iremus,	*que nous entendissions.*
	Aud iretis,	*que vous entendissiez.*
	Aud irent,	*qu'ils entendissent.*

Autrement pour le français : *J'entendrais, tu entendrais, il entendrait ; nous entendrions, vous entendriez, ils entendraient.*

PARFAIT.

Sing.	Aud iverim,	*que j'aie entendu.*
	Aud iveris,	*que tu aies entendu.*
	Aud iverit,	*qu'il ait entendu.*
Plur.	Aud iverimus,	*que nous ayons entendu.*
	Aud iveritis,	*que vous ayez entendu.*
	Aud iverint,	*qu'ils aient entendu.*

PLUS-QUE-PARFAIT.

Sing.	Aud ivissem,	*que j'eusse entendu.*
	Aud ivisses,	*que tu eusses entendu.*
	Aud ivisset,	*qu'il eût entendu.*
Plur.	Aud ivissemus,	*que nous eussions entendu.*
	Aud ivissetis	*que vous eussiez entendu.*
	Aud ivissent,	*qu'ils eussent entendu.*

Autrement pour le français : *J'aurais entendu, tu aurais entendu, il aurait entendu ; nous aurions entendu, vous auriez entendu, ils auraient entendu.*

INFINITIF.

PRÉSENT et IMPARFAIT.

Aud ire, *entendre,* ★ *qu'il entende, ou qu'il entendait.*

★ La quatrième Conjugaison française comprend tous les Verbes dont l'Infinitif est terminé en *re* : ils se conjuguent sur *entendre.*

PARFAIT ET PLUS-QUE-PARFAIT.

Aud ivisse, *avoir entendu*, *qu'il a*, ou *qu'il avait entendu*.

FUTUR. (*Il se décline*).

Aud iturum, aud ituram esse, *devoir entendre*, *qu'il entendra*, ou *qu'il entendrait*.

FUTUR PASSÉ. (*Il se décline*).

Aud iturum, aud ituram fuisse, *avoir dû entendre*, *qu'il eût*, ou *qu'il aurait entendu*.

PARTICIPE PRÉSENT.

Aud iens, aud ientis, *entendant*, *qui entend*, ou *qui entendait*.

PARTICIPE FUTUR.

Aud iturus, aud itura, aud iturum, *devant entendre*, *qui doit*, *qui devait entendre*.

SUPIN.

Aud itum, 　　　　*à entendre*.

GÉRONDIFS.

Aud iendi, 　　　*d'entendre*.
Aud iendo, 　　　*en entendant*.
Aud iendum, *à entendre*, ou *pour entendre*.

Ainsi se conjuguent *aperire*, ouvrir ; *munire*, fortifier ; *sepelire*, ensevelir ; *punire*, punir, etc.

REMARQUE. On peut faire une *syncope*, c'est-à-dire, retrancher quelques lettres dans les Parfaits et dans tous les Temps qui en sont formés, en ôtant *ve* ou *vi*, et quelquefois le *v* seulement dans la quatrième Conjugaison : ainsi l'on dit *amarunt* pour *amaverunt* ; *implessem* pour *implevissem* ; *audieram* pour *audiveram* ; *audiissem* pour *audivissem*.

TABLEAU GÉNÉRÁL

Dans lequel on a mis sous un même coup — d'œil les quatre Con-
jugaisons.

		1		2		3		4	
INDICATIF.									
Présent.	Am o,	as,	Mon eo,	es,	Leg o,	is,	Aud io,	is.	
Imparfait.	Am abam,	abas,	Mon ebam,	ebas,	Leg ebam,	ebas,	Aud iebam,	iebas.	
Parfait.	Am avi,	avisti,	Mon ui,	uisti,	Leg i,	isti,	Aud ivi,	ivisti.	
Plus–que–p.	Am averam,	averas,	Mon ueram,	ueras,	Leg eram,	eras,	Aud iveram,	iveras.	
Futur.	Am abo,	abis,	Mon ebo,	ebis,	Leg am,	es,	Aud iam,	ies.	
Futur passé.	Am avero,	averis,	Mon uero,	ueris,	Leg ero,	eris,	Aud ivero,	iveris.	
IMPÉRATIF.	Am a,	ato,	Mon e,	eto,	Leg e,	ito,	Aud i,	ito.	
SUBJONCTIF.									
Présent.	Am em,	es,	Mon eam,	eas,	Leg am,	as,	Aud iam,	ias.	
Imparfait.	Am arem,	ares,	Mon erem,	eres,	Leg erem,	eres,	Aud irem,	ires.	
Parfait.	Am averim,	averis,	Mon uerim,	ueris,	Leg erim,	eris,	Aud iverim,	iveris.	
Plus–que–p.	Am avissem,	avisses,	Mon uissem,	uisses,	Leg issem,	isses,	Aud ivissem,	ivisses.	
INFINITIF.	Am are,	avisse,	Mon ere,	uisse,	Leg ere,	isse,	Aud ire,	ivisse.	

FORMATION DES TEMPS.

Il y a en latin quatre temps primitifs, c'est-à-dire, qui servent à former les autres : le Présent de l'Infinitif, le Présent de l'Indicatif, le Parfait et le Supin. Les Verbes qui manquent d'un ou de plusieurs temps primitifs, n'ont pas les temps qui en sont formés.

Présent de l'Infinitif.

Otez-en la dernière syllabe, vous avez l'Impératif.

Ama, mone, lege, audi. ★

Ajoutez-y *m*, vous aurez l'Imparfait du Subjonctif.

Amare m, monere m, legere m, audire m.

Présent de l'Indicatif.

1° Dans les deux premières Conjugaisons, changez *o* en *abo*, *ebo*, vous aurez le Futur, *am abo*, *mon ebo :* dans les deux dernières, changez *o* en *am*, *leg am*, *aud iam.*

2° Dans la première Conjugaison, changez *o* en *em*, vous aurez le Présent du Subjonctif, *am em :* dans les trois autres, changez *o* en *am*, *mone am*, *leg am*, *aud iam.*

3° Dans la première Conjugaison, changez *o* en *abam*, vous aurez l'Imparfait de l'indicatif *am abam :* dans la seconde *eo*, et dans les deux autres, *o* en *ebam*, vous aurez *mon ebam*, *leg ebam*, *audi ebam.*

4° Dans la première Conjugaison, changez *o* en *ans*, vous aurez le Participe présent *am ans ;* dans la seconde, *eo*, et dans les deux autres, *o* en *ens*, vous aurez *mon ens*, *leg ens*, *aud iens.*

5° Formez de même les Gérondifs : *am o*, *am andi*, etc. ; *mon eo*, *mon endi*, etc. ; *leg o*, *leg endi*, etc. ; *audi o*, *audi endi*, etc.

★ Quatre Verbes, *dico*, *duco*, *facio*, *fero*, ont à l'Impératif *dic*, *duc*, *fac*, *fer*, ainsi que les Verbes qui en sont composés, excepté ceux qui changent *facere* en *ficere.*

5

Parfait de l'Indicatif.

Changez *i* en *eram*, vous aurez le Plus-que-parfait.

Amav eram, monu eram, leg eram, audiv eram.

Changez *i* en *ero*, vous aurez le Futur passé.

Amav ero, monu ero, leg ero, audiv ero.

Changez *i* en *erim*, vous aurez le Parfait du Subjonctif.

Amav erim, monu erim, leg erim, audiv erim.

Changez *i* en *issem*, vous aurez le Plus-que-parfait du Subjonctif.

Amav issem, monu issem, leg issem, audiv issem.

Changez *i* en *isse*, vous aurez le Parfait de l'Infinitif *amav isse, monu isse, leg isse, audiv isse.*

Supin.

Le Participe du Futur se forme du Supin en *um*, en changeant *um* en *urus*, *a*, *um*. *Amat um*, *amat urus; monit um, monit urus*, etc.

RÈGLE DES VERBES ACTIFS.

Amo Deum.

Tous les Verbes actifs gouvernent l'Accusatif.

Exemple :

J'aime, j'aimais, j'ai aimé, j'aimerai Dieu : *amo, amabam, amavi, amabo Deum.*

Vous aviez instruit, vous instruiriez l'enfant, *docueras, doceres puerum.*

Il aura lu, il aurait lu le livre : *legerit, legisset librum*, écoutez votre maître : *audi magistrum tuum.*

CONJUGAISON des Verbes passifs.

On forme le Verbe passif en ajoutant *r* à l'actif, *amo*, *amor* ; *doceo*, *doceor*.

Première Conjugaison passive.

AMARI.

INDICATIF.

PRÉSENT.

Sing.	Am or,	*je suis aimé.*
	Am aris, *ou* am are,	*tu es aimé.*
	Am atur,	*il est aimé.*
Plur.	Am amur,	*nous sommes aimés.*
	Am amini,	*vous êtes aimés.*
	Am antur,	*ils sont aimés.*

IMPARFAIT.

Sing.	Am abar,	*j'étais aimé.*
	Am abaris, *ou* am abare,	*tu étais aimé.*
	Am abatur,	*il était aimé.*
Plur.	Am abamur,	*nous étions aimés.*
	Am abamini,	*vous étiez aimés.*
	Am abantur,	*ils étaient aimés.*

PARFAIT. (*Il se décline*).

Sing.	Am atus sum, *ou* fui,	*j'ai été aimé.*
	Am atus es, *ou* fuisti,	*tu as été aimé.*
	Am atus est, *ou* fuit,	*il a été aimé.*
Plur.	Am ati sumus, *ou* fuimus,	*nous avons été aimés.*
	Am ati estis, *ou* fuistis,	*vous avez été aimés.*
	Am ati sunt, *ou* fuerunt,	*ils ont été aimés.*

Autrement pour le français: *Je fus aimé, tu fus aimé, il fut aimé ; nous fûmes aimés, vous fûtes aimés, ils furent aimés.*

Ou: *J'eus été aimé, tu eus été aimé, il eut été*

aimé ; nous eûmes été aimés, vous eûtes été aimés, ils eurent été aimés.

Plus-que-parfait. (*Il se décline*).

Sing. Am atus eram, *ou* fueram, *j'avais été aimé.*
Am atus eras, *ou* fueras, *tu avais été aimé.*
Am atus erat, *ou* fuerat, *il avait été aimé.*

Plur. Am ati eramus, *ou* fueramus, *nous avions*
été aimés.
Am ati eratis, *ou* fueratis, *vous aviez été*
aimés.
Am ati erant, *ou* fuerant, *ils avaient été*
aimés.

Futur.

Sing. Am abor,   *je serai aimé.*
Am aberis , *ou* amabere, *tu seras aimé.*
Am abitur,   *il sera aimé.*
Plur. Am abimur,   *nous serons aimés.*
Am abimini,   *vous serez aimés.*
Am abuntur,   *ils seront aimés.*

Futur passé. (*Il se décline*).

Sing. Am atus ero, *ou* fuero, *j'aurai été aimé.*
Am atus eris, *ou* fueris, *tu auras été aimé.*
Am atus erit, *ou* fuerit, *il aura été aimé.*

Plur. Am ati erimus, *ou* fuerimus, *nous aurons*
été aimés.
Am ati eritis, *ou* fueritis, *vous aurez été*
aimés.
Am ati erunt, *ou* fuerint, *ils auront été*
aimés.

IMPÉRATIF.

Point de première personne.

Sing. Am are, *ou* am ator, *sois aimé.*
Am ator (ille),   *qu'il soit aimé.*
Plur. Am emur,   *soyons aimés.*

Am amini,   *soyez aimés.*
Am antor,   *qu'ils soient aimés.*

SUBJONCTIF.

PRÉSENT.

Sing. Am er,   *que je sois aimé.*
Am eris, *ou* am ere,   *que tu sois aimé.*
Am etur,   *qu'il soit aimé.*
Plur. Am emur,   *que nous soyons aimés.*
Am emini,   *que vous soyez aimés.*
Am entur,   *qu'ils soient aimés.*

IMPARFAIT.

Sing. Am arer,   *que je fusse aimé.*
Am areris, *ou* am arere, *que tu fusses aimé.*
Am aretur,   *qu'il fût aimé.*
Plur. Am aremur,   *que nous fussions aimés.*
Am aremini,   *que vous fussiez aimés.*
Am arentur,   *qu'ils fussent aimés.*

Autrement pour le français : *Je serais aimé, tu serais aimé, il serait aimé ; nous serions aimés, vous seriez aimés, ils seraient aimés.*

PARFAIT. (*Il se décline*).

Sing. Am atus sim, *ou* fuerim, *que j'aie été aimé.*
Am atus sis, *ou* fueris, *que tu aies été aimé.*
Am atus sit, *ou* fuerit, *qu'il ait été aimé.*
Plur. Am ati simus, *ou* fuerimus, *que nous ayons été aimés.*
Am ati sitis, *ou* fueritis, *que vous ayez été aimés.*
Am ati sint, *ou* fuerint, *qu'ils aient été aimés.*

PLUS-QUE-PARFAIT. (*Il se décline*).

Sing. Am atus essem, *ou* fuissem, *que j'eusse été aimé.*

Am atus esses, *ou* fuisses, *que tu eusses été aimé.*

Am atus esset, *ou* fuisset, *qu'il eût été aimé.*

Plur.   Am ati essemus, *ou* fuissemus, *que nous eussions été aimés.*

Am ati essetis, *ou* fuissetis, *que vous eussiez été aimés.*

Am ati essent, *ou* fuissent, *qu'ils eussent été aimés.*

Autrement pour le français : *J'aurais été aimé, tu aurais été aimé, il aurait été aimé ; nous aurions été aimés, vous auriez été aimés, ils auraient été aimés.*

INFINITIF.

Présent et Imparfait.

Am ari, *être aimé, qu'il est, ou était aimé.*

Parfait et Plus-que-parfait. (*Il se décline*).

Am atum, am atam fuisse, *avoir été aimé, qu'il a été, ou avait été aimé.*

Futur.

Am atum (*Indécl.*) iri (f), am andum (*Il se décl.*) esse, *devoir être aimé, qu'il sera, ou qu'il serait aimé.*

Futur passé. (*Il se décline.*)

Am andum fuisse, *avoir dû être aimé, qu'il aurait, ou qu'il eût été aimé.*

Participe passé.

Am atus, am ata, am atum, *aimé, ayant été aimé, qui a été aimé.*

(f) *Amatum* iri est formé du Supin et de l'Infinitif passif du Verbe *ire ;* c'est pour cela qu'*amatum* est indéclinable. Cette remarque doit servir pour toutes les Conjugaisons passives.

PARTICIPE FUTUR.

Am andus, am anda, am andum, *devant être aimé, qui doit, qui devait être aimé.*

SUPIN.

Am atu, *à être aimé.*

Ainsi se conjuguent *laudor*, je suis loué; *vituperor*, je suis blâmé; *verberor*, je suis frappé; *vocor*, je suis appelé, etc.

REMARQUE. Tous les temps composés se déclinent, tant au singulier qu'au pluriel, comme *bonus, a, um*, et ils s'accordent en genre, en nombre et en cas avec leurs nominatifs. *Ex.* Le père a été aimé, *pater amatus est :* la mère a été aimée, *mater amata est.*

Seconde Conjugaison passive.

MONERI.

INDICATIF.

PRÉSENT.

Sing.	Mon EOR,	*je suis averti.*
	Mon eris, *ou* mon ere,	*tu es averti.*
	Mon etur,	*il est averti.*
Plur.	Mon emur,	*nous sommes avertis.*
	Mon emini,	*vous êtes avertis.*
	Mon entur,	*ils sont avertis.*

IMPARFAIT.

Sing.	Mon ebar,	*j'étais averti.*
	Mon ebaris, *ou* mon ebare,	*tu étais averti.*
	Mon ebatur,	*il était averti.*
Plur.	Mon ebamur,	*nous étions avertis.*
	Mon ebamini,	*vous étiez avertis.*
	Mon ebantur,	*ils étaient avertis.*

PARFAIT. (*Il se décline*).

Sing.	Mon itus sum, *ou* fui,	*j'ai été averti.*

Mon itus es, *ou* fuisti, *tu as été averti.*
Mon itus est, *ou* fuit, *il a été averti.*

Plur. Mon iti sumus, *ou* fuimus, *nous avons été avertis.*

Mon iti estis, *ou* fuistis, *vous avez été avertis.*

Mon iti sunt, *ou* fuerunt, *ils ont été avertis.*

Autrement pour le français : *Je fus averti, tu fus averti, il fut averti ; nous fûmes avertis, vous fûtes avertis, ils furent avertis.*

Ou : *J'eus été averti, tu eus été averti, il eut été averti ; nous eûmes été avertis, vous eûtes été avertis, ils eurent été avertis.*

PLUS-QUE-PARFAIT. (*Il se décline*).

Sing. Mon itus eram, *ou* fueram, *j'avais été averti.*

Mon itus eras, *ou* fueras, *tu avais été averti.*

Mon itus erat, *ou* fuerat, *il avait été averti.*

Plur. Mon iti eramus, *ou* fueramus, *nous avions été avertis.*

Mon iti eratis, *ou* fueratis, *vous aviez été avertis.*

Mon iti erant, *ou* fuerant, *ils avaient été avertis.*

FUTUR

Sing. Mon ebor, *je serai averti.*

Mon eberis, *ou* mon ebere, *tu seras averti.*

Mon ebitur, *il sera averti.*

Plur. Mon ebimur, *nous serons avertis.*

Mon ebimini, *vous serez avertis.*

Mon ebuntur, *ils seront avertis.*

FUTUR PASSÉ. (*Il se décline*).

Sing. Mon itus ero, *ou* fuero, *j'aurai été averti.*

Mon itus eris, *ou* fueris, *tu auras été averti.*

Mon itus erit, *ou* fuerit, *il aura été averti.*

Plur. Mon iti erimus, *ou* fuerimus, *nous aurons été avertis.*

Mon iti eritis, *ou* fueritis, *vous aurez été avertis.*

Mon iti erunt, *ou* fuerint, *ils auront été avertis.*

IMPÉRATIF.

Point de première personne.

Sing. Mon ere, *ou* mon etor, *sois averti.*

Mon etor (ille), *qu'il soit averti.*

Plur. Mon eamur, *soyons avertis.*

Mon emini, *soyez avertis.*

Mon entor, *qu'ils soient avertis.*

SUBJONCTIF.

PRÉSENT.

Sing. Mon ear, *que je sois averti.*

Mon earis, *ou* mon eare, *que tu sois averti.*

Mon eatur, *qu'il soit averti.*

Plur. Mon eamur, *que nous soyons avertis.*

Mon eamini, *que vous soyez avertis.*

Mon eantur, *qu'ils soient avertis.*

IMPARFAIT.

Sing. Mon erer, *que je fusse averti.*

Mon ereris, *ou* mon erere, *que tu fusses averti.*

Mon eretur, *qu'il fût averti.*

Plur. Mon eremur, *que nous fussions avertis.*

Mon eremini, *que vous fussiez avertis.*

Mon erentur, *qu'ils fussent avertis.*

Autrement pour le français : *Je serais averti, tu serais averti,* etc.

PARFAIT. (*Il se décline*).

Sing. Mon itus sim, *ou* fuerim, *que j'aie été averti.*

Mon itus sis, *ou* fueris, *que tu aies été averti.*

Mon itus sit, *ou* fuerit, *qu'il ait été averti.*

Plur. Mon iti simus, *ou* fuerimus, *que nous ayons été avertis.*

Mon iti sitis, *ou* fueritis, *que vous ayez été avertis.*

Mon iti sint, *ou* fuerint, *qu'ils aient été avertis.*

Plus-que-parfait. (*Il se décline*).

Sing. Mon itus essem, *ou* fuissem, *que j'eusse été averti.*

Mon itus esses, *ou* fuisses, *que tu eusses été averti.*

Mon itus esset, *ou* fuisset, *qu'il eût été averti.*

Plur. Mon iti essemus, *ou* fuissemus, *que nous eussions été avertis.*

Mon iti essetis, *ou* fuissetis', *que vous eussiez été avertis.*

Mon iti essent, *ou* fuissent, *qu'ils eussent été avertis.*

Autrement pour le français : *J'aurais été averti*, etc.

INFINITIF.

Présent et Imparfait.

Mon eri, *être averti, qu'il est, ou était averti.*

Parfait et Plus-que-parfait. (*Il se décline*).

Mon itum, mon itam esse, *avoir été averti, qu'il a, ou qu'il avait été averti.*

Futur.

Mon itum, (*ind.*) iri, mon endum (*décl.*) esse, *devoir être averti, qu'il sera, ou serait averti.*

Futur passé. (*Il se décline*).

Mon endum fuisse, *avoir dû être averti, qu'il aurait, qu'il eût été averti.*

PARTICIPE PASSÉ.

Mon itus, ita, tum, *averti, ayant été averti, qui a été averti.*

PARTICIPE FUTUR.

Mon endus, da, dum, *devant être averti.*

SUPIN.

Mon itu, *à être averti.*

Ainsi se conjuguent *doceor*, je suis instruit; *terreor*, je suis épouvanté; *teneor*, je suis tenu; *impleor*, je suis rempli, etc.

Troisième Conjugaison passive.

LEGI.

INDICATIF.

PRÉSENT.

Sing.   Leg or, *je suis lu.*
    Leg eris, *ou* leg ere, *tu es lu.*
    Leg itur, *il est lu.*
Plur.   Leg imur, *nous sommes lus.*
    Leg imini, *vous êtes lus.*
  * Leg untur, *ils sont lus.*

IMPARFAIT.

Sing. ** Leg ebar, *j'étais lu.*
    Leg ebaris, *ou* leg ebare, *tu étais lu.*
    Leg ebatur, *il était lu.*
Plur.   Leg ebamur, *nous étions lus.*
    Leg ebamini, *vous étiez lus.*
    Leg ebantur, *ils étaient lus.*

PARFAIT. (*Il se décline*).

Sing.   Lec tus sum, *ou* fui, *j'ai été lu.*

* Les Verbes en *ior* font *iuntur, accip iuntur.*
** Ceux en *ior*, font *iebar, accip iebar.*

Lec tus es, *ou* fuisti, *tu as été lu.*
Lec tus est, *ou* fuit, *il a été lu.*

Plur. Lec ti sumus, *ou* fuimus, *nous avons été lus.*
Lec ti estis, *ou* fuistis, *vous avez été lus.*
Lec ti sunt, *ou* fuerunt, *ils ont été lus.*

Autrement pour le français : *Je fus lu, tu fus lu, il fut lu ; nous fûmes lus, vous fûtes lus, ils furent lus.*

Ou : *J'eus été lu, tu éus été lu, il eut été lu ; nous eûmes été lus, vous eûtes été lus, ils eurent été lus.*

Plus-que-parfait. (*Il se décline*).

Sing. Lec tus eram, *ou* fueram, *j'avais été lu.*
Lec tus eras, *ou* fueras, *tu avais été lu.*
Lec tus erat, *ou* fuerat, *il avait été lu.*

Plur. Lec ti eramus, *ou* fueramus, *nous avions été lus.*
Lec ti eratis, *ou* fueratis, *vous aviez été lus.*
Lec ti erant, *ou* fuerant, *ils avaient été lus.*

FUTUR.

Sing. ⋆ Leg ar, *je serai lu.*
Leg eris, *ou* leg ere, *tu seras lu.*
Leg etur, *il sera lu.*

Plur. Leg emur, *nous serons lus.*
Leg emini, *vous serez lus.*
Leg entur, *ils seront lus.*

Futur passé. (*Il se décline*).

Sing. Lec tus ero, *ou* fuero, *j'aurai été lu.*
Lec tus eris, *ou* fueris, *tu auras été lu.*
Lec tus erit, *ou* fuerit, *il aura été lu.*

Plur. Lec ti erimus, *ou* fuerimus, *nous aurons été lus.*
Lec ti eritis, *ou* fueritis, *vous aurez été lus.*

⋆ Les Verbes en *ior* font au Futur *iar*, *accip iar.*

Lec

Lec ti erunt, *ou* fuerint, *ils auront été lus.*

IMPÉRATIF.

Point de première personne.

Sing. Leg ere, *ou* leg itor, *sois lu.*
Leg itor (ille.), *qu'il soit lu.*
Plur. ⋆ Leg amur, *soyons lus.*
Leg imini, *soyez lus.*
⋆⋆ Leg untor, *qu'ils soient lus.*

SUBJONCTIF.

PRÉSENT.

Sing. ⋆⋆⋆ Leg ar, *que je sois lu.*
Leg aris, *ou* leg are, *que tu sois lu.*
Leg atur, *qu'il soit lu.*
Plur. Leg amur, *que nous soyons lus.*
Leg amini, *que vous soyez lus.*
Leg antur, *qu'ils soient lus.*

IMPARFAIT.

Sing. Leg erer, *que je fusse lu.*
Leg ereris, *ou* leg erere, *que tu fusses lu.*
Leg eretur, *qu'il fût lu.*
Plur. Leg eremur, *que nous fussions lus.*
Leg eremini, *que vous fussiez lus.*
Leg erentur, *qu'ils fussent lus.*

Autrement pour le français : *Je serais lu, tu serais lu, il serait lu ; nous serions lus, vous seriez lus, ils seraient lus.*

PARFAIT. (*Il se décline*).

Sing. Lec tus sim, *ou* fuerim, *que j'aie été lu.*
Lec tus sis, *ou* fueris, *que tu aies été lu.*
Lec tus sit, *ou* fuerit, *qu'il ait été lu.*

⋆ Les Verbes en *ior*, font *iamur, accip iamur.*
⋆⋆ Ceux en *ior* font *iuntor, accip iuntor.*
⋆⋆⋆ Ceux en *ior* font au Subjonctif *iar, accip iar.*

6

Plur. Lec ti simus, *ou* fuerimus, *que nous ayons été lus.*

Lec ti sitis, *ou* fueritis, *que vous ayez été lus.*

Lec ti sint, *ou* fuerint, *qu'ils aient été lus.*

PLUS-QUE-PARFAIT. (*Il se décline*).

Sing. Lec tus essem, *ou* fuissem, *que j'eusse été lu.*

Lec tus esses, *ou* fuisses, *que tu eusses été lu.*

Lec tus esset, *ou* fuisset, *qu'il eût été lu.*

Plur. Lec ti essemus, *ou* fuissemus, *que nous eussions été lus.*

Lec ti essetis, *ou* fuissetis, *que vous eussiez été lus.*

Lec ti essent, *ou* fuissent, *qu'ils eussent été lus.*

Autrement pour le français : *J'aurais été lu, tu aurais été lu, il aurait été lu ; nous aurions été lus, vous auriez été lus, ils auraient été lus.*

INFINITIF.

PRÉSENT et IMPARFAIT.
Leg i, *être lu.*

PARFAIT et PLUS-QUE-PARFAIT. (*Il se décline*).
Lec tum, lec tam esse, *avoir été lu.*

FUTUR.

Lec tum (*ind.*) iri, leg endum, (*décl.*) esse, *devoir être lu, qu'il sera, qu'il serait lu.*

FUTUR PASSÉ. (*Il se décline*).

Leg endum fuisse, *avoir dû être lu, qu'il aurait, ou qu'il eût été lu*

PARTICIPE PASSÉ.

Lec tus, lec ta, lec tum, *ayant été lu, ou qui a été lu.*

PARTICIPE FUTUR.

Leg endus, leg enda, leg eudum, *devant être lu,
qui doit, ou devait être lu.*

SUPIN.

Lec tu, *à être lu.*

Ainsi se conjuguent *vincor,* je suis vaincu; *scribor,*
je suis écrit; *cognoscor,* je suis connu, etc.

Quatrième Conjugaison passive.

AUDIRI.

INDICATIF.

PRÉSENT.

Sing.	Aud ior, *je suis écouté, ou entendu.*
	Aud iris, *ou* aud ire, *tu es écouté.*
	Aud itur, *il est écouté.*
Plur.	Aud imur, *nous sommes écoutés,* ou *entendus*
	Aud imini, *vous êtes écoutés.*
	Aud iuntur, *ils sont écoutés.*

IMPARFAIT.

Sing.	Aud iebar, *j'étais écouté,* ou *entendu.*
	Aud iebaris, *ou* aud iebare, *tu étais écouté.*
	Aud iebatur, *il était écouté.*
Plur.	Aud iebamur, *nous étions écoutés.*
	Aud iebamini, *vous étiez écoutés.*
	Aud iebantur, *ils étaient écoutés.*

PARFAIT. (*Il se décline*).

Sing.	Aud itus sum, *ou* fui, *j'ai été écouté,* ou *entendu.*
	Aud itus es, *ou* fuisti, *tu as été écouté.*
	Aud itus est, *ou* fuit, *il a été écouté.*
Plur.	Aud iti sumus, *ou* fuimus, *nous avons été écoutés.*

Aud iti estis, *ou* fuistis, *vous avez été écoutés.*

Aud iti sunt, *ou* fuerunt, *ils ont été écoutés.*

Autrement pour le français : *Je fus écouté, tu fus écouté, il fut écouté ; nous fûmes écoutés, vous fûtes écoutés, ils furent écoutés.*

Ou : *J'eus été écouté, tu eus été écouté, il eut été écouté ; nous eûmes été écoutés, vous eûtes été écoutés, ils eurent été écoutés.*

PLUS-QUE-PARFAIT. (*Il se décline*).

Sing. Aud itus eram, *ou* fueram, *j'avais été écouté.*

Aud itus eras, *ou* fueras, *tu avais été écouté.*

Aud itus erat, *ou* fuerat, *il avait été écouté.*

Plur. Aud iti eramus, *ou* fueramus, *nous avions été écoutés.*

Aud iti eratis, *ou* fueratis, *vous aviez été écoutés.*

Aud iti erant, *ou* fuerant, *ils avaient été écoutés.*

FUTUR.

Sing. Aud iar, *je serai écouté.*

Aud ieris, *ou* aud iere, *tu seras écouté.*

Aud ietur, *il sera écouté.*

Plur. Aud iemur, *nous serons écoutés.*

Aud iemini, *vous serez écoutés.*

Aud ientur, *ils seront écoutés.*

FUTUR PASSÉ. (*Il se décline*).

Sing. Aud itus ero, *ou* fuero, *j'aurai été écouté.*

Aud itus eris, *ou* fueris, *tu auras été écouté.*

Aud itus erit, *ou* fuerit, *il aura été écouté.*

Plur. Aud iti erimus, *ou* fuerimus, *nous aurons été écoutés.*

Aud iti eritis, *ou* fueritis, *vous aurez été écoutés.*

Aud iti erunt, *ou* fuerint, *ils auront été écoutés.*

IMPÉRATIF.

Il n'a point de première personne.

Sing.   Aud ire, *ou* aud itor, *sois écouté.*
        Aud itor (ille), *qu'il soit écouté.*
Plur.   Aud iamur, *soyons écoutés.*
        Aud imini, *soyez écoutés.*
        Aud iuntor, *qu'ils soient écoutés.*

SUBJONCTIF.
PRÉSENT.

Sing.   Aud iar, *que je sois écouté.*
        Aud iaris, *ou* aud iare, *que tu sois écouté.*
        Aud iatur, *qu'il soit écouté.*
Plur.   Aud iamur, *que nous soyons écoutés.*
        Aud iamini, *que vous soyez écoutés.*
        Aud iantur, *qu'ils soient écoutés.*

IMPARFAIT.

Sing.   Aud irer, *que je fusse écouté.*
        Aud ireris, *ou* aud irere *que tu fusses écouté.*
        Aud iretur, *qu'il fût écouté.*
Plur.   Aud iremur, *que nous fussions écoutés.*
        Aud iremini, *que vous fussiez écoutés.*
        Aud irentur, *qu'ils fussent écoutés.*

Autrement pour le français : *Je serais écouté, tu serais écouté, il serait écouté ; nous serions écoutés, vous seriez écoutés, ils seraient écoutés.*

PARFAIT. (*Il se décline*).

Sing.   Aud itus sim, *ou* fuerim, *que j'aie été écouté.*
        Aud itus sis, *ou* fueris, *que tu aies été écouté.*
        Aud itus sit, *ou* fuerit, *qu'il ait été écouté.*
Plur.   Aud iti simus, *ou* fuerimus, *que nous ayons été écoutés.*

Aud iti sitis, *ou* fueritis, *que vous ayez été écoutés.*

Aud iti sint, *ou* fuerint, *qu'ils aient été écoutés.*

PLUS-QUE-PARFAIT. (*Il se décline*).

Sing.   Aud itus essem, *ou* fuissem, *que j'eusse été écouté.*

Aud itus esses, *ou* fuisses, *que tu eusses été écouté.*

Aud itus esset, *ou* fuisset, *qu'il eût été écouté.*

Plur.   Aud iti essemus, *ou* fuissemus, *que nous eussions été écoutés.*

Aud iti essetis, *ou* fuissetis, *que vous eussiez été écoutés.*

Aud iti essent, *ou* fuissent, *qu'ils eussent été écoutés.*

Autrement pour le français : *J'aurais été écouté, tu aurais été écouté, il aurait été écouté ; nous aurions été écoutés, vous auriez été écoutés, ils auraient été écoutés.*

INFINITIF.

PRÉSENT et IMPARFAIT.

Aud iri, *étre écouté.*

PARFAIT et PLUS-QUE-PARFAIT. (*Il se décline*).

Aud itum, aud itam esse, *ou* fuisse, *avoir été écouté.*

FUTUR.

Aud itum (*indécl.*) iri, aud iendum (*décl.*) esse, *devoir étre écouté, qu'il sera, ou qu'il serait écouté.*

FUTUR PASSÉ. (*Il se décline*).

Aud iendum fuisse, *avoir dû étre écouté, qu'il aurait, ou qu'il eût été écouté.*

PARTICIPE PASSÉ.

Aud itus, aud ita, aud itum, *écouté*, *ayant été écouté*, ou *qui a été écouté*.

PARTICIPE FUTUR.

Aud iendus, aud ienda, aud iendum, *devant être écouté*, *qui sera*, ou *qui serait écouté*.

SUPIN.

Aud itu, *à être écouté*.

Ainsi se conjuguent *aperior*, je suis ouvert; *munior*, je suis fortifié; *sepelior*, je suis enseveli; *punior*, je suis puni, etc.

N. B. Le Parfait et les deux Futurs de l'Infinitif ne sont usités à l'accusatif comme ci-dessus, que dans les phrases où il y a un *que* retranché. Ex.: On dit que l'orateur a été, sera, aurait été entendu, *dicitur oratorem auditum esse*, *auditum iri*, ou *audiendum esse*, *audiendum fuisse*; mais dans les autres phrases, on met au nominatif les participes dont ces temps sont composés. Ex. L'orateur est dit avoir été, devoir être, avoir dû être écouté, *orator dicitur auditus esse*, *audiendus esse*, *audiendus fuisse*. Cette remarque s'applique à toutes les Conjugaisons passives, ainsi qu'aux Futurs de l'Infinitif actif.

TABLEAU GÉNÉRAL

Dans lequel on a mis sous un même coup-d'œil les quatre Con—
jugaisons passives.

	1	2	3	4
INDICATIF.				
Présent.	Am or , aris.	Mon eor , eris.	Leg or, eris.	Aud ior , iris.
Imparfait.	Am abar , abaris.	Mon ebar , ebaris.	Leg ebar , ebaris.	Aud iebar, iebaris.
Parfait.	Am atus sum, *ou* fui.	Mon itus sum.	Lec tus sum,	Aud itus sum.
Plus-que-parfait.	Am atus eram, *ou* fueram.	Mon itus eram.	Lec tus eram.	Aud itus eram.
Futur.	Am abor , aberis.	Mon ebor , eberis.	Leg ar , eris.	Aud iar , teris.
Futur passé.	Am atus ero , *ou* fuero.	Mon itus ero.	Lec tus ero.	Aud itus ero.
IMPÉRATIF.	Am are , ator.	Mon ere , etor.	Leg ere , itor.	Aud ire , itor.
SUBJONCTIF.				
Présent.	Am er , eris.	Mon ear , earis.	Leg ar , aris.	Aud iar , iaris.
Imparfait.	Am arer , areris.	Mon erer , ereris.	Leg erer, ereris.	Aud irer , ireris.
Parfait.	Am atus sim , *ou* fuerim.	Mon itus sim.	Lec tus sim.	Aud itus sim.
Plus-que-parfait.	Am atus essem , *ou* fuissem.	Mon itus essem.	Lec tus essem.	Aud itus essem.
INFINITIF.	Am ari.	Mon eri.	Leg i.	Aud iri.

Remarque sur la formation des Temps.

1° L'Impératif passif est toujours semblable à l'Infinitif actif.

2° Les temps simples du passif se forment des mêmes temps de l'actif, en ajoutant *r* à ceux qui sont terminés en *o* ; *amo, amor* ; *amabo, amabor* ; et en changeant *m* en *r* aux temps de l'actif qui sont terminés en *m* ; *amabam, amabar* ; *amarem, amarer* ; *legam, legar* ; *audiam, audiar.*

3° L'Infinitif passif se forme de l'Infinitif actif, en changeant *re* en *ri* pour la première, la seconde et la quatrième Conjugaison ; *ama re, ama ri* ; *mone re, mone ri* ; *audi re, audi ri.* Dans la troisième, changez *ere* en *i* ; *leg ere, leg i.*

4° Le Participe passé se forme du Supin en *u*, auquel on ajoute *s* ; *amatu, amatus*, etc.

5° Les temps composés se forment de ce participe auquel on ajoute l'auxiliaire *sum*, *eram*, etc.

6° Le Participe du Futur passif se forme comme les Gérondifs, du Présent de l'Indicatif actif, en changeant pour la première Conjugaison *o* en *andus* ; pour la seconde, *eo* ; et pour les deux autres, *o* en *endus* ; *am o*, *am andus* ; *mon eo*, *mon endus*, etc.

RÈGLE DES VERBES PASSIFS.

Amor *à Deo.*

De ou *par* après un Verbe passif s'exprime en latin par *à*, ou *ab*, et le Nom suivant se met à l'ablatif.

Exemples :

Je suis aimé, j'étais aimé, je serai aimé de Dieu : *Amor, amabar, amabor à Deo.*

Vous étiez écouté, vous aviez été écouté par vos écoliers. *Audiebaris, auditus fueras à tuis discipulis.*

Il sera instruit, il aura été instruit par le maître. *Docebitur, doctus erit à magistro.*

Ce livre est lu par l'enfant. *Hic liber legitur à puero.*

VERBES DÉPONENS. (g)

. Les Verbes déponens se conjuguent pour le latin
comme les Verbes passifs, et pour le français comme
les Verbes actifs. Il y a des Verbes déponens de
chacune des quatre Conjugaisons passives.

Verbe Déponent de la première Conjugaison.

Sur *Amor.*

INDICATIF.

Présent.

Sing.   Imit or, *j'imite.*
Imit aris, *ou* imit are, *tu imites.*
Imit atur, *il imite.*
Plur.   Imit amur, *nous imitons.*
Imit amini, *vous imitez.*
Imit antur, *ils imitent.*

Imparfait.

Sing.   Imit abar, *j'imitais.*
Imit abaris, *ou* imit abare, *tu imitais.*
Imit abatur, *il imitait.*
Plur.   Imit abamur, *nous imitions.*

(g) Le mot *Déponent* vient du Verbe *deponere*, déposer.
Les Verbes déponens sont ainsi appelés, parce qu'ils déposent
les formes actives dans tous les temps, excepté dans le Participe
du Futur en *rus*, pour prendre les formes passives. Il n'y a que
le Participe du Futur en *dus* qui a retenu le sens passif.

Les Verbes déponens sont, d'après leur signification, actifs
ou neutres. Ils sont actifs, quand ils gouvernent l'accusatif,
comme *imitor*, *polliceor*, *sequor*. Ils sont neutres, quand ils
n'ont point de régime ou qu'ils gouvernent un autre cas que
l'accusatif, comme *morior*, je meurs; *utor*, je me sers.

Il n'y a que les déponens actifs qui ont le Participe du Futur
passif en *dus*, à quelques exceptions près, comme *utendus*,
fruendus, etc.

Imit abamini, *vous imitiez.*
Imit abantur, *ils imitaient.*

PARFAIT. (*Il se décline*).

Sing.   Imit atus sum, *ou* fui, *j'ai imité.*
Imit atus es, *ou* fuisti, *tu as imité.*
Imit atus est, *ou* fuit, *il a imité.*

Plur.   Imit ati sumus, *ou* fuimus, *nous avons imité.*
Imit ati estis, *ou* fuistis, *vous avez imité.*
Imit ati sunt, *ou* fuerunt, *ils ont imité.*

Autrement pour le français : *J'imitai, tu imitas, il imita ; nous imitâmes, vous imitâtes, ils imitèrent.*

Ou : *J'eus imité, tu eus imité, il eut imité ; nous eûmes imité, vous eûtes imité, ils eurent imité.*

PLUS-QUE-PARFAIT. (*Il se décline*).

Sing.   Imit atus eram, *ou* fueram, *j'avais imité.*
Imit atus eras, *ou* fueras, *tu avais imité.*
Imit atus erat, *ou* fuerat, *il avait imité.*

Plur.   Imit ati eramus, *ou* fueramus, *nous avions imité.*

Imit ati eratis, *ou* fueratis, *vous aviez imité.*
Imit ati erant, *ou* fuerant, *ils avaient imité.*

FUTUR.

Sing.   Imit abor, *j'imiterai.*
Imit aberis, *ou* imit abere, *tu imiteras.*
Imit abitur, *il imitera.*

Plur.   Imit abimur, *nous imiterons.*
Imit abimini, *vous imiterez.*
Imit abuntur, *ils imiteront.*

FUTUR PASSÉ. (*Il se décline.*)

Sing.   Imit atus ero, *ou* fuero, *j'aurai imité.*
Imit atus eris, *ou* fueris, *tu auras imité.*
Imit atus erit, *ou* fuerit, *il aura imité.*

Plur.   Imit ati erimus, *ou* fuerimus, *nous aurons imité.*

Imit ati eritis, *ou* fueritis, *vous aurez imité.*
Imit ati erunt, *ou* fuerint, *ils auront imité.*

IMPÉRATIF.

Point de première personne.

Sing. Imit are, *ou* imit ator, *imite.*
Imit ator (ille), *qu'il imite.*
Plur. Imit emur, *imitons.*
Imit amini, *imitez.*
Imit antor, *qu'ils imitent.*

SUBJONCTIF.

PRÉSENT.

Sing. Imit er, *que j'imite.*
Imit eris, *ou* imit ere, *que tu imites.*
Imit etur, *qu'il imite.*
Plur. Imit emur, *que nous imitions.*
Imit emini, *que vous imitiez.*
Imit entur, *qu'ils imitent.*

IMPARFAIT.

Sing. Imit arer, *que j'imitasse.*
Imit areris, *ou* imit arere, *que tu imitasses.*
Imit aretur, *qu'il imitât.*
Plur. Imit aremur, *que nous imitassions.*
Imit aremini, *que vous imitassiez.*
Imit arentur, *qu'ils imitassent.*

Autrement pour le français : *J'imiterais, tu imiterais, il imiterait ; nous imiterions, vous imiteriez, ils imiteraient.*

PARFAIT. (*Il se décline*).

Sing. Imit atus sim, *ou* fuerim, *que j'aie imité.*
Imit atus sis, *ou* fueris, *que tu aies imité.*
Imit atus sit, *ou* fuerit, *qu'il ait imité.*
Plur. Imit ati simus, *ou* fuerimus, *que nous ayons imité.*
Imit

Imit ati sitis, *ou fueritis, que vous ayez imité.*

Imit ati sint, *ou fuerint, qu'ils aient imité.*

PLUS-QUE-PARFAIT. (*Il se décline*).

Sing.   Imit atus essem, *ou* fuissem, *que j'eusse imité.*

Imit atus esses, *ou* fuisses, *que tu eusses imité.*

Imit atus esset, *ou* fuisset, *qu'il eût imité.*

Plur.   Imit ati essemus, *ou* fuissemus, *que nous eussions imité.*

Imit ati essetis, *ou* fuissetis, *que vous eussiez imité.*

Imit ati essent, *ou* fuissent, *qu'ils eussent imité.*

Autrement pour le français: *J'aurais imité, tu aurais imité, il aurait imité ; nous aurions imité, vous auriez imité, ils auraient imité.*

INFINITIF.

PRÉSENT et IMPARFAIT.

Imit ari, *imiter.*

PARFAIT et PLUS-QUE-PARFAIT. (*Il se décline*).

Imit atum, imit atam esse, *ou* fuisse, *avoir imité.*

FUTUR. (*Il se décline*).

Imit aturum, imit aturam esse, *devoir imiter, qu'il imitera,* ou *qu'il imiterait.*

FUTUR PASSÉ. (*Il se décline*).

Imit aturum, imit aturam fuisse, *avoir dû imiter, qu'il aurait,* ou *qu'il eût imité.*

PARTICIPE PRÉSENT.

Imit ans, imit antis, *imitant, qui imite, qui imitait.*

PARTICIPE PASSÉ ACTIF.

Imit atus, imit ata, imit atum, *ayant imité, qui a,* ou *qui avait imité.*

7

Participe futur actif.

Imit aturus, imit atura, imit aturum, *devant imi-*
ter, *qui imitera*, ou *qui imiterait*.

Participe futur passif.

Imit andus, imit anda, imit andum, *qui doit être*
imité.

Supins.

Imit atum, *à imiter*.
Imit atu, *à être imité*.

Gérondifs.

Imit andi, *d'imiter*.
Imit ando, *en imitant*.
Imit andum, *à imiter*, ou *pour imiter*.

Ainsi se conjuguent *mirari*, *miror*, admirer ; *hortari*,
hortor, exhorter ; *precari*, *precor*, prier ; *venerari*, *ve-*
neror, respecter.

Il suffira pour les autres Verbes déponens d'indiquer la première personne dans chaque temps
composé.

Verbe Déponent de la seconde Conjugaison
Sur *Moneor*.

INDICATIF.

Présent.

Sing.   Pollic eor, *je promets*.
    Pollic eris, ou pollic ere, *tu promets*.
    Pollic etur, *il promet*.
Plur.   Pollic emur, *nous promettons*.
    Pollic emini, *vous promettez*.
    Pollic entur, *ils promettent*.

Imparfait.

Sing.   Pollic ebar, *je promettais*.

Pollic ebaris, *ou* pollic ebare, *tu promettais.*
Pollic ebatur, *il promettait.*

Plur. Pollic ebamur, *nous promettions.*
Pollic ebamini, *vous promettiez.*
Pollic ebantur, *ils promettaient.*

PARFAIT.

Pollic itus sum, *ou* fui, *j'ai promis,* etc.

PLUS-QUE-PARFAIT.

Pollic itus eram, *ou* fueram, *j'avais promis,* etc.

FUTUR.

Sing. Pollic ebor, *je promettrai.*
Pollic eberis, *ou* pollic ebere, *tu promettras.*
Pollic ebitur, *il promettra.*
Plur. Pollic ebimur, *nous promettrons.*
Pollic ebimini, *vous promettrez.*
Pollic ebuntur, *ils promettront.*

FUTUR PASSÉ.

Pollic itus ero, *ou* fuero, *j'aurai promis,* etc.

IMPÉRATIF.

Point de première personne.

Sing. Pollic ere, *ou* pollic etor, *promets.*
Pollic etor (ille), *qu'il promette.*
Plur. Pollic eamur, *promettons.*
Pollic emini, *promettez.*
Pollic entor, *qu'ils promettent.*

SUBJONCTIF.

PRÉSENT.

Sing. Pollic ear, *que je promette.*
Pollic earis, *ou* pollic eare, *que tu promettes.*
Pollic eatur, *qu'il promette.*
Plur. Pollic eamur, *que nous promettions.*

Pollic eamini, *que vous promettiez.*
Pollic eantur, *qu'ils promettent.*

IMPARFAIT.

Sing. Pollic erer, *que je promisse, ou je promet-*
trais.

Pollic ereris, *ou* pollic erere, *que tu pro-*
misses.

Pollic eretur, *qu'il promît.*

Plur. Pollic eremur, *que nous promissions.*
Pollic eremini, *que vous promissiez.*
Pollic erentur, *qu'ils promissent.*

PARFAIT.

Pollic itus sim, *ou* fuerim, *que j'aie pro-*
mis, etc.

PLUS-QUE-PARFAIT.

Pollic itus essem, *ou* fuissem, *que j'eusse pro-*
mis, etc., *ou j'aurais promis.*

INFINITIF.

PRÉSENT et IMPARFAIT.

Pollic eri, *promettre.*

PARFAIT et PLUS-QUE-PARFAIT. (*Il se décline*).

Pollic itum, pollic itam esse, *ou* fuisse, *avoir pro-*
mis.

FUTUR. (*Il se décline*).

Pollic iturum, pollic ituram esse, *devoir promettre,*
qu'il promettra, ou qu'il promettrait.

FUTUR PASSÉ. (*Il se décline*).

Pollic iturum, pollic ituram fuisse, *avoir dû pro-*
mettre, qu'il aurait, ou qu'il eût promis.

PARTICIPE PRÉSENT.

Pollic ens, pollic entis, *promettant, qui promet,* ou
qui promettait.

PARTICIPE PASSÉ ACTIF.

Pollic itus, pollic ita, pollic itum, *ayant promis, qui a promis, qui avait promis.*

PARTICIPE FUTUR ACTIF.

Pollic iturus, pollic itura, pollic iturum, *devant promettre, qui promettra.*

PARTICIPE FUTUR PASSIF.

Pollic endus, pollic enda, pollic endum, *qui doit être promis.*

SUPINS.

Pollic itum, *à promettre.*
Pollic itu, *à être promis.*

GÉRONDIFS.

Pollic endi, *de promettre.*
Pollic endo, *en promettant.*
Pollic endum, *à promettre, ou pour promettre.*

Ainsi se conjuguent, *misereri, misereor,* avoir pitié ; *vereri, vereor,* craindre ; *fateri, fateor,* avouer.

Verbe Déponent de la troisième Conjugaison.
Sur *Legor.*
INDICATIF.
PRÉSENT.

Sing. Ut or, *je me sers.*
Ut eris, *ou* ut ere, *tu te sers.*
Ut itur, *il se sert.*
Plur. Ut imur, *nous nous servons.*
Ut imini, *vous vous servez.*
Ut untur, *ils se servent.*

IMPARFAIT.

Sing. Ut ebar, *je me servais.*
Ut ebaris, *ou* ut ebare, *tu te servais.*
Ut ebatur, *il se servait.*
Plur. Ut ebamur, *nous nous servions.*
Ut ebamini, *vous vous serviez.*
Ut ebantur, *ils se servaient.*

PARFAIT.

Us us sum, *ou* fui, *je me suis servi,* etc.

PLUS-QUE-PARFAIT.

Us us eram, *ou* fueram, *je m'étais servi,* etc.

FUTUR.

Sing. Ut ar, *je me servirai.*
Ut eris, *ou* ut ere, *tu te serviras.*
Ut etur, *il se servira.*
Plur. Ut emur, *nous nous servirons.*
Ut emini, *vous vous servirez.*
Ut entur, *ils se serviront.*

FUTUR PASSÉ.

Us us ero, *ou* fuero, *je me serai servi,* etc.

IMPÉRATIF.

Point de première personne.

Sing. Ut ere, *ou* ut itor, *sers-toi.*
Ut itor (ille), *qu'il se serve.*
Plur. Ut amur, *servons-nous.*
Ut imini, *servez-vous.*
Ut untor, *qu'ils se servent.*

SUBJONCTIF.

PRÉSENT.

Sing. Ut ar, *que je me serve.*
Ut aris, *ou* ut are, *que tu te serves.*

Ut atur, *qu'il se serve.*

Plur. Ut amur, *que nous nous servions.*

Ut amini, *que vous vous serviez.*

Ut antur, *qu'ils se servent.*

IMPARFAIT.

Sing. Ut erer, *que je me servisse,* ou *je me ser-*
virais.

Ut ereris, *ou* ut erere, *que tu te servisses.*

Ut eretur, *qu'il se servît.*

Plur. Ut eremur, *que nous nous servissions.*

Ut eremini, *que vous vous servissiez.*

Ut erentur, *qu'ils se servissent.*

PARFAIT.

Us us sim, *ou* fuerim, *que je me sois servi,* etc.

PLUS-QUE-PARFAIT.

Us us essem, *ou* fuissem, *que je me fusse servi,* ou
je me serais servi, etc.

INFINITIF.

PRÉSENT et IMPARFAIT.

Ut i, *se servir.*

PARFAIT et PLUS-QUE-PARFAIT (*Il se décline*).

Us um, us am esse, *ou* fuisse, *s'être servi.*

FUTUR. (*Il se décline*).

Us urum, us uram esse, *devoir se servir, qu'il se*
servira, ou *qu'il se servirait.*

FUTUR PASSÉ (*Il se décline*).

Us urum, us uram fuisse, *avoir dû se servir, qu'il*
se fût servi, ou *qu'il se serait servi.*

PARTICIPE PRÉSENT.

Ut ens, ut entis, *se servant, qui se sert, qui se*
servait.

Participe passé actif.

Us us, us a, us um, *s'étant servi, qui s'est servi,*
ou *qui s'était servi.*

Participe futur actif.

Us urus, us ura, us urum, *devant se servir, qui
doit,* ou *devait se servir.*

Participe futur passif.

Ut endus, ut enda, ut endum, *dont on doit se
servir.*

Supins.

Us um, *à se servir.*
Us u, *à être employé.*

Gérondifs.

Ut endi, *de se servir.*
Ut endo, *en se servant.*
Ut endum, *à,* ou *pour se servir.*

Ainsi se conjuguent *sequi, sequor,* suivre; *loqui,
loquor,* parler; *ulcisci, ulciscor,* venger; *nasci, nas-
cor,* naître (h).

Il y a des Verbes déponens de la troisième Conjugaison en *ior,* comme *pati, patior,* souffrir. On peut les
conjuguer sur *blandior,* excepté aux temps qui suivent.

Indicatif. Présent. Patior, pateris, patitur, *etc.*
Impératif. Patere, patitor, patiamur, *etc.*
Imparfait du Subj. Paterer, patereris, pateretur, *etc.*
Infinitif. Présent. Pati.

Ainsi se conjugue *mori, morior,* mourir; au Participe du Futur actif, *moriturus.* Ce Verbe n'a point de
Supins.

(h) Ce dernier Verbe a irrégulièrement au Participe du Futur
actif, *nasciturus.*

Verbe déponent de la quatrième Conjugaison.
Sur *Audior*.

INDICATIF.
PRÉSENT.

Sing. BLAND IOR, *je flatte.*
Bland iris, *ou* bland ire, *tu flattes.*
Bland itur, *il flatte.*
Plur. Bland imur, *nous flattons.*
Bland imini, *vous flattez.*
Bland iuntur, *ils flattent.*

IMPARFAIT.

Sing. Bland iebar, *je flattais.*
Bland iebaris, *ou* bland iebare, *tu flattais.*
Bland iebatur, *il flattait.*
Plur. Bland iebamur, *nous flattions.*
Bland iebamini, *vous flattiez.*
Bland iebantur, *ils flattaient.*

PARFAIT.

Bland itus sum, *ou* fui, *j'ai flatté,* etc.

PLUS-QUE-PARFAIT.

Bland itus eram, *ou* fueram, *j'avais flatté.*

FUTUR.

Sing. Bland iar, *je flatterai.*
Bland ieris, *ou* bland iere, *tu flatteras.*
Bland ietur, *il flattera.*
Plur. Bland iemur, *nous flatterons.*
Bland iemini, *vous flatterez.*
Bland ientur, *ils flatteront.*

FUTUR PASSÉ.

Bland itus ero, *ou* fuero, *j'aurai flatté,* etc.

IMPERATIF.

Point de première personne.

Sing. Bland ire, *ou* bland itor, *flatte.*
Bland itor (ille), *qu'il flatte.*
Plur. Bland iamur, *flattons.*
Bland iamini, *flattez.*
Bland iuntor, *qu'ils flattent.*

SUBJONCTIF.

Présent.

Sing. Bland iar, *que je flatte.*
Bland iaris, *ou* bland iare, *que tu flattes.*
Bland iatur, *qu'il flatte.*
Plur. Bland iamur, *que nous flattions.*
Bland iamini, *que vous flattiez.*
Bland iantur, *qu'ils flattent.*

Imparfait.

Sing. Bland irer, *que je flattasse*, *ou je flatterais.*
Bland ireris, *ou* bland irere, *que tu flattasses.*
Bland iretur, *qu'il flattât.*
Plur. Bland iremur, *que nous flattassions.*
Bland iremini, *que vous flattassiez.*
Bland irentur, *qu'ils flattassent.*

Parfait.

Bland itus sim, *ou* fuerim, *que j'aie flatté*, etc.

Plus-que-parfait.

Bland itus essem, *ou* fuissem, *que j'eusse flatté*,
ou j'aurais flatté, etc.

INFINITIF.

Présent et Imparfait.
Bland iri, *flatter.*

Parfait et Plus-que-parfait. (*Il se décline*).

Bland itum, bland itam esse, *avoir flatté.*

FUTUR. (*Il se décline*).

Bland iturum, bland ituram esse, *devoir flatter*, *qu'il flattera*, ou *flatterait*.

FUTUR PASSÉ. (*Il se décline*).

Bland iturum, bland ituram fuisse, *avoir dû flatter*, *qu'il eût*, ou *qu'il aurait flatté*.

PARTICIPE PRÉSENT.

Bland iens, bland ientis, *flattant*, *qui flatte*, ou *qui flattait*.

PARTICIPE FUTUR ACTIF.

Bland iturus, bland itura, bland iturum, *devant flatter*, *qui flattera*, ou *qui flatterait*.

SUPINS.

Bland itum, *à flatter*.
Bland itu, *à être flatté*.

GÉRONDIFS.

Bland iendi, *de flatter*.
Bland iendo, *en flattant*.
Bland iendum, *à flatter*, ou *pour flatter*.

Ainsi se conjuguent *largiri*, *largior*, donner ; *experiri*, *experior*, éprouver ; *metiri*, *metior*, mesurer ; *partiri*, *partior*, partager.

Le Verbe *oriri*, *orior*, naître, a au Participe du Futur actif, *oriturus*.

REMARQUE. Dans les Verbes déponens, la seconde personne de l'Impératif est toujours semblable à la seconde personne du Présent de l'Indicatif en *re*.

Ajoutez *r* à la seconde personne de l'Impératif, vous aurez l'Imparfait du Subjonctif ; *imitare*, *imitarer* ; *pollicere*, *pollicerer* ; *utere*, *uterer* ; *blandire*, *blandirer*, (i).

_____

(i) Les participes du Passé de plusieurs Verbes déponens, outre la signification active, ont encore le sens passif, comme :

RÈGLE DES VERBES DÉPONENS.

I.

Imitor patrem meum.

Il y a des Verbes déponens qui gouvernent l'Accusatif.

Exemples. J'imite mon père, *imitor patrem meum :* vous avez promis une récompense, *pollicitus es mercedem.*

II.

Miserere pauperis.

Il y a des Verbes déponens qui gouvernent le génitif.

Ayez pitié du pauvre, *miserere pauperis.*

III.

Blanditur nutrici.

Il y a des Verbes déponens qui gouvernent le datif.

Il caresse, *ou* il flatte la nourrice, *blanditur nutrici.*

IV.

Utor lacte.

Il y a des Verbes déponens qui gouvernent l'ablatif.

Je fais usage du lait, *utor lacte.*

Le Dictionnaire indique à chaque Verbe déponent le cas qu'il régit.

VERBES NEUTRES.

Les Verbes neutres se conjuguent comme les Ver-

---

adeptus, acquis, obtenu ; *comitatus,* accompagné ; *detestatus,* détesté ; *expertus,* éprouvé ; *pactus,* convenu, etc. Cela fait voir que les Déponens ont eu anciennement la forme active.

bes

bes actifs, mais ils n'ont point de passifs : comme *noceo*, je nuis à ; *studeo*, j'étudie ; *faveo*, je favorise.

La plupart des verbes neutres gouvernent le datif. *Exemples*. Il nuit aux autres, *nocet aliis* ; j'étudie la grammaire, *studeo grammaticæ* : vous favorisez la noblesse, *faves nobilitati*.

CINQUIÈME ESPÈCE DE MOTS.

Participes, Gérondifs (k) *et Supins.*

I.

Les *Participes* sont des adjectifs qui viennent des Verbes ; ils s'accordent en genre, en nombre et en cas avec le nom auquel ils sont joints, et de plus ils gouvernent le même cas que le Verbe d'où ils viennent ; c'est pour cela qu'on les nomme *Participes*, parce qu'ils tiennent de l'Adjectif et du Verbe.

Ex. L'enfant écoutant, devant écouter son maître, *puer audiens, auditurus magistrum suum.*

Un père étant aimé, devant être aimé de son fils, *pater amatus, amandus à filio suo.*

(k) Les Gérondifs ne sont rien autre chose que le Participe neutre du Futur passif qui se décline dans tous les cas, excepté au Vocatif. N. *amandum*. G. *amandi*. D. et A. *amando*. Acc. *amandum*. On se sert de ces Gérondifs après des Noms, des Adjectifs et des Verbes, suivant le cas qu'ils gouvernent. Ainsi après un Nom ou un adjectif qui gouvernera le Génitif, on se servira du Gérondif en *di*. *Tempus legendi, cupidus videndi*. Après un Adjectif qui régira le Datif, on mettra le Gérondif en *do*. *Assuetus ferendo*. Après un Verbe ou un Adjectif qui gouverne l'Accusatif avec *ad*, on emploiera le Gérondif en *dum*, précédé de la préposition *ad*. *Te hortor ad legendum. Pronus ad irascendum*. Enfin, après un Verbe qui gouverne l'Ablatif avec ou sans préposition, on se servira du Gérondif en *do* avec ou sans préposition. *Delector legendo, redeo ab ambulando*. On se sert du Gérondif en *dum* au Nominatif avec la troisième personne sing. du Verbe *sum* dans tous ses temps. *Amandum est, erat*, etc.

8

II.

Tempus legendi.

De, entre un nom et un Infinitif français, veut le Verbe latin au Gérondif en *di*. *Ex.* Le temps de lire, *tempus legendi.*

III.

Ambulat legendo.

En avec le Participe présent veut le Verbe latin au Gérondif en *do*. *Ex.* Il se promène *en* lisant, *ambulat legendo.*

IV.

Legit ad discendum.

Pour devant un Infinitif français se rend en latin par *ad* avec le Gérondif en *dum*. *Ex.* Il lit *pour* apprendre, *legit ad discendum.*

V.

Res jucunda auditu (1).

Après les Adjectifs, agréable *à*, admirable *à*, facile *à*, l'Infinitif français se rend en latin par le Supin en *u*. *Ex.* Chose agréable à entendre, c'est-à-dire, à être entendue, *res jucunda auditu.*

VI.

Eo lusum.

Quand il y a en français deux Verbes de suite, et que le premier marque du mouvement, comme *aller*, *venir*, on met en latin le second au Supin en *um*. *Ex.* Je vais jouer, *eo lusum.*

Les Gérondifs et les Supins gouvernent le même cas que les Verbes d'où ils viennent : le temps d'étu-

---

(1) Les Supins en *um* et en *u* paraissent être l'un un accusatif, et l'autre un ablatif de la quatrième déclinaison.

dier la grammaire, *tempus studendi grammaticæ*, (le Verbe *studere* gouverne le datif).

J'irai les secourir, *ibo adjutum eos.*

~~~~~~~~~~~~~~~~~~~~~~~~~~~~~~~~~~~~~~~

SIXIÈME ESPÈCE DE MOTS.

ADVERBE (m).

L'*Adverbe* est un mot indéclinable, qui se joint le plus souvent à un Verbe, et en détermine la signification.

Il y a différentes sortes d'Adverbes.

POUR MARQUER LE TEMPS.

Hodiè, *aujourd'hui.*
Cras, *demain.*
Heri, *hier.*
Pridiè, *le jour de devant.*
Postridiè, *le lendemain.*
Perindiè, *après-demain.*

POUR INTERROGER.

Cur, Quarè, Quamobrem, Quid ità, *pourquoi?*
Quorsùm, *à quoi bon cela?*
An, Anne, Nùm, *est-ce que?*

POUR ASSURER.

Etiam, Ità, *oui.*

Certè, Sanè, Profectò, Quidem, *assurément.* (Quidem ne se met qu'après un mot).
Equidem, *certes.* (Il ne s'emploie que pour *ego quidem.*

POUR NIER.

Non, Haud, *non, ne, ne point.*
Minimè, *point du tout.*
Nequaquàm, Neutiquàm, *nullement.*

POUR MARQUER LE DOUTE.

Forsan, Forsitan, Fortassè, *peut-être.*
Fortè, *par hasard.*

─────────────────────

(m) La plupart des Adverbes se forment des Adjectifs. Si l'Adjectif est de la seconde déclinaison, l'Adverbe se termine en *è*, et quelquefois en *ò*. *Miser*, adverbe, *miserè*; *longus*, adv. *longè*; *tutus*, adv. *tutò*. Si l'adjectif est de la troisième déclinaison, l'Adverbe se forme en changeant *s* en *ter*, ou *x* en *citer*. *Brevis*, adv. *breviter*; *prudens*, adv. *prudenter*; *felix*, adv. *feliciter*. Cependant *facilis* fait *facilè*, *difficilis*, *difficilè* et *difficulter*. *Audax* fait par syncope *audacter*. Les Adjectifs de la troisième déclinaison qui ont trois terminaisons, forment l'Adverbe du féminin en changeant *s* en *ter*. *Saluber*, féminin, *salubris*, adverbe, *salubriter*; *celer*, féminin, *celeris*, adverbe, *celeriter*.

POUR MARQUER LA RESSEM-
BLANCE.

Ità, *ainsi.*
Quasi, *comme si.*
Quemadmodùm, *de même que.*
Sic, Sicut, Sicuti, Velut, Ve-
luti, Ut, Uti, *comme*, *de
même que.*
Tanquam, *comme si, de même
que si.*

POUR MARQUER L'UNION.

Simul, Unà, *ensemble.*
Pariter, *pareillement.*
Conjunctim, *conjointement.*
Universim, *généralement.*

POUR MARQUER LA DIVISION.

Alioqui (devant une consonne),
Alioquin (devant une voyelle),
autrement si cela n'était pas.

Privatim, Seorsim, *en particu-
lier, à part.*

POUR MONTRER.

En, ecce, *voici, voilà.*

POUR EXHORTER.

Eia, Euge, *courage.*
Age, Agèdum, (au singulier);
Agite, Agitèdum, (au pluriel),
hé bien, ferme, courage.

POUR MARQUER LE DÉSIR.

Utinam, *plaise à Dieu que,
Dieu veuille que.*

POUR MARQUER LA MANIÈRE.

Doctè, *savamment.*
Pulchrè, *bien.*
Fortiter, *vaillamment, etc.*

Plusieurs Adverbes ont un Comparatif et un Superlatif, comme :

Doctè, *doctement.*	Doctiùs, *plus doctement.*	Doctissimè, *très-doctement.*
Citò, *vite.*	Citiùs, *plus vite.*	Citissimè, *très-vite.*
Benè, *bien.*	Meliùs, *mieux.*	Optimè, *très-bien.*
Malè, *mal.*	Pejùs, *plus mal.*	Pessimè, *très-mal.*
Sæpè, *souvent.*	Sæpiùs, *plus souvent.*	Sæpissimè, *très-souvent, etc.*
Propè, *proche.*	Propiùs, *plus proche.*	Proximè, *très-proche, etc.*
Nuper, *récemment.*	} *Sans Comparatif.*	} Nuperrimè, *tout récemment.*
Sans Positif.	} Potiùs, *plutôt.*	Potissimè, *principalement.*

RÉGIME DE PLUSIEURS ADVERBES.

Les Adverbes de quantité veu‑
lent le Génitif.

Peu de vin, *parùm vini.*
Un peu de délai, *paululùm
moræ.*
Beaucoup d'eau, *multùm aquæ.*
Assez de paroles, *satis verbo‑
rum.*
Trop de piéges, *nìmis insidia‑
rum.*
Assez d'autres, *affatim aliorum.*
Les Adverbes de temps et de
lieu veulent le Génitif.
Nulle part, en aucun lieu du
monde, *nusquàm gentium.*
En quel lieu du monde, *ubi ter‑
rarum, ubinàm gentium ?*
Pridiè, Postridiè, veulent le
Génitif ou l'accusatif.
Le jour de devant les Calendes,

pridiè Calendarum, ou *Ca‑
lendas,* (sous‑ent. *antè*).
Le jour d'après les Ides, *pos‑
tridiè Iduum,* ou *Idùs,* (sous‑
entendu *post*).
En, Eccè, voici, voilà, veulent
le Nominatif ou l'Accusatif.
Voici, voilà le loup, *en, eccè
lupus,* ou *lupum :* avec le No‑
minatif, on sous‑ent. *adest ;*
avec l'Accusatif, on sous‑ent.
aspice.
Ergò employé pour *causâ,* veut
le Génitif, et se met après son
régime : à cause de lui, *illius
ergò.*
Instar, comme, veut de même
le Génitif, et se met après son
régime : comme une monta‑
gne, *montis instar.*
Obviàm, au‑devant, veut le
Datif : aller au‑devant de
quelqu'un, *ire obviàm alicui.*

SEPTIÈME ESPÈCE DE MOTS.

PRÉPOSITION.

La *Préposition* est un mot indéclinable qui, joint
à un Nom ou à un Pronom, veut ce Nom ou Pronom
à l'Accusatif ou à l'Ablatif.

Il y a trente Prépositions qui gouvernent l'Ac‑
cusatif; SAVOIR :

Ad, *auprès, chez, pour.*
Adversùm, adversùs, *contre,
vis‑à‑vis.*
Antè, *devant, avant.*
Apud, *auprès, chez.*
Circà, *auprès, environ.*
Circiter, *environ, à‑peu‑près.*
Circùm, *autour, à l'entour.*
Cis, citrà, *deçà, en‑deçà.*
Contrà, *contre, vis‑à‑vis, à
l'opposite.*

Ergà, *envers, à l'égard de*
Extrà, *hors, outre, excepté.*
Infrà, *sous, au‑dessous.*
Inter, *entre, parmi.*
Intrà, *dans, au‑dedans, dans
l'espace de.*
Juxtà, *auprès, proche.*
Ob, *pour, devant, à cause de.*
Propè, *proche, près de, auprès.*
Penès, *en la puissance de.*

Per, *par, durant, au travers de, pendant.*

Poné, *après, derrière, par derrière.*

Post, *après, depuis.*

Præter, *excepté, hormis, outre.*

Propter, *pour, à cause de.*

Secundùm, *selon, suivant, auprès de, le long de.*

Secùs, *auprès, le long de.*

Suprà, *sur, au-dedans de.*

Trans, *au-delà, par-delà.*

Versùs, *vers, du côté de.*

Ultrà, *au-delà, par-delà.*

Usquè, *jusqu'à.*

Il y a douze Prépositions qui gouvernent l'Ablatif; Savoir :

A, ab, abs, *de, du, des, depuis, par.*

Absque, sine, *sans.*

Clam, *à l'insçu de.*

Coram, *devant, en présence de.*

Cum, *avec.*

De, *de, sur, ou touchant.*

E, ex, *de, par.*

Palam, *devant, en présence de.*

Præ, *devant, en comparaison de, au-dessus de.*

Pro, *pour, au lieu de, selon, devant.*

Tenùs, *jusqu'à.*

Les quatre Prépositions suivantes veulent l'Accusatif quand elles sont jointes à un Verbe de mouvement, et elles gouvernent l'Ablatif quand elles sont jointes à un Verbe de repos.

In, *en, dans, sur.*

Subter, *sous, au-dessous de.*

Sub, *sous, au-dessous de.*

Super, *sur, au-dessus de.*

OBSERVATION.

Trois Prépositions se mettent après leur régime, savoir :

1° Cum, *avec,* se met après les pronoms, *ego, tu, suî, nos, vos,* et *qui, quæ, quod.* On dit : mecum, *avec moi;* tecum, *avec vous;* secum, quocum.

2° Tenùs, *jusqu'à,* veut l'Ablatif, lorsque son régime est singulier: capulo tenùs, *jusqu'à la garde;* mais il veut le Génitif, quand son régime est pluriel : aurium tenùs, *jusqu'aux oreilles.*

3° Versùs, *vers,* Orientem versùs, *vers l'Orient;* on sous-entend *ad.*

HUITIÈME ESPÈCE DE MOTS.

CONJONCTION.

La *Conjonction* est un mot indéclinable, qui sert à lier les parties du discours.

Il y a différentes sortes de Conjonctions.

1° POUR JOINDRE.

Et, que, quoque, etiam, atque, ac, *et, aussi,* (*que ne se met qu'après un mot*).

Prætereà, *outre cela.*

Cùm, tùm, *non seulement, mais encore.*

2° POUR SÉPARER.

Aut, vel, ve, *ou, ou bien.* (*Ve ne se met qu'après un mot*).

Sive, *soit que,* Sicut, *comme.*

Nec, neque, *ne, ni, non plus.*

3° POUR CONCLURE.

Ergò, igitur, *donc.*

Ideò, idcircò, itaque, *c'est pourquoi, c'est pour cela que.*

4° POUR FAIRE DISTRIBUTION ou OPPOSITION.

Sed, sedenim, at, atqui, porrò, autem, verò, *mais.* (*Autem et verò ne se mettent qu'après un mot*).

Etsi, etiamsi, licèt, quanquam, quamvis, tametsi, *bien que, quoique.*

Cùm, ut, *quoique, quand bien même.*

Imò, imòverò, quin, quin etiam, quin potiùs, *mais, mais au contraire, qui plus est.*

5° POUR RENDRE RAISON.

Nam, namque, enim, etenim, car. (*Enim ne se met qu'après un mot.*

Quòd, quia, proptereà quòd, quoniam, *parce que, puisque.*

Cùm, *lorsque, puisque.*

Ut, *afin que.*

Ne, *de peur que, ne.*

Ità, ut, sic ut, *de sorte que, tellement que.*

6° CONDITIONNELLES.

Dùm, dummodò, *pourvu que.*

Modò ne, *pourvu que ne.*

Si, si modò, *si; sin, sinon.*

Sin minùs, sin aliter, *sinon, si cela n'est pas.*

Nisi, *sinon que, si ce n'est que, à moins que.*

7° POUR MARQUER LE DOUTE.

An, nùm, utrùm, ne, *si.* (*Ne ne se met qu'après un mot.*

RÈGLE DES CONJONCTIONS.

Quelques Conjonctions gouvernent le Subjonctif, d'autres gouvernent l'indicatif : le régime de chacune est indiqué dans le Dictionnaire. *Voyez* Conjonctions françaises, *ci-après.*

NEUVIÈME ESPÈCE DE MOTS.

INTERJECTION.

L'*Interjection* est un mot indéclinable, qui sert à marquer les différens mouvemens de l'ame.

Pour marquer la joie.	O ! evax ! *ho ! ha !*
Pour la douleur.	Hei ! heu ! *ah ! hélas ! ah ! ah !*
Pour l'indignation.	Proh ! heu ! *ô ! oh ! ah !*
Pour l'admiration.	Papæ ! hui ! *ô ! ah ! oh ! ho !*
Pour menacer.	Hei ! væ ! *malheur à.*

L'usage apprendra les autres.

SUPPLÉMENT AUX DÉCLINAISONS.

PREMIÈRE DÉCLINAISON

1° Il y a huit Noms de la première Déclinaison qui ont le Datif et l'ablatif pluriel en *abus*, comme :

PLURIEL.

Nominatif,	Famul æ,	*les Servantes.*
Génitif,	Famul arum,	*des Servantes.*
Datif,	Famul abus,	*aux Servantes.*
Accusatif,	Famul as,	*les Servantes.*
Vocatif,	ô Famul æ,	*ô Servantes.*
Ablatif,	Famul abus,	*des Servantes.*

Déclinez de même *anima, equa, filia, asina, mula, nata, dea :* par cette terminaison en *abus*, l'on distingue ces Noms féminins des masculins qui y répondent : *famulus, animus, equus, filius, asinus, mulus, natus, Deus *.

---

* Cependant quand le sens de la phrase fait voir clairement que l'on emploie ces noms au féminin, les Latins se sont servis quelquefois de la terminaison *is* au lieu d'*abus*. Cicéron a dit, *duabus animis*, au lieu d'*animabus ;* Pline dit : *asinis* (pour

_2° Il y a des Noms de la première Déclinaison
dont le Nominatif est en *e*, qui font au Génitif *es*,
à l'Accusatif *en*, comme :

SINGULIER.

Nom.	Music e,	*la Musique.*
Gén.	Music es,	*de la Musique.*
Dat.	Music æ,	*à la Musique.*
Acc.	Music en,	*la Musique.*
Voc.	ô Music e,	*ô Musique.*
Abl.	Music e,	*de la Musique.*

Déclinez de même *Grammatice*, *es*, la Grammaire ;
Epitome, *es*, l'Abrégé ; *Cybele*, *es*, Cybèle, Déesse des
païens ; *Rhetorice*, *es*, la Rhétorique.

3° Il y a des Noms dont le Nominatif est en *es*,
qui font au Génitif *æ*, à l'Accusatif *en*, comme :

SINGULIER.

Nom.	Comet es,	*la Comète.*
Gén.	Comet æ,	*de la Comète.*
Dat.	Comet æ,	*à la Comète.*
Acc.	Comet en,	*la Comète.*
Voc.	ô Comet e,	*ô Comète.*
Abl.	Comet e,	*de la Comète.*

4° Il y a des Noms dont le Nominatif est en *as*,
qui font à l'Accusatif *am* ou *an*, comme :

SINGULIER.

Nom.	Æne as,	*Enée.* (Nom d'homme).
Gén.	Æne æ,	*d'Enée.*
Dat.	Æne æ,	*à Enée.*
Acc.	Æne am, ou an,	*Enée.*

---

asinabus) *mammæ à fœtu dolent* ; Varon, en parlant des Mu-
ses : *his diis Heliconem adhibuerunt homines.* Mais toutes les
fois qu'il a fallu distinguer le féminin d'avec le masculin, ils ont
employé la terminaison *abus*.

Voc.   ô Æne a,   ó *Enée.*
Abl.   Æne â,   d'*Enée.*

Le pluriel de tous ces Noms se déclino comme *rosæ*, *rosarum*; mais les Noms propres n'ont point de pluriel.

Remarque. Le Nom *familia* fait aussi au Génitif *familiás*; un père de famille, *pater-familiás*; un fils de famille, *filius-familiás* *.

SECONDE DÉCLINAISON.

Il y a des Noms de la seconde Déclinaison qui ont le Vocatif en *i*, comme :

Singulier.

Nom.	Fili us,	le *Fils.*
Gén.	Fili i,	du *Fils.* (Le pluriel comme
Dat.	Fili o,	au *Fils.* Domini, Domino-
Acc.	Fili um,	le *Fils.* rum).
Voc.	ô Fili,	ó *Fils.*
Abl.	Fili o,	du *Fils.*

Déclinez de même *Genius*, et les Noms propres en *ius*; Antonius, ii, *Antoine*; Horatius, ii, *Horace*; Pompeius, eii, *Pompée*; Virgilius, ii, *Virgile*.

Les Noms *Deus*, *Agnus* et *Chorus*, ont le Vocatif semblable au Nominatif.

Singulier.

Nom.	De us,	*Dieu.*
Gén.	De i,	de *Dieu.*
Dat.	De o,	à *Dieu.*
Acc.	De um,	*Dieu.*
Voc.	ô De us,	ó *Dieu.*
Abl.	De o,	de *Dieu.*

Le Pluriel (*chez les Païens*).

Nom.	Di i,	les *Dieux.*
Gén.	De orum,	des *Dieux.*

* Le Génitif *familiás* est imité du grec. Il ne s'emploie qu'avec les Noms *pater*, *mater*, *filius*, *filia*.

Dat.	Di is,	*aux Dieux.*
Acc.	De os,	*les Dieux.*
Voc.	ô Di i,	*ó Dieux.*
Abl.	Di is,	*des Dieux.*

Nom de la seconde Déclinaison tiré du grec.

SINGULIER.

Nom.	Orph eus,	*Orphée.* (Nom d'homme).
Gén.	Orph ei, *ou* Orph eos,	*d'Orphée.*
Dat.	Orph eo.,	*à Orphée.*
Acc.	Orph eum, Orph eon, Orph ea,	*Orphée.*
Voc.	ô Orph eu,	*ó Orphée.*
Abl.	Orph eo.,	*d'Orphée.*

Déclinez de même *Perseus*, Persée, *Theseus*, Thésée, *Morpheus*, Morphée (n).

TROISIÈME DÉCLINAISON.

Il y a des Noms de la troisième Déclinaison qui ont l'Accusatif singulier en *im*, comme :

SINGULIER.

Nom.	Secur is,	*la Hache.*
Gén.	Secur is,	*de la Hache.*
Dat.	Secur i,	*à la Hache.*
Acc.	Secur im,	*la Hache.*

(n) Les noms grecs en *os* delà seconde déclinaison, comme *Delos*, l'île de Délos, se décline ainsi :

Nom. *Delos*, Gén. *Deli*, Dat. *Delo*, Acc. *Delum*, ou *Delon*, Voc. *Dele*, Abl. *Delo*.

Les Noms grecs neutres en *on*, comme *Lexicon*, *i*, lexique, dictionnaire, se déclinent comme *templum*, et ont l'Accusatif et le Vocatif en *on*, comme le Nominatif.

Il se fait quelquefois une syncope dans le Génitif pluriel. Au lieu de *Cœlicolarum*, *Deorum*, *Virorum*, *Nummorum*, etc., on trouve souvent *Cœlicolûm*, *Deûm*, *Virûm*, *Nummûm*, etc.

Locus, *i*, le lieu, fait au pluriel *loci* et *loça*, *orum*. *Cœlum*, *i*, fait au pluriel, *Cœli*, *orum*.

Voc. ô Secur is,   ó *Hache.*
Abl.   Secur i,   de la *Hache.*

Déclinez de même *sitis*, la soif; *tussis*, la toux; *pelvis*, un bassin; *vis*, la force: les Noms de fleuves en *is*, comme *Tiberis*, le Tibre; *Tigris*, le Tigre; *Araris*, la Saône (o).

Les Noms *clavis*, *sementis*, ont l'Accusatif en *em* ou en *im*. *Puppis*, *aqualis*, *restis*, *febris*, *turris*, font plutôt à l'Accusatif *puppim* que *puppem*, etc. Au contraire, *navis*, *strigilis*, font plutôt *navem* que *navim*, etc.

L'Ablatif singulier de la troisième Déclinaison se forme de l'Accusatif en retranchant *m*. Ainsi il y a des Noms de la troisième Déclinaison qui font l'Ablatif singulier en *i*, comme *securi*, *siti*, etc. (p).

De plus, les Noms neutres dont le Nominatif est en *e*, ou en *al* et en *ar*, font l'Ablatif singulier en *i* (q), comme :

SINGULIER.

Nom.	n.	Cubil e,	le *Lit.*
Gén.		Cubil is,	du *Lit.*
Dat.		Cubil i,	au *Lit.*
Acc.		Cubil e,	le *Lit.*
Voc.	ô	Cubil e,	ó *Lit.*
Abl.		Cubil i,	du *Lit.*

Les Noms neutres qui ont l'Ablatif en *i*, ont le pluriel en *ia*, comme :

PLURIEL.

Nom.	Cubil ia,	les *Lits.*

(o) Ajoutez les Noms propres de ville terminés en *polis*, comme *Neapolis*, Naples; *Gratianopolis*, Grenoble, etc.

(p) Les Noms propres de mois en *is* et en *er*, ont l'Ablatif en *i*, *Aprilis*, Avril, *Aprili*. *September*, Septembre, *Septembri*, etc.

(q) Excepté *hepar*, *atis*; *jubar*, *aris*; *far*, *farris*; *nectar*, *aris*, qui ont *e* à l'Ablatif.

Gén.

Gén.	Cubil ium,	*des Lits.*
Dat.	Cubil ibus,	*aux Lits.*
Acc.	Cubil ia,	*les Lits.*
Voc.	ô Cubil ia,	*ô Lits.*
Abl.	Cubil ibus,	*des Lits.*

Il y a des Noms de la troisième Déclinaison qui ont le Génitif pluriel en *ium*, savoir :

1° Les Noms qui ont l'Ablatif singulier en *i*, comme *cubilium*, *securium*, etc.

2° Les Noms en *es* et en *is* qui n'ont pas plus de syllabes au Génitif qu'au Nominatif, comme *clades*, *cladis*; *mensis*, *mensis*, etc., ont le Génitif pluriel en *ium*, quoiqu'ils aient l'Ablatif en *e* (r).

3° Les Monosyllabes, c'est-à-dire, ceux qui n'ont qu'une seule syllabe au Nominatif, comme *ars*, *lis*, *dos*, *nox*, etc., ont la plupart le Génitif pluriel en *ium* (s).

L'usage apprendra les autres exceptions.

Les Noms neutres terminés en *ma*, ont un double Datif et Ablatif pluriels.

SINGULIER.

Nom.	Poem a,	*le Poème.*
Gén.	Poem atis,	*du Poème.*
Dat.	Poem ati,	*au Poème.*
Acc.	Poem a,	*le Poème.*
Voc.	ô Poem a,	*ô Poème.*
Abl.	Poem ate,	*du Poème.*

PLURIEL.

Nom.	Poem ata,	*les Poèmes.*

Sal, *salis*, le sel, est masculin et neutre au singulier; il fait l'Ablatif en *e*. Au pluriel, il est masculin.

(r) Excepté *vates*, *canis*, *panis*, *juvenis*. *Apis* fait plus souvent *apum* qu'*apium*. Il en est de même de *volucris*.

(s) Excepté *flos*, *fur*, *pes*, *laus*, *fraus*, *crus*, *grus*, *sus*, *mos*, *Lynx*, *lex*, *Rex*, *Dux*, *vox*, *Phryx*, *Thrax*. Gén. plur. *florum*, *furum*, etc.

9

Gén.   Poem atum ,   *des Poèmes.*
Dat.   Poem atis , *ou* Poem atibus, *aux Poèmes.*
Acc.   Poem ata ,   *les Poèmes.*
Voc.   ô Poem ata ,   ô *Poèmes.*
Abl.   Poem atis, *ou* Poem atibus, *des Poèmes.*

Déclinez ainsi *œnigma , atis,* énigme; *diadema, atis,* diadème; *dogma, atis,* dogme; *stratagema, atis,* stra-tagème.

Le Nom *Bos, Bovis,* fait au pluriel : nom. *Bo-ves,* gén. *Boum,* dat. *Bobus,* acc. *Boves,* voc. *Bo-ves,* abl. *Bobus.*

Noms de la troisième Déclinaison, tirés du grec.

SINGULIER.

Nom.   Hæres is ,   *l'Hérésie.*
Gén.   Hæres is , *ou* Hæres eos, *de l'Hérésie.*
Dat.   Hæres i ,   *à l'Hérésie.*
Acc.   Hæres im , *ou* Hæres in, *l'Hérésie.*
Voc.   ô Hæres is ,   ô *Hérésie.*
Abl.   Hæres i ,   *de l'Hérésie.*

PLURIEL.

Nom.   Hæres es ,   *les Hérésies.*
Gén.   Hæres eon ,   *des Hérésies.*
Dat.   Hæres ibus,   *aux Hérésies.*
Acc.   Hæres es ,   *les Hérésies.*
Voc.   ô Hæres es ,   ô *Hérésies.*
Abl.   Hæres ibus ,   *des Hérésies.*

Ainsi se déclinent *poesis,* la poésie; *thesis,* la thèse; *genesis,* la genèse; *phrasis,* la phrase.

AUTRE NOM.

SINGULIER.

Nom.   Her os ,   *le Héros.*
Gén.   Her ois ,   *du Héros.*
Dat.   Her oi ,   *au Héros.*

Acc.	Her oem, *ou* Her oa. *le Héros.*	
Voc.	ô Her os,	ô *Héros.*
Abl.	Her oe,	*du Héros.*

PLURIEL.

Nom.	Her oes,	*les Héros.*
Gén.	Her oum,	*des Héros.*
Dat.	Her oibus,	*aux Héros.*
Acc.	Her oes, *ou* Her oas, *les Héros.*	
Voc.	ô Her oes,	ô *Héros.*
Abl.	Her oibus,	*des Héros.*

Ainsi se déclinent les Noms grecs, 1º en *as*, comme *Pallas*, *Palladis*, Acc. *adem* ou *ada*; *Arcas*, *Arcadis*, Acc. *ádem* ou *ada*.

2º En *er*; *aer*, *aeris*, l'air, Acc. *aerem* ou *aera*; *æther*, *ætheris*, Acc. *ætherem* ou *æthera*; *crater*, *crateris*, coupe.

3º En *is*, *idis*, comme *Iris*, *Iridis*, arc-en-ciel. Acc. *Iridem* ou *Irida*; on dit aussi *Irim*: *Phyllis*, *idis*, nom de femme, Acc. *Phyllidem* ou *ida*; mais les noms masculins en *is*, *idis*, font mieux *im* ou *in*, comme *Daphnis*, Acc. *Daphnim* ou *Daphnin*; *Paris*, Acc. *Parim* ou *Parin*.

Tigris, *Tigridis*, le Tigre, fait seulement à l'Accusatif *Tigrim*, *Tigrin* ou *Tigridem*.

4º En *yx*, *ygis*; *Phryx*, *Phrygis*, Phrygien, Acc. *Phrygem*, ou *Phryga*.

5º Les noms de pays en *o*, *onis*, comme *Macedo*, *Macedonis*, Macédonien, Acc. *Macedonem* ou *Macedona*.

REMARQUE. Les Accusatifs singuliers en *a*, ne se disent guère qu'en poésie; mais les Accusatifs pluriels en *as* sont plus usités partout (t).

_____

(t) Les Noms propres de femme, dérivés du grec, et terminés en *o*, ont le Génitif en *us* et les autres cas semblables au Nominatif, comme *Sapho*, *us*; *Echo*, *us*; *Clio*, *us*; *Clotho*, *us*; *Alecto*, *us*; *Dido*, *us*; etc. Ce dernier fait au Génitif *Didonis*, et alors il suit la troisième Déclinaison latine.

Le nom grec *Pan* se décline ainsi: Nom. *Pan*; Gén. *Panos*; Dat. *Pani*, Acc. *Pana*, Voc. *Pan*, Abl. *Pane*.

Les anciens, au lieu de terminer le pluriel en *es*, le terminaient en *eis* (monosyllabe) ou en *is*. *Omneis* ou *omnis*, pour *omnes*; *Monteis*, *Naveis*, pour *Montes*, *Naves*.

QUATRIÈME DÉCLINAISON.

Jesus, nom de notre Sauveur, fait à l'Accusatif
Jesum, et à tous les autres cas il fait *Jesu*.

Les neuf Noms suivans font *ubus* au Datif et à
l'Ablatif pluriels : *arcus*, un arc, *arcubus ; artus*,
les membres du corps, *artubus ; lacus*, un lac, *la-
cubus ; tribus*, une tribu, *tribubus ; portus*, un
port, *portubus ; quercus*, un chêne, *quercubus ;
specus*, une caverne, *specubus ; partus*, l'enfante-
ment, *partubus ; veru*, une broche, *verubus*.

NOM IRRÉGULIER.

SINGULIER.

Nom.	Dom us,	*la Maison.*
Gén.	Dom ûs *et* Dom i (u`, *de la Maison*.
Dat.	Dom ui *et* Dom o,	*à la Maison.*
Acc.	Dom um,	*la Maison.*
Voc.	ô Dom us,	*ô Maison.*
Abl.	Dom o,	*de la Maison.*

PLURIEL.

Nom.	Dom us,	*les Maisons.*
Gén.	Dom orum *et* Dom uum, *des Maisons.*
Dat.	Dom ibus,	*aux Maisons.*
Acc.	Dom os, *et* Dom us, *les Maisons.*
Voc.	ô Dom us,	*ô Maisons.*
Abl.	Dom ibus,	*des Maisons.*

L'usage apprendra les autres exceptions (v).

___

(u) On n'emploie le Génitif *Domi* qu'à la question *Ubi*, comme
quand on dit : Est-il à la maison ? *Est-ne domi ?* Partout ailleurs
on se sert du Génitif *domûs*. Le possesseur de la maison, *pos-
sessor domûs*.

(v) On trouve dans certains Auteurs les Génitifs *Senati*, *tu-
multi*, *ornati*, etc. au lieu de *Senatûs*, *tumultûs*, *ornatûs*. Mais
il ne faut pas les imiter.

Les anciens ont quelquefois retranché l'*i* de la terminaison *ci*

REMARQUE sur les Noms composés.

Si le Nom est composé de deux Nominatifs, chaque Nom se décline dans tous les cas. *Ex.* Respublica, *la République, gén.* Reipublicæ, *dat.* Reipublicæ, *acc.* Rempublicam, *abl.* Republicâ. *De même* jusjurandum, jurisjurandi, jurijurando.

Mais si le Nom est composé d'un Nominatif et d'un autre cas, on ne décline que celui qui est au Nominatif. *Ex.* Pater-familiâs, *gén.* Patris-familiâs, *dat.* Patri-familiâs.

NOMS DE NOMBRE.

Les Noms de nombre servent à compter ou à arranger les choses.

Il y a deux sortes de Noms de Nombre : le *Nombre cardinal* marque simplement le Nombre, comme *unus, duo, tres,* un, deux, trois : le *Nombre ordinal* marque l'ordre et le rang de chaque chose, comme *primus, secundus, tertius,* le premier, le second, le troisième.

Nombres cardinaux.

SINGULIER.

Nom.	Unus, una, unum, *un, une, un.*
Gén.	Unius, } *de tout genre.*
Dat.	Uni, }
Acc.	Unum, unam, unum.
Abl.	Uno, una, uno.

REMARQUE. Ainsi se déclinent :

1° Ullus, ulla, ullum, *aucun, aucune,* sans négation ; *gén.* ullius ; *dat.* ulli ; *acc.* ullum, ullam, ullum ; *abl.* ullo, ullâ, ullo.

dans la cinquième déclinaison au Génitif et au Datif, *Librâ die somni que pares ubi fecerit horas,* au lieu de *diei* au Génitif. V. Georg., v. 208. *Prodiderit commissa fide,* pour *fidei* au Datif. Hor., Sat. 1, v. 395.

2° Nullus, nulla, nullum, *aucun, aucune, pas un*; *gén.* nullius, etc.

3° Solus, sola, solum, *seul, seule*; *gén.* solius; *dat.* soli; *acc.* solum, solam, solum; *abl.* solo, solâ, solo.

4° Totus, tota, totum, *tout, toute*; *gén.* totius; *dat.* toti, etc.

5° Alius, alia, aliud, *autre*; *gén.* alius; *dat.* alii.

6° Alter, altera, alterum, *autre*; *gén.* alterius; *dat.* alteri.

7° Uter, utra, utrum, *lequel des deux*; *gén.* utrius; *dat.* utri.

Neuter, neutra, neutrum, *ni l'un ni l'autre*; *gén.* neutrius; *dat.* neutri.

Uterque, utraque, utrumque, *l'un et l'autre*; *gén.* utriusque; *dat.* utrique.

Alteruter, alterutra, alterutrum, *l'un ou l'autre*; *gén.* alterutrius; *dat.* alterutri.

PLURIEL.

Nom. Duo, duæ, duo, *deux.*
Gén. Duorum, duarum, duorum, *de deux.*
Dat. Duobus, duabus, duobus, *à deux.*
Acc. Duos ou duo, duas, duo, *deux.*
Abl. Duobus, duabus, duobus, *de deux.*

Ainsi se décline: *ambo, ambœ, ambo*, les deux, tous deux.

PLURIEL.

Nom. Tres, tres, tria, *trois.*
Gén. Trium, } *de tout genre.*
Dat. Tribus, }
Acc. Tres, tres, tria.
Abl. Tribus, *de tout genre.*

Les autres noms de Nombre, jusqu'à cent *, sont indéclinables: *quatuor*, quatre; *quinque*, cinq; *sex*, six, *septem*, sept; *octo*, huit; *novem*, neuf **.

SUPPLÉMENT AUX ADJECTIFS.

On distingue dans les Adjectifs et les Adverbes

* Au-dessus de *cent*, quand il y a deux mots pour exprimer un Nombre, le moindre Nombre se met le premier: ainsi l'on dit *unus et viginti, duo et viginti, tres et viginti*, etc.

** On trouvera à la fin de cette première partie, les Noms de Nombre Cardinaux et Ordinaux.

trois degrés de signification, le *Positif*, le *Compa-ratif* et le *Superlatif*. Le Positif n'est autre chose que l'Adjectif ou l'Adverbe simple, comme saint, saintement, *sanctus*, *sanctè*.

Le Comparatif est la signification de l'Adjectif ou de l'Adverbe dans un plus haut degré, comme *plus* saint, *plus* saintement, *sanctior*, *sanctiùs*. On connaît le Comparatif quand il y a *plus* devant un Adjectif ou un Adverbe.

Le Superlatif est la signification de l'Adjectif ou de l'adverbe dans le plus haut degré, comme *le plus* saint, *le plus* saintement, *sanctissimus*, *sanctissimè*.

On connaît le Superlatif, quand devant un Adjectif ou un Adverbe il y a *le plus*, *la plus*, *bien*, *très*, *fort*, etc. C'est encore un Superlatif, quand devant *plus*, il y a *mon*, *ton*, *son*, *notre*, *votre*, *leur :* comme *mon plus* fidèle ami.

Le Comparatif latin se forme du cas de l'Adjectif terminé en *i*, auquel on ajoute *or* pour le masculin et le féminin, et *us* pour le neutre et pour le Comparatif adverbe : ainsi du Génitif *sancti*, on formera *sanctior*, masc. et fém. *sanctius*, neutre ; du Datif *forti*, on formera *fortior*, masc. et fém. *fortius*, neutre ; *sanctior* se décline sur *soror*, et *sanctius* sur *corpus*. Ils ont l'Ablatif en *e* ou en *i*.

Le Superlatif latin se forme aussi du cas de l'Adjectif terminé en *i*, auquel on ajoute *ssimus*, *ssima*, *ssimum :* et pour le Superlatif adverbe, on ajoute *ssimè :* ainsi du Génitif *sancti*, on formera *sanctissimus*, *a*, *um*, et *sanctissimè* ; du Datif *forti*, on formera *fortissimus*, *a*, *um*, et *fortissimè*.

OBSERVATIONS.

1° Les Adjectifs en *er* forment leur Superlatif du Nominatif masculin, en ajoutant *rimus* ; *pulcher*, *pulcherrimus*, *rima*, *rimum*.

2° Quelques Adjectifs en *lis*, comme *facilis*, *dif-*

ficilis, *humilis*, *similis*, *gracilis*, *imbecillis*, forment leur Superlatif en *illimus*, comme *facilis*, *facillimus*; (mais *utilis* fait *utilissimus*, régulièrement.

3° Les Adjectifs en *dicus*, *ficus*, *volus*, comme *maledicus*, *mirificus*, *benevolus*, forment leur Comparatif en *entior*, et leur Superlatif en *entissimus*. Ex. *Maledicus*, Comp. *maledicentior*, Sup. *maledicentissimus* : *Benevolus*, Comp. *benevolentior*, Sup. *benevolentissimus*.

4° Les quatre Adjectifs suivans forment leurs Comparatifs et Superlatifs très-irrégulièrement : *bonus*, bon; *melior*, meilleur; *optimus*, très-bon; *malus*, mauvais; *pejor*, pire; *pessimus*, très-mauvais; *magnus*, grand; *major*, plus grand; *maximus*, très-grand; *parvus*, petit; *minor*, plus petit; *minimus*, très-petit.

REMARQUE. Les Adjectifs terminés en *ius*, *eus*, *uus*, n'ont ni comparatifs ni Superlatifs : alors on exprime *plus* par *magis*, avec le Positif, et *le plus* par *maximè*. *Pius*, pieux; *magis pius*, plus pieux; *maximè pius*, très-pieux (x).

RÈGLE DES COMPARATIFS.

Doctior Petro.

Le Comparatif veut à l'Ablatif le Nom qui suit, en

(x) Les Adverbes ont pour Comparatif le Nominatif singulier du Comparatif neutre des Adjectifs dont il sont formés ; et pour Superlatif, le Vocatif singulier du Superlatif masculin des mêmes Adjectifs. Ainsi le comparatif adverbe est toujours terminé en *ius*, et le Superlatif en *imè*. EXEMPLES.

Sanctè, saintement, Comp. *sanctius*, Superl. *sanctissimè*. *Miserè*, misérablement, Comp. *miserius*, Superl. *miserrimè*. *Breviter*, brièvement, Comp. *brevius*, Superl. *brevissimè*. *Difficulter*, difficilement, Comp. *difficilius*, Superl. *difficillimè*. *Salubriter*, sainement, Comp. *salubrius*, Superl. *saluberrimè*.

Les Adverbes dérivés des Adjectifs qui n'ont ni Comparatif ni Superlatif, prennent pour le Comparatif *magis*, et pour le Superlatif *maximè* devant le Positif. Ex. *Necessariò*, nécessairement, Comp. *magis necessariò*, Superl. *maximè necessariò*.

supprimant le *que :* plus savant que Pierre, *doctior Petro.* On peut aussi exprimer le *que* par *quàm*, et mettre après le même cas que devant. Paul est plus savant que Pierre, *Paulus est doctior quàm Petrus.*

RÈGLE DES SUPERLATIFS.

Altissima arborum, ou *ex arboribus*, ou *inter arbores.*

Le Superlatif veut le Nom pluriel suivant au Génitif ou à l'Ablatif avec *è* ou *ex*, ou à l'Accusatif avec *inter.*

Ex. Le plus haut des arbres, *altissima arborum* ou *ex arboribus* ou *inter arbores.*

REMARQUE. Le Superlatif prend le genre du Nom *pluriel* qui suit : *altissima* est du féminin, parce que son régime *arborúm* est du féminin.

SUPPLÉMENT AUX VERBES.

VERBES IRRÉGULIERS.

On appelle *Irréguliers* les Verbes qui, dans quelques-uns de leurs temps ou quelques-unes de leurs personnes, se conjuguent autrement que les quatre dont nous avons parlé.

VERBE NEUTRE PASSIF

De la seconde Conjugaison.

On l'appelle *Neutre passif*, parce qu'il a le Parfait et le temps qui en sont formés, terminés en *us*, comme le Passif. Il se conjugue comme *moneo*, excepté les Parfaits, qui se conjuguent comme *monitus sum*, etc. C'est pourquoi on a indiqué seulement les premières personnes de chaque temps.

INDICATIF.

Présent.   GAUDEO, *je me réjouis*, etc.

Imparfait. Gaudebam, *je me réjouissais*, etc.

Parfait. Gavisus sum, *ou* fui, *je me suis ré-*
joui, etc.

Plus-que-p. Gavisus eram, *ou* fueram, *je m'étais*
réjoui, etc.

Futur. Gaudebo, *je me réjouirai*, etc.

Futur passé. Gavisus ero, *ou* fuero, *je me serai*
réjoui, etc.

IMPÉRATIF.

Gaude, *ou* gaudeto, *réjouis-toi*, etc.

SUBJONCTIF.

Présent. Gaudeam, *que je me réjouisse*, etc.

Imparfait. Gauderem, *que je me réjouisse*, *ou*
je me réjouirais, etc.

Parfait. Gavisus sim, *ou* fuerim, *que je me*
sois réjoui, etc.

Plus-que-p. Gavisus essem, *ou* fuissem, *que je me*
fusse réjoui, etc.

INFINITIF.

PRÉSENT et IMPARFAIT.

Gaudere, *se réjouir*.

PARFAIT et PLUS-QUE-PARFAIT.

Gavisum esse, *ou* fuisse, *s'être réjoui*.

FUTUR.

Gavisurum esse, *devoir se réjouir, qu'il se réjouira*.

FUTUR PASSÉ.

Gavisurum fuisse, *avoir dû se réjouir*.

PARTICIPE PRÉSENT.

Gaudens, gaudentis, *se réjouissant*.

PARTICIPE PASSÉ.

Gavisus, gavisa, gavisum, *s'étant réjoui*.

PARTICIPE FUTUR.

Gavisurus, gavisura, gavisurum, *devant se réjouir.*

SUPINS.

Gavisum, *se réjouir.*
Gavisu, *à se réjouir.*

GÉRONDIFS.

Gaudendi, *de se réjouir.*
Gaudendo, *en se réjouissant.*
Gaudendum, *à se réjouir* ou *pour se réjouir.*

Ainsi se conjuguent *audere, audeo, ausus sum,* oser ;
solere, soleo, solitus sum, avoir coutume.

VERBE IRRÉGULIER
De la troisième Conjugaison.
INDICATIF.
PRÉSENT.

Sing.	FERO, *je porte.*	
	Fers, *tu portes.*	
	Fert, *il porte.*	
Plur.	Ferimus, *nous portons.*	
	Fertis, *vous portez.*	
	Ferunt, *ils portent.*	
Imparfait.	Ferebam, *je portais,* etc.	
Parfait.	Tuli, *j'ai porté,* etc.	
Plus-que-p.	Tuleram, *j'avais porté,* etc.	
Futur.	Feram, *je porterai,* etc.	
Futur passé.	Tulero, *j'aurai porté,* etc.	

IMPÉRATIF.

Sing.	Fer, *ou* ferto, *porte.*
	Ferto (ille), *qu'il porte.*
Plur.	Feramus, *portons.*
	Ferte, *ou* fertote, *portez.*
	Ferunto, *qu'ils portent.*

SUBJONCTIF.

Présent. Feram, *que je porte,* etc.

Imparfait. Ferrem, *que je portasse,* ou *je por terais,* etc

Parfait. Tulerim, *que j'aie porté,* etc.

Plus-que-p. Tulissem, *que j'eusse porté,* ou *j'au rais porté,* etc

INFINITIF.

Présent et Imparfait.

Ferre, *porter.*

Parfait et Plus-que-parfait.

Tulisse, *avoir porté.*

Futur.

Laturum esse, *devoir porter, qu'il portera,* ou *qu'i porterait*

Futur passé.

Laturum fuisse, *avoir dû porter, qu'il aurait porté.*

Participe présent.

Ferens, *portant.*

Participe futur.

Laturus, latura, laturum, *devant porter.*

Supin.

Latum, *à porter.*

Gérondifs.

Ferendi, *de porter.*

Ferendo, *en portant.*

Ferendum, *à porter,* ou *pour porter.*

Ainsi se conjuguent les composés de *fero,* comme *offero, offers, obtuli, oblatum, offerre,* offrir ; *differo, differs, distuli, dilatum, differre,* différer, etc.

PASSIF.

PASSIF. FEROR.

INDICATIF.

PRÉSENT.

Sing.   FEROR, *je suis porté.*
        Ferris, *ou* ferre, *tu es porté.*
        Fertur, *il est porté.*
Plur.   Ferimur, *nous sommes portés.*
        Ferimini, *vous êtes portés.*
        Feruntur, *ils sont portés.*

Imparfait.   Ferebar, *j'étais porté,* etc.
Parfait.   Latus sum, *ou* fui, *j'ai été porté,* etc.
Plus-que-p.   Latus eram, *ou* fueram, *j'avais été*
                         porté, etc.

Futur.   Ferar, *je serai porté,* etc.
Futur passé.   Latus ero, *ou* fuero, *j'aurai été porté.*

IMPÉRATIF.

Sing.   Ferre, *ou* fertor, *sois porté.*
        Fertor (ille), *qu'il soit porté.*
Plur.   Feramur, *soyons portés.*
        Ferimini, *soyez portés.*
        Feruntor, *qu'ils soient portés.*

SUBJONCTIF.

Présent.   Ferar, *que je sois porté,* etc.
Imparfait.   Ferrer, *que je fusse porté, ou je se-*
                     rais porté, etc.
Parfait.   Latus sim, *ou* fuerim, *que j'aie été*
                         porté, etc.
Plus-que-p.   Latus essem, *ou* fuissem, *que j'eusse*
                      été porté, etc,

INFINITIF.

PRÉSENT et IMPARFAIT.

Ferri, *être porté.*

10

Pᴀʀғᴀɪᴛ et Pᴌᴜs — ǫᴜᴇ — ᴘᴀʀғᴀɪᴛ.

Latum esse, *ou* fuisse, *avoir été porté.*

Fᴜᴛᴜʀ.

Latum iri, *ou* ferendum esse, *devoir être porté.*

Fᴜᴛᴜʀ ᴘᴀssᴇ́.

Ferendum fuisse, *qu'il eût,* ou *aurait été porté.*

Pᴀʀᴛɪᴄɪᴘᴇ ᴘᴀssᴇ́.

Latus, lata, latum, *porté, ayant été porté.*

Pᴀʀᴛɪᴄɪᴘᴇ ғᴜᴛᴜʀ.

Ferendus, ferenda, ferendum, *devant être porté.*

Sᴜᴘɪɴ.

Latu, *à être porté.*

VERBE IRRÉGULIER
De la quatrième Conjugaison.
INDICATIF.

Pʀᴇ́sᴇɴᴛ.

Sing.   Eo, *je vais,* ou *je vas.*
           Is, *tu vas.*
           It, *il va.*
Plur.   Imus, *nous allons.*
           Itis, *vous allez.*
           Eunt, *ils vont.*

Imparfait.   Ibam, *j'allais,* Ibas, etc.
Parfait.   Ivi, *je suis allé,* Ivisti, etc.
Plus-que-p. Iveram, *j'étais allé,* Iveras, etc.
Futur.   Ibo, *j'irai,* Ibis, etc.
Futur passé. Ivero, *je serai allé,* Iveris, etc.

IMPÉRATIF.

Sing.   I, *ou* ito, *va.*
           Ito (ille), *qu'il aille.*

Plur. Eamus, *allons.*

Ite, *ou* itote, *allez.*

Eunto, *qu'ils aillent.*

SUBJONCTIF.

Présent. Eam, *que j'aille,* Eas, etc.

Imparfait. Irem, *que j'allasse,* Ires, etc.

Parfait. Iverim, *que je sois allé.*

Plus-que-p. Ivissem, *que je fusse allé.*

INFINITIF.

PRÉSENT et IMPARFAIT.

Ire, *aller.*

PARFAIT et PLUS-QUE-PARFAIT.

Ivisse, *être allé.*

FUTUR.

Iturum esse, *devoir aller, qu'il ira,* ou *irait.*

FUTUR PASSÉ.

Iturum fuisse, *avoir dû aller, qu'il serait allé.*

PARTICIPE PRÉSENT.

Iens, euntis, *allant, qui va.*

PARTICIPE FUTUR.

Iturus, itura, iturum, *devant aller, qui ira.*

SUPIN.

Itum, *aller.* Itu, *à aller.*

GÉRONDIFS.

Eundi, *d'aller.*

Eundo, *en allant.*

Eundum, *à,* ou *pour aller.*

Ainsi se conjuguent: *exire, exeo, is,* sortir.; *perire, pereo, is,* périr; *redire, redeo, is,* revenir; *adire, adeo, is,* aller trouver; *transire, transeo, is; prœterire, prœtereo, is,* passer outre *ou* auprès.

VERBE *FIO*.

Quand le Verbe *Fio* signifie *je deviens*, il est Verbe substantif, et quand il signifie *être fait*, c'est le passif du Verbe *facere*.

INDICATIF.

PRÉSENT.

Sing. Fɪo, *je deviens*, ou *je suis fait.*
Fis, *tu deviens.*
Fit, *il devient.*

Plur. Fimus, *nous devenons.*
Fitis, *vous devenez.*
Fiunt, *ils deviennent.*

Imparfait. Fiebam, *je devenais.* Fiebas, *tu de-*
venais, etc.

Parfait. Factus sum, *ou* fui, *je suis devenu.*
Plus-que-p. Factus eram, *ou* fueram, *j'étais devenu.*
Futur. Fiam, *je deviendrai.* Fies, etc.
Futur passé. Factus ero, *ou* fuero, *je serai devenu.*

IMPÉRATIF.

Sing. Fi, *deviens.*
Plur. Fite, *ou* fitote, *devenez.*

SUBJONCTIF.

Présent. Fiam, *que je devienne.* Fias, etc.
Imparfait. Fierem *que je devinsse,* ou *je de-*
viendrais.

Parfait. Factus sim, *ou* fuerim, *que je sois de-*
venu.

Plus-que-p. Factus essem, *ou* fuissem, *que je fusse*
devenu.

INFINITIF.

PRÉSENT et IMPARFAIT.

Fieri, *devenir.*

PARFAIT et PLUS-QUE-PARFAIT.

Factum esse, *ou* fuisse, *être devenu.*

FUTUR.

Factum iri, *ou* faciendum esse, *qu'il deviendra, ou deviendrait.*

FUTUR PASSÉ.

Faciendum fuisse, *qu'il serait,* ou *qu'il fût devenu.*

PARTICIPE PASSÉ.

Factus, a, um, *étant devenu,* ou *ayant été fait.*

PARTICIPE FUTUR.

Faciendus, a, um, *devant être fait.*

SUPIN.

Factu, *à faire,* ou *à être fait* (y).

VERBES *VOLO, NOLO, MALO.*

INDICATIF. PRÉSENT.

Sing.	VOLO,	*je veux.*
	Vis,	*tu veux.*
	Vult,	*il veut.*
Plur.	Volumus,	*nous voulons.*
	Vultis,	*vous voulez.*
	Volunt,	*ils veulent.*
Imparfait.	Volebam,	*je voulais,* etc.
Parfait.	Volui,	*j'ai voulu,* etc.
Plus-que-p.	Volueram,	*j'avais voulu,* etc.

(y) Les composés de *facio* prennent *fio* au passif, comme *arefacio, arefio*; *calefacio, calefio,* etc. Mais les composés qui changent *a* de *facio* en *i*, ont le passif régulier en *fieior*, comme *efficio, efficior*; *perficio, perficior,* etc.

Le verbe *fio* s'emploie aussi impersonnellement à la troisième personne du singulier, dans tous les temps de l'indicatif et du subjonctif: ex.: *fit*, il arrive; *fiebat*, il arrivait; *factum est*, il est arrivé, etc.; *fiat*, qu'il arrive, etc.

Futur.   Volam, *je voudrai.* Voles, etc.
Futur passé. Voluero, *j'aurai voulu.*

SUBJONCTIF. Présent.

Sing.   Velim, *que je veuille.*
         Velis, *que tu veuilles.*
         Velit, *qu'il veuille.*
Plur.   Velimus, *que nous voulions.*
         Velitis, *que vous vouliez.*
         Velint, *qu'ils veuillent.*
Imparfait.   Vellem, *que je voulusse, ou je voudrais.*
Parfait.   Voluerim, *que j'aie voulu.*
Plus-que-p. Voluissem, *que j'eusse voulu, ou j'au-*
                               rais voulu.

INFINITIF.

Présent et Imparfait.

Velle, *vouloir.*

Parfait et Plus – que – parfait.

Voluisse, *avoir voulu.*

Participe présent.

Volens, *voulant, qui veut.*

Ainsi se conjuguent, *Nolo* je ne veux pas, et *Malo,*
j'aime mieux (z).

INDICATIE. Présent.

Sing.   Nolo, *je ne veux pas.*
         Non vis, *tu ne veux pas.*
         Non vult, *il ne veut pas.*
Plur.   Nolumus, *nous ne voulons pas.*
         Non vultis, *vous ne voulez pas.*
         Nolunt, *ils ne veulent pas.*

_____

(z) *Nolo* est mis pour *non volo; malo* pour *mavolo*, au lieu
de *magis volo.*

IMPÉRATIF.

Sing.   Noli, *ou* Nolito, *ne veuille pas.*
        Nolito (ille), *qu'il ne veuille pas.*
Plur.   Nolimus, *ne veuillons pas.*
        Nolite, *ou* nolitote, *ne veuillez pas.*
        Nolunto, *qu'ils ne veuillent pas.*

SUBJONCTIF.

Présent.   Nolim, *que je ne veuille pas.*

INFINITIF. PRÉSENT.

      Nolle, *ne vouloir pas.*

INDICATIF. PRÉSENT.

Sing.   Malo, *j'aime mieux.*
        Mavis, *tu aimes mieux.*
        Mavult, *il aime mieux.*
Plur.   Malumus, *nous aimons mieux.*
        Mavultis, *vous aimez mieux.*
        Maluut, *ils aiment mieux.*

SUBJONCTIF.

Présent.   Malim, *que j'aime mieux.*

INFINITIF.

PRÉSENT et IMPARFAIT.

      Malle, *aimer mieux.*

VERBES IRRÉGULIERS

Composés *de* SUM.

INDICATIF. PRÉSENT.

Sing.   Possum (a), *je peux,* ou *je puis.*
        Potes, *tu peux.*
        Potest, *il peut.*

(a) *Possum* est composé de *potis* et de *sum*.

Plur. Possumus, *nous pouvons.*

Potestis, *vous pouvez.*

Possunt, *ils peuvent.*

Imparfait. Poteram, *je pouvais,* etc.

Parfait. Potui, *j'ai pu.* Potuisti, etc.

Plus-que-p. Potueram, *j'avais pu,* etc.

Futur. Potero, *je pourrai.* Poteris, etc.

Futur passé. Potuero, *j'aurai pu,* etc.

SUBJONCTIF.

Présent. Possim, *que je puisse.* Possis, etc.

Imparfait. Possem, *que je pusse, ou je pourrais.*

Parfait. Potuerim, *que j'aie pu.*

Plus-que-p. Potuissem, *que j'eusse pu, ou j'aurais*
pu, etc.

INFINITIF.

PRÉSENT et IMPARFAIT.

Posse, *pouvoir.*

PARFAIT et PLUS — QUE — PARFAIT.

Potuisse, *avoir pu.*

PROSUM, JE SERS.

Sing. PROSUM, *je sers.*

Prodes, *tu sers.*

Prodest, *il sert.*

Plur. Prosumus, *nous servons.*

Prodestis, *vous servez.*

Prosunt, *ils servent.*

Imparfait. Proderam, *je servais,* etc.

Parfait. Profui, *j'ai servi,* etc.

Plus-que-p. Profueram, *j'avais servi,* etc.

Futur. Prodero. *je servirai,* etc.

Futur passé. Profuero, *j'aurai servi,* etc.

IMPÉRATIF.

Sing. Prodes, *ou* prodesto, *sers.*

Prodesto (ille), *qu'il serve.*

Plur.　Prosimus, *servons.*
Prodeste, *ou* prodestote, *servez.*
Prosunto, *qu'ils servent.*

SUBJONCTIF.

Présent.　Prosim, *que je serve*, etc.

Imparfait.　Prodessem, *que je servisse*, ou *je ser-*
virais, etc.

Parfait.　Profuerim, *que j'aie servi*, etc.

Plus-que-p.　Profuissem, *que j'eusse*, ou *j'aurais*
servi, etc.

INFINITIF.

PRÉSENT et IMPARFAIT.

Prodesse, *servir.*

PARFAIT et PLUS - QUE - PARFAIT.

Profuisse, *avoir servi.*

FUTUR.

Profuturum esse, *devoir servir, qu'il servira.*

FUTUR PASSÉ.

Profuturum fuisse, *qu'il eût*, ou *aurait servi.*

PARTICIPE FUTUR.

Profuturus, a, um *devant servir.*

AUTRE VERBE IRRÉGULIER

QUEO *n'a guère que les Temps et les Personnes*
qui suivent.

INDICATIF. PRÉSENT.

Sing.　Queo, *je peux*, ou *je puis.*
Quis, *tu peux.*
Quit, *il peut.*
Plur.　Quimus, *nous pouvons.*

Quitis, *vous pouvez.*

Queunt, *ils peuvent.*

Imparfait. Quibam, *je pouvais.* Quibamus.

Parfait. Quivi, *j'ai pu.*

Quivimus, *nous avons pu.*

Plus-que-p. Quiveram, *j'avais pu.*

Futur. Quibo, *je pourrai.*

Futur passé. Quivero, *j'aurai pu.*

SUBJONCTIF. PRÉSENT.

Sing. Queam, *que je puisse.*

Queas, *que tu puisses.*

Queat, *qu'il puisse.*

Plur. Queamus, *que nous puissions.*

Queatis, *que vous puissiez.*

Queant, *qu'ils puissent.*

Imparfait. Quirem, *que je pusse, ou je pourrais.*

Quiremus, *que nous pussions.*

Parfait. Quiverim, *que j'aie pu.*

Quiverimus, *que nous avons pu.*

Plus-que-p. Quivissem, *que j'eusse pu.*

Quivissemus, *que nous eussions pu.*

INFINITIF.

PRÉSENT et IMPARFAIT.

Quire, *pouvoir.*

PARFAIT et PLUS-QUE-PARFAIT.

Quivisse, *avoir pu.*

Ainsi se conjuguent *nequire, nequeo,* ne pouvoir pas.

VERBES DÉFECTUEUX.

On appelle *Défectueux* les Verbes auxquels il manque plusieurs Personnes ou plusieurs Temps.

INDICATIF. PRÉSENT.

Sing. Memini, *je me souviens.*

Meministi, *tu te souviens.*

Meminit, *il se souvient.*

Plur. Meminimus, *nous nous souvenons.*

Meministis, *vous vous souvenez.*

Meminerunt, *ou* meminêre, *ils se sou-*
viennent.

Imparfait. Memineram, *je me souvenais.*

Memineras, *tu te souvenais,* etc.

Point de Parfait ni de Plus-que-parfait (b).

FUTUR.

Sing. Meminero, *je me souviendrai.*

Memineris, *tu te souviendras.*

Meminerit, *il se souviendra.*

Plur. Meminerimus, *nous nous souviendrons*

Memineritis, *vous vous souviendrez.*

Meminerint, *ils se souviendront.*

IMPÉRATIF.

Sing. Memento, *souviens-toi.*

Memento (ille), *qu'il se souvienne.*

Plur. Mementote, *souvenez-vous.*

SUBJONCTIF.

Présent. Meminerim, *que je me souvienne.*

Memineris, *que tu te souviennes,* etc.

Imparfait. Meminissem, *que je me souvinsse, ou*
je me souviendrais.

Meminisses, *que tu te souvinsses, ou*
tu te souviendrais, etc.

INFINITIF.

PRÉSENT et IMPARFAIT.

Meminisse, *se souvenir.*

(b) *Memini* est un parfait en latin, qui se traduit en français par le présent ; *memineram* est en latin un plus-que-parfait que l'on rend par l'imparfait.

Ainsi se conjuguent *novi*, je connais; *cœpi*, je commence; *odi*, je haïs : ce dernier fait au prétérit, *osus sum* ou *fui*, j'ai haï, etc., et au Plus-que-parfait, *osus eram* ou *fueram*, j'avais haï, etc., mais ils n'ont pas d'Impératif.

AIO, JE DIS.

INDICATIF. Présent.

Sing.   Aio, *je dis.*
        Ais, *tu dis.*
        Ait, *il dit.*
Plur.   Aiunt, *ils disent.*

IMPARFAIT.
Sing.   Aiebam, *je disais.*
        Aiebas, *tu disais,* etc.

PARFAIT.
Sing.   Aisti, *tu as dit.*
Plur.   Aistis, *vous avez dit.*

SUBJONCTIF. Présent.

Sing.   Aias, *que tu dises.*
        Aiat, *qu'il dise.*

PARTICIPE PRÉSENT.
Aiens, aientis, *disant.*

INQUAM, DIS-JE.

INDICATIF. Présent.

Sing.   Inquam, *dis-je.*
        Inquis, *dis-tu.*
        Inquit, *dit-il.*
Plur.   Inquimus, *disons-nous.*
        Inquitis, *dites-vous.*
        Inquiunt, *disent-ils.*

IMPARFAIT.
Inquiebat, *disait-il.*

Inquiebant,

Inquiebant, *disaient-ils.*

PARFAIT.

Inquisti, *as-tu dit.*
Inquit, *a-t-il dit.*
Inquistis, *avez-vous dit.*

FUTUR.

Inquies, *diras-tu.*
Inquiet, *dira-t-il.*

IMPERATIF.

Inque, inquito, *dis.*

SUBJONCTIF.

Inquiat, *qu'il dise.*

VERBES IMPERSONNELS.

On appelle *Impersonnels* les Verbes qui n'ont que la troisième personne du singulier.

OPORTET, IL FAUT.

INDICATIF. PRÉSENT.

Oportet, *il faut.*

IMPARFAIT.

Oportebat, *il fallait.*

PARFAIT.

Oportuit, *il a fallu.*

PLUS-QUE-PARFAIT.

Oportuerat, *il avait fallu.*

FUTUR.

Oportebit, *il faudra.*

FUTUR PASSÉ.

Oportuerit, *il aura fallu.*

SUBJONCTIF. Présent.

Oporteat, *qu'il faille.*

Imparfait.

Oporteret, *qu'il fallût,* ou *il faudrait.*

Parfait.

Oportuerit, *qu'il ait fallu.*

Plus-que-parfait.

Oportuisset, *qu'il eût fallu.*

INFINITIF. Présent.

Oportere, *falloir.*

Parfait.

Oportuisse, *avoir fallu.*

Ainsi se conjuguent *decet*, il convient; *licet*, il est permis; *libet*, il plaît; *liquet*, il est clair.

VERBE *POENITET.*

Ce Verbe se conjugue dans tous ses temps avec les pronoms accusatifs, *me*, *te*, *illum*, *illam* (ou un nom) au singulier; et *nos*, *vos*, *illos*, *illas*, (ou un nom) au pluriel *.

INDICATIF. Présent.

Sing. me Pœnitet, *je me repens.*
te Pœnitet, *tu te repens.*
illum, illam Pœnitet, *il, elle se repent.*
Plur. nos Pœnitet, *nous nous repentons.*
vos Pœnitet, *vous vous repentez.*
illos, illas Pœnitet, *ils, elles se repentent.*

---

* Le nom qui se met devant *Pœnitet*, etc. à la place d'*illum*, *illam*, *illos*, *illas*, doit être mis à l'accusatif. Ex. Mon frère se repent; *meum fratrem pœnitet*; mes frères se repentent, *meos fratres pœnitet.*

Imparfait.　　me Pœnitebat, *je me repentais.*
Parfait.　　　me Pœnituit, *je me suis repenti*, etc.
Plus-que-p.　me Pœnituerat, *je m'étais repenti*, etc.
Futur.　　　 me Pœnitebit, *je me repentirai*, etc.
Futur passé. me Pœnituerit, *je me serai repen-*
　　　　　　　　　　　　　　　　ti, etc.

SUBJONCTIF.

Présent.　　me Pœniteat, *que je me repente*, etc.
Imparfait.　me Pœniteret, *que je me repentisse,*
　　　　　　　　　　ou *je me repentirais.* etc.
Parfait.　　me Pœnituerit, *que je me sois repen-*
　　　　　　　　　　　　　　ti, etc.
Plus-que-p.　me Pœnituisset, *que je me fusse repen-*
　　　　　　ti, ou *je me serais repenti*, etc.

INFINITIF.

PRÉSENT et IMPARFAIT.

Pœnitere, *se repentir.*

PARFAIT et PLUS — QUE — PARFAIT.

Pœnituisse, *s'être repenti.*

PARTICIPE PRÉSENT.

Pœnitens, pœnitentis, *se repentant.*

PARTICIPE FUTUR PASSIF.

Pœnitendus, pœnitenda, pœnitendum, *dont on doit*
　　　　　　　　　　　　　　　se repentir.

GÉRONDIFS.

Pœnitendi, *de se repentir.*
Pœnitendo, *en se repentant.*
Pœnitendum, *à*, ou *pour se repentir.*

Ainsi se conjuguent *me pudet*, j'ai honte ; *me piget*, je
suis fâché ; *me tædet*, je m'ennuie ; *me miseret*, j'ai com-
passion.

IMPERSONNEL PASSIF.

L'Impersonnel passif est la troisième personne du singulier passif dans tous les temps.

INDICATIF.

Présent. Dicitur, *on dit.*
Imparfait. Dicebatur, *on disait.*
Parfait. Dictum est, *ou* fuit, *on a dit.*
Plus-que-p. Dictum erat, *ou* fuerat, *on avait dit.*
Futur. Dicetur, *on dira.*
Futur passé. Dictum erit, *ou* fuerit, *on aura dit.*

SUBJONCTIF.

Présent. Dicatur, *qu'on dise.*
Imparfait. Diceretur, *qu'on dît.*
Parfait. Dictum sit, *ou* fuerit, *qu'on ait dit.*
Plus-que-p. Dictum esset, *ou* fuisset, *qu'on eût dit.*

On peut faire impersonnels tous les Verbes actifs et neutres.

SUPPLÉMENT AUX NOMS DE NOMBRE.

	CARDINAUX.		ORDINAUX.	
I.	1.	Unus, a, nm.	1er	Primus, a, um.
II.	2.	Duo, æ, o.	2e	Secundus.
III.	3.	Tres, ia.	3e	Tertius.
IV.	4.	Quatuor.	4e	Quartus.
V.	5.	Quinque.	5e	Quintus.
VI.	6.	Sex.	6e	Sextus.
VII.	7.	Septem.	7e	Septimus.
VIII.	8.	Octo.	8e	Octavus.
IX.	9.	Novem.	9e	Nonus.
X.	10.	Decem.	10e	Decimus.
XI.	11.	Undecim.	11e	Undecimus.
XII.	12.	Duodecim.	12e	Duodecimus.
XIII.	13.	Tredecim.	13e	Decimus tertius.
XIV.	14	Quatuordecim.	14e	Decimus quartus.
XV.	15.	Quindecim.	15e	Decimus quintus.
XVI.	16.	Sedecim, *ou* sexdecim.	16e	Decimus sextus.
XVII.	17.	Septendecim.	17e	Decimus septimus.

CARDINAUX		ORDINAUX.
XVIII.	18. Octodecim , *mieux* , duodeviginti.	18e Decimus octavus, *ou* duodevicesimus.
XIX.	19. Novemdecim, *mieux*, undeviginti.	19e Decimus nonus , *ou* undevicesimus.
XX.	20. Viginti.	20e Vigesimus.
XXI.	21. Viginti unus , *ou* unus et viginti , *etc.*	21e Vigesimus primus,*etc.*
XXVIII.	28. Viginti octo, *ou* duo-detriginta.	28e Vigesimus octavus,*ou* duodetricesimus.
XXIX.	29. Viginti novem , *ou* undetriginta.	29e Vigesimus nonus , *ou* undetricesimus.
XXX.	30. Triginta.	30e Trigesimus.
XXXVIII.	38. Triginta octo, *ou* duo-dequadraginta.	38e Trigesimus octavus,*ou* duodequadragesimus.
XXXIX.	39. Triginta novem,*ou* un-dequadraginta.	39e Trigesimus nonus, *ou* undequadragesimus.
XL.	40. Quadraginta.	40e Quadragesimus.
XLVIII.	48. Quadraginta octo , *ou* duodequinquaginta.	48e Quadragesimus octa-vus , *ou* duodequinqua-gesimus.
XLIX.	49. Quadraginta novem , *ou* undequinquaginta.	49e Quadragesimus no-nus , *ou* undequinqua-gesimus.
L.	50. Quinquaginta.	50e Quinquagesimus.
LX.	60. Sexaginta.	60e Sexagesimus.
LXX.	70. Septuaginta.	70e Septuagesimus.
LXXX.	80. Octoginta.	80e Octogesimus.
XC.	90. Nonaginta.	90e Nonagesimus.
XCVIII.	98. Nonaginta octo , *ou* duodecentum.	98e Nonagesimus octavus, *ou* duodecentesimus.
XCIX.	99. Nonaginta novem, *ou* undecentum.	99e Nonagesimus nonus , *ou* undecentesimus.
C.	100. Centum.	100e Centesimus.
CI.	101. Centum et unus.	101e Centesimus primus.
CX.	110. Centum et decem.	110e Centesimus decimus.
CC.	200. Ducenti , æ , a.	200e Ducentesimus.
CCC	300. Trecenti.	300e Trecentesimus.
CCCC.	400. Quadringenti.	400e Quadringentesimus.
IƆ (D).	500. Quingenti.	500e Quingentesimus.
IƆC (DC).	600. Sexcenti.	600e Sexcentesimus.
IƆC(DCC).	700. Septingenti.	700e Septingentesimus.
IƆCCC(DCCC.	800. Octingenti.	800e Octingentesimus.
DCCCC.	900. Nongenti.	900e Nongentesimus.
CIƆ (M).	1,000 Mille.	1,000e Millesimus.
M M.	2,000 Bis mille , *ou* duo millia , *etc.*	2,000 Bis millesimus.

3 M.   3,000 Ter mille, *ou* tria 3,000^e Ter millesimus.
         millia.

Mille est un Adjectif indéclinable, il se joint toujours avec le Nombre adverbe. *Ex.* Mille hommes, *mille homines ;* avec mille hommes, *cum mille hominibus ;* deux mille soldats, *bis mille milites ;* cent mille soldats, *centies mille milites.*

On trouve quelquefois *mille* pris substantivement avec le Génitif. Exemp. *Mille misit militum ; non ampliùs quàm mille hominum.* (Corn. N.) *Mille Thracum.* (Cic.) *Drachmarum mille* (Ter.)

Millia est un Nom neutre; il veut le Nom suivant au Génitif, et se joint avec le Nombre cardinal. *Exemp.* deux mille hommes, *duo millia hominum.* Trois mille hommes, *tria millia hominum.* Avec quatre mille hommes, *cum quatuor millibus hominum.*

NOMBRE ADVERBE.

1 *fois*,	Semel.	28 *fois*,	Duodetricies.
2	Bis.	29	Undetricies.
3	Ter.	30	Tricies.
4	Quater.	40	Quadragies.
5	Quinquies.	50	Quinquagies.
6	Sexties.	60	Sexagies.
7	Septies.	70	Septuagies.
8	Octies.	80	Octogies.
9	Nonies.	90	Nonagies.
10	Decies.	99	Undecenties.
11	Undecies.	100	Centies.
12	Duodecies.	110	Centies decies.
13	Undecies.	120	Centies vicies.
14	Quaterdecies.	200	Ducenties.
15	Quindecies.	300	Trecenties.
16	Sexdecies.	400	Quadringenties.
17	Decies septies.	500	Quingenties
18	Duodevicies.	600	Sexcenties.
19	Undevicies.	700	Septingenties.
20	Vicies.	800	Octingenties.
21	Vicies semel, *ou*	900	Noningenties.
	semel et vicies.		
22	Bis et vicies.	1000	Millies.

OBSERVATIONS.

Au-dessous de cent, quand on met le plus petit

Nombre devant le plus grand, on les joint par la Conjonction *et ;* mais si le plus grand précède le plus petit, on ne met pas *et.* EXEMPLES. *Cæsar tribus et viginti plagis confossus est.* (Suet.) *Augustus Rempublicam per quadraginta quatuor annos obtinuit* (Eut.)

Au-dessus de cent, le plus grand nombre précède toujours le plus petit, avec ou sans *et.* Ex. *Gorgias centum et septem complevit annos.* (Cic.) *Xerxis Classis mille et ducentarum navium fuit.* (Corn. N.) *Homerus ante annos nongentos quinquaginta floruit.* (Vell.) *Quadringenti octoginta octo sunt anni* (Tite-Live.).

Avec les Nombres ordinaux, on place indifféremment le plus grand ou le plus petit le premier, avec ou sans *et.* Cependant le nombre qui exprime *cent,* doit toujours précéder les autres. *Ex. Augustus obiit septuagesimo et sexto ætatis anno.* (Suet.) *Sextus Decimus liber est.* (Cic.) *Roma condita est post Trojæ excidium, anno trecentesimo nonagesimo quarto.* (Eutr.)

Si le mot *mille* est accompagné de quelqu'autre Nombre, comme *deux mille cinq cents hommes,* on dira, *duo hominum millia et quingenti,* en sous-entendant *homines* avec *quingenti.* J'ai dépensé trois mille cinquante-deux livres: *tria librarum millia et quinquaginta duas impendi.* Sous-ent. *libras.*

Quand *mille* en français marque un nombre déterminé, on l'exprime ordinairement par *sexcenti,* ou bien par *permulti.* Ex. Je puis vous en donner mille exemples, *possum ego tibi exempla sexcenta proferre.*

Lorsqu'il se trouve un nombre cardinal après un Nom propre d'Empereur, de Roi, ou de Prince; il faut le rendre par le Nombre ordinal. *Ex.* Charles II; *Carolus Secundus;* Pie VII, *Pius Septimus;* Louis XIV, *Ludovicus Decimus quartus.*

TABLE DE LA PREMIÈRE PARTIE.

Fin de la Table de la première partie.

SECONDE PARTIE.

SYNTAXE LATINE.

La Syntaxe est la manière de joindre ensemble les mots d'une-phrase, et les phrases entr'elles.

Il y a deux sortes de Syntaxes : la Syntaxe d'accord, par laquelle on fait accorder deux mots en genre, en nombre, *etc.* et la Syntaxe de *régime*, par laquelle un mot régit un autre mot à tel cas, à tel mode, *etc.*

SYNTAXE DES NOMS.

Accord de deux Noms.

Ludovicus *Rex*.

Règle. Quand deux ou plusieurs noms désignent une seule et même personne, une seule et même chose, ces Noms se mettent au même cas (a).

Exemples :

Louis Roi, *Ludovicus Rex :* de Louis Roi, *Lu-*

(a) Lorsque le premier Nom est féminin en latin, le second se met au même genre, s'il a un féminin. *Exemples.* L'exercice, maître excellent, *exercitatio*, *magistra optima.* L'argent, auteur de bien des maux, *pecunia*, *autor multorum malorum.* Je suis obligé de dire *autor*, parce que ce mot n'a point de féminin.

Si le premier Nom est masculin ou neutre, le second ne change pas. *Ex.* L'usage, maître excellent, *usus*, *magister optimus.* Le temps, maître excellent, *tempus*, *magister optimus.*

Si le Nom ajouté se rapporte à un pluriel ou à deux Noms singuliers, il doit être mis au pluriel. *Ex.* Brutus et Cassius, assassins de César, *Brutus et Cassius, interfectores Cæsaris.*

Mais lorsqu'il n'est question que d'une seule ville, d'un seul peuple, ou d'une seule espèce, le nom suivant se met au singulier, quand même le premier serait au pluriel. *Ex.* Athènes, ville de la Grèce, *Athenæ, urbs Græciæ.* Les Gaulois, peuple courageux, *Galli, populus strenuus.* Les chiens, animal domestique et fidèle, *Canes, animal domesticum et fidele.*

dovici Regis, etc. Esope auteur, *Æsopus autor* : à Esope auteur, *Æsopo autori :* la ville de Rome, *Urbs Roma.* Les Latins disent : *la Ville Rome.*

REMARQUE. *De* entre deux Noms n'empêche pas de mettre ces deux Noms au même cas, lorsqu'on peut tourner *de* par *qui s'appelle :* la ville de Rome, *tournez*, la ville *qui s'appelle* Rome (b).

Régime des Noms.

I.

RÈGLE. Lorsque *de*, *du*, *des*, entre deux noms, ne peuvent pas se tourner par *qui s'appelle*, on met le second au Génitif.

Exemple :

Le livre de Pierre, *liber Petri :* la bonté de Dieu, *bonitas Dei.*

Souvent au lieu du Génitif, on se sert d'un Adjectif qui a la même valeur. *Ex.* La bonté de Dieu, *tournez*, la bonté divine, *bonitas divina :* le Sénat de Paris, *tournez*, le Sénat parisien, *Senatus parisiensis.*

REMARQUE. Quand le Nom qui suit *de* exprime une qualité bonne ou mauvaise, on peut mettre ce Nom ou à l'Ablatif ou au Génitif : un enfant d'un bon naturel, *puer egregiâ indole* (c), ou *egregiæ indolis ;* d'un mauvais naturel, *pravâ indole*, ou *pravæ indolis* (d).

(b) Cette règle se réduit à celle-ci qui est plus juste et plus claire : quand *de* se trouve entre un nom commun et un nom propre d'île, de ville, de fleuve, de rivière et de mois, les deux noms se mettent au même cas. *Ex.* l'île de Chypre, *insula Cyprus*, la ville de Rome, *urbs Roma*, le fleuve de la Seine, *fluvius Sequana*, le mois de mars, *mensis Martius.*

(c) Sous-entendez la préposition *cum.*

(d) La même règle a lieu aussi après le Verbe *Sum*, quand *de* exprime une qualité bonne ou mauvaise. *Ex.* Cet enfant est d'un bon naturel, *hic puer est bonâ indole*, en sous-entendant *cum*, ou *bonæ indolis*, en répétant *puer.*

Il y a des cas où on doit sous-entendre *homo*, *res*, ou *negotium*. *Ex.* Titus était d'une grande libéralité, *Titus erat magnæ*

II.

Tempus *legendi*.

De entre un nom de chose inanimée et un Infinitif français, se rend en latin par le Gérondif en *di*, qui est un véritable Génitif.

Exemples :

Le temps de lire, *tempus legendi* : de lire l'histoire, *tempus legendi historiam*. (Les Gérondifs gouvernent le même cas que les Verbes d'où ils viennent).

REMARQUE. Si le Verbe latin gouverne l'Accusatif, au lieu du Gérondif en *di*, il est mieux d'employer le Participe en *dus*, *da*, *dum*, que l'on met au Génitif en le faisant accorder avec le Nom en genre, en nombre et en cas : ainsi au lieu de dire *tempus legendi historiam*, on dit mieux, *tempus legendæ historiæ*.

De entre un Nom et un Infinitif se rend quelquefois par l'Infinitif latin ; c'est lorsque cet infinitif peut servir de Nominatif à la phrase. *Ex.* C'est un péché de mentir, *tournez*, mentir est un péché, *culpa est mentiri*.

SYNTAXE DES ADJECTIFS.
Accord de l'Adjectif avec le Nom.

I.

Deus *sanctus*.

RÈGLE. L'Adjectif s'accorde en genre, en nombre et en cas avec le Nom auquel il se rapporte.

---

liberalitatis, sous-ent. *homo*. Cela n'est d'aucune importance, *illud est nullius momenti* : sous-ent. *negotium*.

On ne met que le génitif après *sum*, quand le nom qui suit *de*, exprime la durée du temps, la mesure, le nombre, le prix. *Ex.* Le jour est de 24 heures, *dies est quatuor et viginti horarum*. La taille d'Auguste était de cinq pieds, *statura Augusti erat quinque pedum*. La flotte de Xerxès était de douze cents vaisseaux, *classis Xerxis erat mille et ducentarum navium*. Cela n'est d'aucune valeur, *illud est nullius pretii*.

Exemples :

Dieu saint, *Deus sanctus ;* du Dieu saint, *Dei sancti ;* Vierge sainte, *Virgo sancta ;* de la Vierge sainte, *Virginis sanctæ ;* temple saint, *templum sanctum ;* du temple saint, *templi sancti.*

II.

Pater et filius *boni ;* mater et filia *bonæ.*

Quand un Adjectif se rapporte à deux Noms, on met cet Adjectif au pluriel, parce que deux singuliers valent un pluriel.

Exemples :

Le père et le fils bons, *pater et filius boni ;* la mère et la fille bonnes, *mater et filia bonæ.*

III.

Pater et Mater *boni.*

Quand un Adjectif se rapporte à deux Noms de différens genres, l'Adjectif prend le plus noble des deux genres. (Le masculin est plus noble que les deux autres ; le féminin est plus noble que le neutre).

Exemple :

Le père et la mère bons, *pater et mater boni.*

IV.

Virtus et vitium *contraria* (e).

(e) Sous-entendez *negotia.*
Les Latins ne suivent pas toujours cette règle. Il arrive quelquefois que quand deux ou plusieurs Noms sont suivis d'un Adjectif, d'un Pronom ou d'un Participe, on les place à côté du premier Nom, ou à côté du second. Dans l'un et l'autre cas, ils s'accordent en genre et en nombre avec le Nom près duquel ils se trouvent, et on les sous-entend auprès de l'autre. Exemples : *Thrasybulus contemptus est à tyrannis, atque ejus solitudo.* Nep. Sous-entendez *contempta* auprès de *solitudo. Hominis utilitati agri omnes et maria parent.* Cic. sous-ent. *omnia* auprès de *maria. Invidi virtutem et bonum alienum oderunt.* Liv. sous-entendez *alienam* auprès de *virtutem.*

Quand

Quand les deux noms sont de choses inanimées, c'est-à-dire, sans vie, l'Adjectif qui s'y rapporte se met au pluriel neutre. (*Il n'y a d'animé que les hommes et les bêtes*).

Exemples :

La vertu et le vice contraires, *virtus et vitium contraria.* ★

V.

Turpe est *mentiri.*

L'Adjectif qui ne se rapporte à aucun Nom précédent, se met au neutre.

Il est honteux de mentir, *turpe est mentiri.* ★★

Il est honteux d'être paresseux, *turpe est esse pigrum* (f).

★ Lorsque deux Adjectifs sont joints ensemble, le premier se change en Adverbe. *Ex.* Les vrais sages, *verè sapientes*, c'est à-dire, les hommes vraiment sages.

★★ L'Infinitif *mentiri* est un véritable Nom avec lequel s'accorde l'Adjectif *turpe* : le mentir est honteux.

DEUS EST SANCTUS.

CREDO DEUM ESSE SANCTUM.

L'Adjectif qui suit immédiatement le Verbe *Sum*, se met au même cas que le Nom ou Pronom qui précède le Verbe, et auquel il se rapporte.

Il faut toujours mettre l'Adjectif au neutre pluriel, quand il se trouve dans l'attribut de la phrase après le Verbe *Sum. Labor voluptasque societate quâdam inter se naturali sunt juncta.* Liv.

Remarquez les expressions suivantes où l'Adjectif ne s'accorde pas avec le sujet de la phrase, mais avec *negotium* sous-ent. *Triste lupus stabulis.* Virg. *Cùm omnium rerum mors sit extremum.* Cic.

(f) *Pigrum* est à l'accusatif à cause d'*hominem* sous-entendu. C'est comme si on disait : (*negotium*) est turpe (*hominem*) esse *pigrum.*

Quand on sous-entend le mot chose en français, ou qu'on le supprime en latin, on met l'adjectif au pluriel neutre. *Ex.* Tout, *omnia.* Beaucoup de choses, *multa.* Sous-ent. *negotia.*

Exemples :

Dieu est saint, *Deus est sanctus.*

Je crois que Dieu est saint, *credo Deum esse sanctum.* (En latin on dit, *je crois Dieu être saint*).

Si cependant le Nom qui précède était au Génitif, il faudrait mettre l'Adjectif à l'Accusatif. *Ex.* Il importe à un jeune homme d'être laborieux, *refert adolescentis esse impigrum* (g).

RFMARQUE. On observe la même règle après tout autre Verbe, quand l'Adjectif le suit immédiatement. *Ex.* Le Geai revint tout chagrin, *Graculus rediit mœrens :* Aristide mourut pauvre, *Aristides mortuus est pauper :* Je m'appelle Lion, *ego nominor Leo.*

RÉGIME DES ADJECTIFS.

I.

Adjectifs qui gouvernent le Génitif.

Avidus *laudum.*

RÈGLE. Les Adjectifs *avidus*, avide ; *cupidus*, qui désire ; *studiosus*, qui a du goût pour ; *peritus*, habile dans ; *expers*, qui manque ; *patiens*, qui souffre ; *rudis*, qui ne sait pas ; *memor*, qui se souvient ; *immemor*, qui ne se souvient pas ; *plenus*, plein (h), *etc.*, gouvernent le Génitif.

Exemples :

Avide de louanges, *avidus laudum ;* habile dans la musique, *peritus musicæ ;* plein de vin , *plenus vini.* (On trouve quelquefois *plenus* avec un Ablatif ; *plenus vino*).

(g) *Impigrum* est à l'accusatif, parce qu'il se rapporte à *eum* sous ent. C'est comme si on disait : *refert adolescentis (eum) esse pigrum.*

(h) Ajoutez encore quelques Participes terminés en *ans*, en *ens*, comme : *amans, appetens, diligens,* etc.

Le génitif que gouvernent certains adjectifs et quelques participes, est régi par le mot *ratione* sous–entendu.

Cupidus *videndi*.

Quand les Adjectifs *avide*, etc. sont suivis d'un Infinitif français, on met en latin cet Infinitif au Gérondif en *di*.

Exemples :

Curieux de voir, *cupidus videndi;* de voir la ville, *videndi urbem;* et mieux, *videndæ urbis,* comme nous avons dit plus haut.

II.

Adjectifs qui gouvernent le Génitif ou le Datif.

Similis *patris*, ou *patri*.

Similis, semblable ; par, *æqualis*, égal ; *affinis*, allié, gouvernent le génitif *ou* le datif.

Exemples :

Semblable à son père, *similis patris*, ou *patri;* allié au Roi, *affinis Regis*, ou *Regi.*

III.

Adjectifs qui gouvernent le Datif seulement.

Mihi utile *est*.

Utilis, utile à ; *commodus*, avantageux à ; *infensus, iratus*, irrité contre; *assuetus*, accoutumé à ; *aptus, idoneus*, propre à, gouvernent le Datif.

Exemples :

Cela m'est utile, *id mihi utile est ;* corps accoutumé au travail, *corpus assuetum labori.*

Quand ces Adjectifs sont suivis d'un Infinitif français, on met en latin cet Infinitif au Gérondif en *do*. (Le Gérondif en *do* est ici un véritable Datif).

Exemples :

Corps accoutumé à supporter le travail, *corpus assuetum tolerando laborem*, ou mieux, *tolerando labori*, en se servant du Participe en *dus*, *da*, *dum*, le faisant accorder avec le Nom.

Remarque. Après *aptus*, *idoneus* et *natus*, on peut mettre l'Accusatif avec *ad*. *Ex.* Propre à la guerre, *aptus ad militiam ;* né pour les armes, *natus ad arma.*

IV.

Adjectifs qui gouvernent l'Accusatif avec ad.

Propensus *ad lenitatem.*

Propensus, *pronus*, *proclivis*, porté à.... et tous les adjectifs qui marquent un penchant ou une inclination à quelque chose, gouvernent l'Accusatif avec *ad*.

Exemple :

Porté à la douceur, *propensus ad lenitatem.*

Quand ces Adjectifs sont suivis d'un Infinitif français, on met en latin cet infinitif au Gérondif en *dum*. (Le Gérondif en *dum* est un véritable Accusatif).

Exemples :

Prompt à se mettre en colère, *pronus ad irascendum ;* à venger une injure, *ad ulciscendum injuriam*, et mieux, *ad ulciscendam injuriam.*

V.

Adjectifs qui gouvernent l'Accusatif sans Préposition.

Populabundus *agros.*

Les Adjectifs en *bundus* gouvernent l'Accusatif, quand ils viennent d'un Verbe qui régit ce cas.

Exemple :

Ravageant les campagnes, *populabundus agros.*

VI.

Adjectifs qui gouvernent l'Ablatif.

Præditus, doué de, *dignus*, digne de, *indignus*, indigne de, *contentus*, content de, *etc.*, gouvernent l'Ablatif.

Exemples :

Jeune homme doué de vertu, *adolescens virtute prœditus* : digne de louange, *dignus laude* ; content de son sort, *contentus sua sorte.*

REMARQUE. On trouve quelquefois *dignus* avec le Génitif.

VII.

Mirabile *visu.*

Après les Adjectifs *admirable à, facile à, difficile à,* etc., l'Infinitif français se rend en latin par le Supin en *u.*

Exemples :

Chose admirable à voir, (*tournez*, à être vue), *res visu mirabilis*, ou *mirabile visu.* (Quand on n'exprime pas le mot chose, l'Adjectif se met au neutre).

Chose facile à dire, *res dictu facilis ;* à trouver, *inventu.*

REMARQUE. Si le Verbe latin n'a point de Supin, tournez la phrase de cette manière ; ma leçon est difficile à étudier ; *dites* : il est difficile d'étudier ma leçon, *difficile est studere lectioni meœ.*

SYNTAXE DES COMPARATIFS ET SUPERLATIFS.

I.

Doctior *Petro.*

Après le comparatif exprimé par un seul mot latin, on met le Nom à l'Ablatif en supprimant le *que.*

Exemples :

Plus savant que Pierre, *doctior Petro.*

La vertu est plus précieuse que l'or, *virtus est pretiosior auro.* (On entend *prœ*, en comparaison *de.*

REMARQUE. On peut après le Comparatif, exprimer *que*

par *quàm*, et mettre après, même cas que devant (i).

Exemples :

Paul est plus savant que Pierre, *Paulus est doctior quàm Petrus.*

Je ne connais personne plus savant que Paul, *neminem novi doctiorem quàm Paulum.*

II.

Felicior *quàm prudentior.*

Feliciùs, *quàm prudentiùs.*

Quand après un Comparatif le *que* est suivi d'un Adjectif ou d'un Adverbe, cet Adjectif ou cet Adverbe se met encore au Comparatif, et l'Adjectif se met au même cas que le premier.

Exemples :

Il est plus heureux que prudent, *felicior est quàm prudentior.*

Ils envoyèrent un général plus hardi qu'habile, *miserunt ducem audaciorem quàm peritiorem.*

III.

Magis pius *quàm tu.*

Quand l'Adjectif latin n'a point de Comparatif, on exprime *plus* par *magis*, et alors *que* s'exprime toujours par *quàm*, avec même cas après que devant.

Exemple :

Il est plus pieux que vous, *magis pius est quàm tu.*

REMARQUE. Presque tous les Adjectifs qui finissent par *eus*, *ius*, *uus*, n'ont ni comparatif ni superlatif en latin.

(i) Quand après le *que* qui suit le comparatif, le Nom est précédé d'une préposition, il faut toujours exprimer le *que* par *quàm*. Ex. L'étude m'est plus agréable qu'à votre frère, *studium est mihi jucundius quàm fratri tuo.* Il est plus enclin à la paresse qu'au travail, *propensior est ad pigritiam quàm ad laborem.*

Cette phrase : je vous aime plus que mon frère, présente deux sens. Si elle veut dire : je vous aime plus que mon frère (ne vous aime.), il faudra traduire : *te magis amo quàm frater meus.* Si elle signifie : je vous aime plus que (je n'aime) mon frère, il faut dire : *quàm meum fratrem.* Il faut toujours examiner le sens des phrases semblables, afin de mettre après le *que* le cas qui convient.

IV.

Majori virtute *præditus*.

Quand l'Adjectif français se rend en latin par deux mots (un Adjectif et un Nom), l'on exprime *plus* par *major, majus, moins* par *minor, minus,* que l'on fait accorder avec le Nom.

Exemples :

Plus vertueux, *majori virtute præditus,* et non pas, *magis virtute præditus ;* moins vertueux, *minori virtute præditus.*

V.

Doctior est *quàm putas.*

Si le *que* après le Comparatif est suivi d'un Verbe, on exprime toujours *que*, et l'on met en latin le même temps que dans le français.

Exemples :

Il est plus savant que vous ne pensez, *doctior est quàm putas* (*Ne* qui suit le Comparatif français, ne s'exprime point en latin).

Rien n'est plus honteux que de mentir, *nihil turpius est quàm mentiri.*

SUPERLATIF.

I.

Altissima arborum, ou *ex arboribus,* ou *inter arbores.*

Règle. Le Superlatif veut le Nom *pluriel* qui le suit, au Génitif, ou à l'Ablatif avec *è* ou *ex,* ou à l'Accusatif, avec *inter.*

Exemple :

Le plus haut des arbres, *altissima arborum* (k), ou *ex arboribus,* ou *inter arbores.*

(k) Le génitif *arborum* est gouverné par *è numero* sous-ent. *Altissima* (*è numero*) *arborum.* Cette remarque doit s'appliquer aussi aux deux règles suivantes.

Remarque. Le Superlatif prend le même genre que le Nom pluriel qui le suit : *altissima* est du féminin, parce que son régime *arborum* est du féminin.

Mais si le régime du Superlatif était un Nom *singulier*, le Superlatif ne s'accorderait pas en genre avec ce nom, et alors il ne gouvernerait que le Génitif.

Exemple :

Le plus riche de la ville, *ditissimus urbis ;* (on sous-entend *homo*, c'est-à-dire, l'homme le plus riche de la ville).

II.

Validior *manuum.*

Quand on ne parle que de deux choses, au lieu du Superlatif qui est dans le français, on met le Comparatif en latin.

Exemple :

La plus forte des deux mains, *validior manuum.*

III.

Maximè omnium *conspicuus.*

Quand l'Adjectif latin n'a point de Superlatif, on se sert de *maximè* avec le positif.

Exemple :

Le plus remarquable de tous, *maximè omnium conspicuus.*

Remarque. Les Noms que l'on appelle *Partitifs*, c'est-à-dire, qui marquent la partie d'un plus grand nombre, comme *unus, quis, aliquis, nemo*, etc., gouvernent le même cas que le Superlatif.

Exemple :

Un des soldats, *unus militum,* ou *ex militibus,* ou *inter milites.*

Qui de nous, *quis nostrûm,* et non pas *nostrí ;* qui de vous, *quis vestrûm :* (on ne se sert de *nos-*

trî, vestrî, qu'après un Verbe ou un Nom qui n'est point partitif). ★

SYNTAXE DES VERBES.
Accord du Verbe avec le Nominatif ou Sujet.

I.
Ego *audio.*

RÈGLE. Tout Verbe, quand il n'est pas à l'Infinitif, s'accorde avec son Nominatif en nombre et en personne.

Exemples :

J'écoute, *ego audio ;* vous enseignez, *tu doces ;* il lit, *ille legit.*

. REMARQUE. On sous-entend ordinairement le Pronom nominatif : ainsi l'on dit simplement *audio, doces, legit :* il faut cependant l'exprimer, quand il y a deux Verbes dont le sens est opposé, où quand la phrase contient quelque chose de vif.

Exemples :

Vous riez, et je pleure, *tu rides, ego fleo.*
Vous osez parler ainsi, *tu loqui sic audes.*

I I.
Petrus et Paulus *ludunt.*

RÈGLE. Quand un Verbe a deux Nominatifs singuliers, on met ce Verbe au pluriel, parce que deux singuliers valent un pluriel (I).

Exemples :

Pierre et Paul jouent, *Petrus et Paulus ludunt.*

★ Quand le Superlatif pluriel n'est pas suivi d'un Génitif, il faut ajouter *quisque* au Superlatif latin ; les plus honnêtes gens le favorisent, *optimus quisque illi favet.*

(1) Le Verbe après deux sujets de choses inanimées, peut être mis au singulier comme au pluriel. Ex. : *Beneficium et gratia sunt vincula concordiæ.* Cic. *Societatis humanæ vinculum est ratio et oratio.* Cic. Si parmi les sujets, il y en a un au pluriel, le verbe doit aussi être au pluriel. *Vita, mors, divitiæ, paupertas omnes homines vehementissime permovent.* Cic.

III.

Ego et tu *valemus.*

RÈGLE. Si les Nominatifs d'un même Verbe sont de différentes personnes, le Verbe prend la plus noble des deux personnes ; la première est plus noble que les deux autres, et la seconde est plus noble que la troisième.

Exemples :

Vous et moi nous nous portons bien, *ego et tu valemus.*

Vous et votre frère vous causez, *tu fraterque garritis.*

REMARQUE. En français, la première personne se nomme après les autres ; c'est le contraire en latin.

IV.

Turba *ruit,* ou *ruunt.*

RÈGLE. Quand le Nominatif est un Nom *collectif,* le Verbe peut se mettre au pluriel. (On appelle *Collectif* un Nom qui, quoiqu'au singulier, signifie plusieurs personnes ou plusieurs choses. *Ex.* La foule se précipite, *turba ruit,* ou *ruunt* (m).

RÉGIME DES VERBES.
Verbes qui gouvernent l'Accusatif.

I.

Amo *Deum.*

RÈGLE. Tout Verbe actif gouverne l'Accusatif. (n).

(m) Les exemples suivans appartiennent à cette règle. *Sibi quisque gratulabantur.* Vell. *Quisque,* collectif pour *omnes. Pars in crucem acti, pars bestiis objecti.* Sall. *Pars,* collectif pour *alii,* ou *nonnulli,* de—là vient qu'*acti* et *objecti* sont au masculin pluriel. *Pleraque nobilitas quasi pollui consulatum credebant.* Sall. *Nobilitas,* collectif pour *homines nobiles. Hoc tibi juventus romana indicimus bellum. Juventus romana* pour *nos juvenes romani.*

(n) Avec les verbes *avoir pour, donner, choisir, prendre pour,*

Exemples :

J'aime Dieu, *amo Deum ;* vous instruisez les enfans, *doces pueros ;* il écoute le maître, *audit magistrum.*

II.

Imitor *patrem.*

Plusieurs Verbes déponens ont la force des Verbes actifs, et gouvernent l'Accusatif.

Exemples :

J'imite mon père, *imitor patrem ;* nous admirons
la vertu, *miramur virtutem.*

III.

Musica *me juvat,* ou *delectat.*

Les Verbes *juvat, delectat,* il fait plaisir; *manet,* il
est réservé; *decet,* il convient, et *fugit, fallit, præterit,* employés pour exprimer le Verbe français, *ignorer,*
veulent au Nominatif le Nom de la chose qui fait plaisir, qui
convient, *etc.*, et le nom de la personne à l'Accusatif.

Exemples :

La musique me fait plaisir, *mot-à-mot,* me ré-
jouit, *musica me juvat,* ou *delectat.*

Une gloire éternelle nous est réservée, *mot-à-
mot,* nous attend, *gloria æterna nos manet.*

Quand *attendre* a pour Nominatif un nom de chose,
on l'exprime par *manere ;* quand c'est un nom de personne, par *expectare.*

---

on retranche la préposition *pour,* et on met le nom qui la suit, au
même cas que le premier, c'est-à-dire, à l'accusatif, par la règle *Ludovicus. Rex. Ex.* Epaminondas eut Lysis pour maître de
philosophie. *Epaminondas philosophiæ præceptorem habuit Ly-
sim.* Les Thébains élurent Philippe pour chef, *Thebani Philippum ducem elegerunt.* Philippe donna Aristote pour précepteur à
son fils Alexandre, *Philippus Aristotelem Alexandro filio docto-
rem dedit.*

Nous ignorons bien des choses, *mot-à-mot*, bien des choses nous échappent, nous trompent, nous passent, *multa nos fugiunt, fallunt, prætereunt.*

Vous savez cela, *ou* vous n'ignorez pas cela, *id te non fugit, fallit, præterit.*

Verbes qui gouvernent le Datif.

I.

Studeo *grammaticæ.*

RÈGLE. La plupart des Verbes neutres gouvernent le Datif.

Exemples :

J'étudie la grammaire, *studeo grammaticæ.*
Nous favorisons la noblesse, *favemus nobilitati.*
Il a contenté le maître, *satisfecit præceptori.*

II.

Defuit *officio.*

Les composés du Verbe *Sum*, gouvernent le Datif, excepté *absum*, qui veut l'Ablatif avec *à* ou *ab.*

Exemples :

Il a manqué à son devoir, *defuit officio.*
Il était présent à ce spectacle, *aderat huic spectaculo.*

III.

Les trois Verbes *imminere, impendere, instare*, gouvernent le Datif.

Exemple :

Un grand malheur vous menace, *magna calamitas tibi imminet, impendet, instat.*

REMARQUE. Quand le Verbe *menacer* a pour Nominatif un nom de chose inanimée, c'est-à-dire, sans vie, on l'exprime par *imminere, impendere, instare.*

IV.

I V.

Id mihi *accidit*, *evenit contingit*.

Les Verbes *accidit*, *evenit*, *contingit*, il arrive : *conducit*, *expedit*, il est avantageux ; *placet*, il plaît, etc. ; veulent le Nom de la personne au Datif.

Exemples :

Cela m'est arrivé, *id mihi accidit* ; cela vous est avantageux, *hoc tibi expedit*.

V.

Homo irascitur *mihi*.

Les Verbes déponens *irasci*, se mettre en colère ; *blandiri*, flatter ; *opitulari*, secourir ; *minari*, menacer, etc. gouvernent le Datif.

Exemples :

Cet homme se fâche contre moi, *homo irascitur mihi* ; il me menace, *minatur mihi*.

REMARQUE. Le Verbe *menacer* s'exprime par *minari*, quand il a pour Nominatif un nom de personne.

V I.

Est *mihi* liber.

Quand on se sert du Verbe *sum* pour signifier *avoir*, on met le nom de la personne au Datif.

Exemple :

J'ai un livre, *tournez*, un livre est à moi, *liber est mihi* (o).

V I I.

Hoc erit *tibi dolori*.

Quand on se sert du Verbe *sum* pour signifier *causer*, *apporter*, *procurer*, il gouverne deux Datifs.

(o) Avec l'expression *est mihi nomen* ou *cognomen*, on met le nom propre au nominatif, ou au génitif, ou au datif. *Fons....cui nomen Arethusa est.* Cic. *Nomen mercurii est mihi.* Plaut. *Vindiciæ ipsi nomen fuit.* Liv.

13

Exemple :

Cela vous causera de la douleur : *tournez,* cela sera à douleur à vous, *hoc erit tibi dolori.*

Les Verbes *do, verto, tribuo,* suivent la même règle.

Exemples :

Il m'a fait un crime de ma bonne foi, *crimini dedit mihi meam fidem.*

Blâmer quelqu'un de quelque chose, *vitio vertere aliquid alicui :* c'est-à-dire, tourner quelque chose à défaut à quelqu'un.

Verbes qui gouvernent l'Ablatif.

I.

Abundat *divitiis, nullá re* caret.

RÈGLE. Les Verbes neutres qui signifient *abondance* ou *disette,* gouvernent ordinairement l'Ablatif.

Exemples :

Il regorge de biens, *abundat divitiis.*
Il ne manque de rien, *nullá re caret.*

Le Verbe *gaudere,* se réjouir, gouverne aussi l'Ablatif ; se réjouir du bonheur d'autrui, *gaudere felicitate alienâ.*

II.

Fruor *otio.*

Les sept Verbes déponens qui suivent, et leurs composés, gouvernent l'Ablatif ; *fruor otio,* je jouis du repos ; *fungor officio,* je m'acquitte du devoir ; *potior urbe,* je suis maître de la ville ; *vescor pane,* je me nourris de pain ; *utor libris,* je me sers de livres ; *gloriari alienis bonis,* se glorifier des avantages d'autrui ; *lætor hác re,* je me réjouis de cela.

Verbes qui gouvernent le Génitif.

Le Verbe *misereri,* avoir pitié, gouverne le Génitif.

Exemple :

Ayez pitié des pauvres, *miserere pauperum.*

Oblivisci, oublier ; *recordari, meminisse*, se souvenir, gouvernent le Génitif ou l'Accusatif.

Exemple :

Je me souviens des vivans, et je ne puis oublier les morts, *vivorum memini, nec possum oblivisci mortuorum* (p).

RÉGIME INDIRECT DES VERBES.

Il y a des Verbes qui, outre l'Accusatif que l'on appelle *régime direct*, gouvernent un autre Nom, que l'on appelle leur *régime indirect* ; ce régime indirect des Verbes est marqué en français par *à, au, aux*, ou par *de, du, des*.

I.

Do vestem *pauperi.*

Règle. Les Verbes qui signifient *donner, dire, promettre*, etc. , veulent au Datif leur régime indirect marqué par *à.*

Exemples :

Je donne un habit au pauvre, *do vestem pauperi.*
Dieu promet une vie éternelle au juste, *Deus vitam æternam justo promittit.*

Minari mortem *alicui.*

(*Même Règle*). Les Verbes déponens *minari*, menacer ; *gratulari*, féliciter ; veulent le nom de la chose à l'Accusatif, et le nom de la personne au Datif.

Exemples :

Menacer quelqu'un de la mort ; *tournez*, me-

(p) Le génitif avec *memini, recordari, oblivisci*, est gouverné par les mots *mentionem* ou *cogitationem*, que l'on sous-entend.

nacer la mort à quelqu'un, *minari mortem alicui.*

Féliciter quelqu'un d'une victoire ; *tournez,* complimenter la victoire à quelqu'un, *gratulari victoriam alicui.*

II.

Hæc via ducit *ad virtutem.*

Quand le Verbe signifie quelque mouvement, comme *conduire à...,* ou une inclination vers quelque chose, comme *exhorter à, exciter à,* etc., le régime indirect se met à l'Accusatif avec *ad.*

Exemples :

Ce chemin conduit à la vertu, *hæc via ducit ad virtutem.* Je vous exhorte au travail, *te hortor ad laborem.*

III.

Doceo *pueros grammaticam.*

Les Verbes *docere,* instruire ; *rogare,* prier ; *celare,* cacher ; veulent deux Accusatifs, le nom de la personne et celui de la chose.

Exemple :

J'enseigne la grammaire aux enfans ; *tournez,* j'instruis les enfans sur la grammaire, *doceo pueros grammaticam.*

Remarque. *Grammaticam* est à l'Accusatif à cause d'une préposition sous-entendue, *ad* ou *secundùm* (q).

(q) Les mêmes prépositions se trouvent sous-entendues après quelques verbes passifs suivis d'un accusatif. Ex. *Eruditus græcas litteras.* Cic. *Galeam induitur, cingitur inutile ferrum Priamus.* Virg. Un accusatif après un adjectif est aussi régi par la préposition *ad* ou *secundùm* sous-entendue. Ex. *Omnia Mercurio similis.* Virg. *Cætera prudens et attentus.* Tite-Live.

On trouve avec certains verbes composés deux accusatifs ; mais l'un est régi par le verbe, et l'autre par la préposition dont le verbe est composé. Ex. *Cæsar omnem exercitum pontem transducit.* Cæs. Pour *ducit omnem exercitum trans pontem. Inducere aliquid animum.* Cic. Pour *ducere aliquid in animum. Postquam id animum advertit.* Cæs. Pour *animum vertit ad id.*

I V.

Scribo *ad te*, ou *tibi epistolam*.

Les trois Verbes *scribo*, j'écris ; *mitto*, j'envoie ; *fero*, je porte ; veulent leur régime indirect à l'Accusatif, avec *ad*, ou au Datif.

Exemple :

Je vous écris une lettre, *scribo ad te*, ou *tibi epistolam*.

V.

Accepi litteras *à patre meo*.

Les Verbes *demander, recevoir, emprunter, acheter, espérer, attendre, obtenir*, etc., veulent leur régime indirect à l'Ablatif avec *à* ou *ab*.

Exemples :

J'ai reçu une lettre de mon père, *accepi litteras à patre meo*.

Il a demandé une grâce au Roi, *petivit beneficium à rege*.

Si le régime indirect du Verbe *recevoir* est une chose inanimée, on le met à l'Ablatif avec *è* ou *ex :* on fait de même après les Verbes *allumer à, pendre à, juger à, puiser à*, etc.

Exemples :

J'ai reçu une grande joie de votre lettre, *cepi magnam voluptatem ex tuis litteris*.

Puiser de l'eau à une fontaine, *haurire aquam ex fonte*.

V I.

Id audivi *ex amico*, ou *ab amico meo*.

Les Verbes *audire*, apprendre ; *quærere*, s'informer ; veulent leur régime indirect à l'Ablatif avec *à* ou *ab*, *è* ou *ex ;* mais après *cognoscere*, apprendre, c'est toujours *è* ou *ex*.

Exemples :

J'ai appris cela de mon ami, *id audivi ex* ou *ab amico meo.*

J'ai connu par votre lettre, *ex litteris tuis cognovi.*

VII.
Christus redemit hominem *à morte.*

Les Verbes *délivrer, racheter, éloigner, arracher, ôter, séparer, détourner,* etc., veulent leur régime indirect à l'Ablatif avec *à* ou *ex*, et quelquefois sans préposition.

Exemples :

Jesus-Christ a racheté l'homme de la mort, *Christus redemit hominem à morte.*

Délivrer quelqu'un de la servitude, *eximere aliquem à* ou *ex servitute,* ou *servitute,* sans préposition.

VIII.
Implere dolium *vino.*

Les Verbes d'*abondance,* de *disette* et de *privation* veulent leur régime indirect à l'Ablatif sans préposition.

Exemples :

Emplir un tonneau de vin, *implere dolium vino.*

Combler quelqu'un de bienfaits, *cumulare aliquem beneficiis.*

Priver quelqu'un de secours, *nudare aliquem præsidio.*

IX.
Admonui eum *periculi,* ou *de periculo.*

Les Verbes *avertir, informer,* veulent leur régime indirect marqué par *de,* au Génitif ou à l'Ablatif avec *de.*

Exemples :

Je l'ai averti du danger, *admonui eum periculi,* ou *de periculo.*

Plût à Dieu que j'eusse été informé de votre dessein ! *utinam factus essem tui consilii certior!*

REMARQUE. Avec *moneo*, l'on met bien les Accusatifs neutres, *hoc*, *id*, *illud*, *unum*; je les avertis de cela, *hoc eos moneo*; d'une chose, *unum*.

X.

Insimulare aliquem *furti* ou *furto*.

Les Verbes *accuser, condamner, absoudre, convaincre*, veulent leur régime indirect au Genitif ou à l'Ablatif; mais mieux au Génitif (r).

Exemples :

Accuser quelqu'un de larcin, *insimulare aliquem furti* ou *furto*.

Absoudre quelqu'un d'un crime, *absolvere aliquem criminis* ou *crimine*.

1re REMARQUE. Avec le Verbe *condamner*, le nom de la peine particulière et déterminée, se met à l'Accusatif avec *ad*.

Exemples :

Condamner quelqu'un aux galères, *damnare aliquem ad triremes ;* à tourner la meule, *ad molam*.

2° REMARQUE. Les Verbes *accuser, condamner*, suivis d'un Infinitif, s'expriment *accuser* par *arguere*, et *condamner* par *jubere*, avec l'Infinitif latin.

Exemples :

Il est accusé d'avoir trahi la république, *arguitur prodidisse rempublicam ;* il fut condamné à sortir de la ville; *tournez*, il reçut ordre de sortir de la ville, *jussus est ab urbe discedere* (s).

Deus *amat* virum bonum, *illique* favet.

Quand deux Verbes n'ont qu'un régime en français, et que les Verbes latins gouvernent différens cas, on met le nom au cas du premier Verbe, et l'on se sert d'un des Pro-

---

(r) Avec le génitif on sous-entend *de crimine* ou *de nomine*, et avec l'ablatif, la préposition *de*.

(s) *Traduisez littéralement ;* il fut requis de se retirer de la ville.

noms *is*, *ille*, *ipse*, pour le mettre au cas du second.

Exemples :

Dieu aime et favorise l'homme de bien, *dites*, Dieu aime l'homme de bien, et le favorise, *Deus amat virum bonum, illique favet.*

RÉGIME DES VERBES PASSIFS.

I.

Amor à Deo.

RÈGLE. Le régime du Verbe passif se met à l'Ablatif avec *à* ou *ab*, quand c'est un nom de chose animée.

Exemple :

Je suis aimé de Dieu, *amor à Deo.*

II.

Mœrore conficior.

Quand le régime du Verbe passif est un nom de chose inanimée, on met l'Ablatif sans préposition.

Exemple :

Je suis accablé de chagrin, *mœrore conficior.*

REMARQUE. Avec *probor, improbor, videor*, et les participes en *dus, da, dum*, l'on met mieux le nom au Datif qu'à l'Ablatif. *Ex.* Ce sentiment n'est approuvé ni de lui, ni de nous, *hæc sententia neque nobis, neque illi probatur.* Je dois pratiquer la vertu, *mihi colenda est virtus.*

RÉGIME DES VERBES

PERTINET, ATTINET, SPECTAT.

Hoc *ad me* pertinet.

Les trois Verbes *pertinere*, appartenir; *attinere, spectare*, regarder, avoir rapport à; veulent le nom de la personne à l'Accusatif avec *ad.*

Exemples :

Cela me regarde *ou* m'appartient, *hoc ad me per-*

tinet ou *spectat ; pour ce qui me regarde, quod ad me attinet.*

RÉGIME DES IMPERSONNELS.

POENITET, PUDET, PIGET, etc.

I.

Me pœnitet *culpæ meæ.*

Les cinq Verbes *pœnitet, pudet, piget, tædet, miseret*, veulent à l'Accusatif le nom ou pronom qui précède le Verbe français ; et au génitif, le nom qui le suit (t).

Exemples :

Je me repens de ma faute, *me pœnitet culpæ meæ.* Le Roi a pitié de cet homme, *Regem miseret hominis.*

II.

Incipit *me pœnitere culpæ meæ.*

Tous les Verbes, excepté *volo, nolo, malo, audeo, cupio,* deviennent impersonnels devant *pœnitet, pudet,* etc., c'est-à-dire, qu'on les met à la troisième personne du singulier, et le nom qui les précède se met à l'Accusatif (u).

(t) Ces cinq verbes sont composés de *pœna, pudor, pigritia, tædium, miseria,* et du verbe *tenet.* En décomposant l'exemple *me pœnitet culpæ meæ,* on verra pourquoi le nominatif français est à l'accusatif en latin, et le nom qui suit le verbe au génitif. C'est comme si on disait : *pœna culpæ meæ tenet me.*

Quand ces Verbes ont pour régime un autre Verbe, on le met à l'infinitif. *Ex.* Je n'ai pas honte d'avouer, *non me pudet fateri. Cic.*

(u) En décomposant l'exemple *incipit me pœnitere culpæ meæ* de cette manière : *pœna culpæ meæ incipit tenere me,* on voit aisément pourquoi le verbe *incipit* doit être mis impersonnellement, et le nominatif de la phrase à l'accusatif, Je ne peux pas dire, *pœna culpæ meæ vult tenere me,* le repentir de ma faute veut me tenir, parce que le repentir n'a point de volonté. Il faut dire, *volo pœnitere culpæ meæ.* Je veux que le repentir de ma faute me tienne.

Dans l'exemple suivant: les Israélites ont eu coutume de se repentir, il faut dire : *Israelitas solitum est pœnitere.*

Exemples :

Je commence à me repentir de ma faute, *incipit me pœnitere culpœ meœ.*

Vous devez avoir honte de votre paresse, *debet te pudere tuæ negligentiæ.*

Régime *des Verbes* Refert, Interest, *il importe à, il est important à, il est de l'intérêt de.*

I.

Refert, interest *Regis.*

Les Verbes *refert, interest,* veulent au Génitif le nom qui suit le Verbe français *il importe.*

Exemple :

Il importe au Roi, *Refert* ou *interest Regis.*

Remarque. L'on sous-entend *re* ou *causâ* devant ce Génitif. *Interest* (causâ) *Regis,* il importe pour le Roi.

I I.

Refert, interest *meâ, tuâ, nostrâ, vestrâ, suâ.*

Avec *refert, interest,* ces pronoms, *me, te, nous, vous, lui, leur,* s'expriment par *meâ, tuâ, nostrâ, vestrâ, suâ,* on sous-entend *causâ.*

Exemples :

Il m'importe, *refert, interest meâ* (v): il vous importe, *tuâ :* il nous importe, *nostrâ.*

Le maître croit qu'il lui importe, *en latin on dit :* Le maître croit importer à soi, *magister credit suâ referre.* (On ne met *suâ* que quand lui se rapporte au Nominatif de la phrase; autrement ce serait *ejus*).

III.

Si après *il importe,* ces pronoms *à moi, à toi,* etc.,

(v) C'est-à-dire : (*hoc*) *refert* (*in causâ*) *meâ,* (*hoc*) *interest* (*in causâ*) *meâ.*

sont suivis d'un Adjectif ou d'un Nom, l'on met au Génitif cet Adjectif ou ce nom.

Exemples.

Il importe à vous seul, *interest tuâ unius.*
Il importe à moi César, *refert meâ Cæsaris* (x).

IV.

Ces phrases : il nous importe *à tous deux ;* il vous importe, il leur importe *à tous deux*, se tournent ainsi :

Il importe *à l'un et à l'autre* de nous, de vous,
d'eux, *utriusque nostrûm, vestrûm, illorum interest.*

V.

Lorsque les Verbes *refert*, *interest*, ont pour régime
un Nom de chose inanimée, on met ce Nom à l'Accusatif
avec *ad.*

Exemple :

Il importe à notre honneur, *ad honorem nostrum interest.*

RÉGIME du Verbe impersonnel EST, il appartient à.

I.

Est Regis.

Le Verbe impersonnel *est* veut au Génitif le Nom qui
suit le Verbe français.

Exemple :

Il est d'un Roi, il appartient à un Roi de défendre ses sujets, *est Regis tueri subditos.*

REMARQUE. On sous-entend *negotium* devant ce Géni-

(x) *Interest tuâ unius,* c'est—à—dire, *hoc interest in tuâ causâ*
(*quæ est causa tuï*) *unius. Refert meâ Cæsaris,* c'est-à-dire,
hoc refert in meâ causâ (*quæ est mei Cæsaris.*

tif; c'est comme s'il y avait: *Est negotium Regis*, c'est l'affaire d'un Roi.

II.

Est meum, tuum, nostrum, vestrum, suum.

Quand on se sert du Verbe *est* pour exprimer *il appartient à*, *c'est à*, ces Pronoms, *à moi*, *à toi*, *à nous*, *à vous*, *à lui*, *à eux*, se rendent en latin par *meum*, *tuum*, *nostrum*, *vestrum*, *suum*.

Exemples :

C'est à moi de parler *ou il m'appartient de parler*, *meum est loqui* (sous-entendu *negotium*).

Le maître croit que c'est à lui de.... *ou* qu'il lui appartient de... *tournez*, le maître croit être son affaire, *magister credit suum esse*. (On ne met *suum* que quand *lui* se rapporte au Nominatif de la phrase, autrement ce serait *ejus*).

III.

Mais si ces Pronoms *à moi*, *à toi*, etc., peuvent se tourner par *le mien*, *le tien*, *le nôtre*, *le vôtre*, on les exprime par *meus*, *tuus*, *noster*, *vester*, que l'on fait accorder avec le Nom.

Exemple :

Ce livre est à moi ; *tournez*, ce livre est le mien, *hic liber est meus* (y).

RÉGIME *de l'Impersonnel* OPUS EST, *il est besoin.*

Mihi opus est *amico.*

RÈGLE. Quand on exprime *avoir besoin* par l'imper-

(y) Quand le Verbe *sum* employé personnellement signifie *appartenir*, il gouverne aussi le Génitif. *Ex.* Toute la Syrie et la Phénicie appartenaient aux Macédoniens. *Tota Syria, Phœnice quoque Macedonum erant.* Sous-entendu *sub ditione.*

Le Verbe *fieri* a souvent la même signification, il gouverne le génitif. *Ex.* L'île de Salamine appartint aux Athéniens, ou devint la propriété des Athéniens. *Insula Salamina facta est Atheniensium*, sous-ent. *insula* que l'on répète.

sonnel

sonnel *Opus est*, on met en latin au Datif le Nom ou Pronom qui précède le Verbe français, et à l'Ablatif le Nom qui le suit.

Exemple :

J'ai besoin d'un ami ; *tournez*, besoin est à moi, *mihi opus est amico* (z).

RÉGIME *du Verbe* INTERDICO.

Interdico tibi *domo meâ.*

Le Verbe *interdico* veut le Nom de la personne au Datif, et le Nom de la chose à l'Ablatif.

Exemple :

Je vous interdis ma maison, *interdico tibi domo meâ* (a).

RÉGIME *d'un Verbe sur un autre Verbe.*

I.

Amat *ludere.*

RÈGLE. Quand deux Verbes sont de suite, et que le premier ne marque point de mouvement, on met le second à l'Infinitif.

Exemples :

Il aime à jouer, *amat ludere.*
Il cessa de parler, *desiit loqui.*

I I.

Eo *lusum.*

Si le premier Verbe signifie mouvement pour aller ou venir en quelque lieu, on met le second au Supin en *um.*

(z) *Opus est* s'emploie aussi personnellement ; alors la personne ou la chose dont on a besoin, se met au nominatif. *Amicus mihi opus est. Nobis exempla permulta opus sunt.* Cic.

(a) Littéralement, *dico tibi intervallum à domo meâ.* Je vous prescris un intervalle loin de ma maison.

14

Exemples :

Je vais jouer, *eo lusum.* Je viens jouer, *venio lusum.*

REMARQUE. Quand le second Verbe n'a point de Supin, il faut le tourner par *pour*, et l'exprimer par *ad* avec le Gérondif en *dum ;* ou par *afin que*, et l'exprimer par *ut*, avec le Subjonctif.

Exemples :

Je viens étudier ; *tournez*, pour étudier, *venio ad studendum*, ou afin que j'étudie, *venio ut studeam.* (Le Verbe *studeo* n'a point de supin).

III.

Redeo *ab ambulando.*

Lorsque deux Verbes sont de suite, et que le premier signifie mouvement pour venir de quelque lieu, on met le second au Gérondif en *do*, avec *à* ou *ab*.

Exemple :

Je reviens de me promener, *redeo ab ambulando.*

REMARQUE. Si le second Verbe a un régime, et qu'il gouverne l'Accusatif, il est mieux de se servir du Participe en *dus, da, dum*, et alors on met le Participe et le régime à l'Ablatif avec *à* ou *ab*, en les faisant accorder.

Exemple :

Je revenais de visiter mes terres, *redibam ab agris invisendis.*

IV.

Te hortor *ad legendum.*

RÈGLE. Après les Verbes qui signifient mouvement vers quelque lieu, ou inclination vers quelque chose, comme *pousser à, exhorter à*, etc., on exprime *à* par *ad*, et l'on met le Verbe au Gérondif en *dum.*

Exemples :

Je vous exhorte à lire, *te hortor ad legendum ;* à lire l'histoire, *ad legendam historiam.*

REMARQUE. Si le second Verbe a un régime et qu'il gouverne l'Accusatif, il est mieux de se servir du Participe en *dus, da, dum*, que l'on met à l'Accusatif avec *ad*, en le faisant accorder avec son régime.

Exemple :

Je vous exhorte à lire l'histoire, *te hortor ad legendam historiam.*

V.

Consumit tempus *legendo.*

Quand *à* devant un Infinitif français peut se tourner par *en* et le Participe présent, on met cet Infinitif au Gérondif en *do*, avec ou sans la préposition *in*.

Exemples :

Il passe son temps à lire ; *tournez*, en lisant, *consumit tempus legendo :* à lire l'histoire, *legendo historiam,* et mieux, *in legendâ historiâ.*

V I.

Dedit mihi libros *legendos.*

Quand *à* devant un Infinitif français peut se tourner par *pour* avec l'Infinitif passif, on se sert du Participe en *dus, da, dum*, que l'on fait accorder avec le Nom qui précède.

Exemple :

Il m'a donné des livres à lire, *c'est-à-dire*, pour être lus, *dedit mihi libros legendos.*

V I I.

Vidi eum *ingredientem.*

Après les Verbes *voir, sentir, écouter, entendre, admirer*, l'Infinitif français se met en latin au Participe présent, que l'on fait accorder avec le régime des Verbes *voir, sentir*, etc.

Exemples :

Je l'ai vu entrer ; *tournez*, j'ai vu lui entrant,

vidi eum ingredientem : vous l'entendrez parler, *illum loquentem audies* (b).

SYNTAXE DES PRONOMS.

Accord du Pronom avec l'Antécédent.

I.

Deus *qui* regnat.

Règle. Le Pronom relatif, *qui*, *quæ*, *quod*, s'accorde
en genre et en nombre avec le Nom ou Pronom qui précède, et que l'on nomme Antécédent.

Exemples :

Dieu qui règne, *Deus qui regnat ;* ma mère qui
est malade, *mater mea quæ ægrotat ;* l'animal qui
court, *animal quod currit.*

Il importe à moi qui enseigne, *refert meâ qui doceo ;*
(*meâ* tient lieu du Génitif *mei*) (c).

II.

Pater et mater *quos amo.*

Quand le relatif *qui*, *quæ*, *quod*, a deux antécédens,
on le met au pluriel, et si les antécédens sont de différens
genres, le relatif s'accorde avec le plus noble.

Exemple :

Le père et la mère que j'aime, *pater et mater
quos amo.*

III.

Virtus et vitium *quæ* sunt *contraria.*

(b) Quand les Verbes *voir*, *sentir*, etc., n'ont point de régime, on tourne l'Infinitif suivant par le Passif. *Ex.* Socrate voyant
porter une grande quantité d'or et d'argent ; *tournez*, voyant une
grande quantité d'or et d'argent être portée, *cùm Socrates videret
magnam vim auri atque argenti ferri.*

(c) Le Pronom *qui*, *quæ*, *quod*, est toujours de la même personne que son antécédent, et le Verbe dont il est le sujet, prend
nécessairement la même personne. Ainsi on dit : *Ego qui loquor ;
tu qui Deum amas ; ille* ou *homo qui litteras colit*, etc.

Si les deux antécédens sont des choses inanimées, le relatif se met au pluriel neutre.

Exemple :

La vertu et le vice qui sont opposés, *virtus et vitium quæ sunt contraria* (d).

A QUEL CAS FAUT-IL METTRE LE RELATIF *QUI, QUÆ, QUOD?*

Règle générale. Le relatif se met au cas où l'on mettrait l'Antécédent dont il tient la place : pour le connaître, il n'y a qu'à exprimer cet Antécédent au lieu du Relatif qui le représente.

REGLES PARTICULIÈRES.

I.

Qui *relatif.*

Qui se met au Nominatif, comme on voit par l'exemple, *Deus qui regnat.*

Cependant lorsque le Verbe latin veut à un autre cas le nom qui est au Nominatif en français, alors le *qui* relatif se met au cas que le Verbe latin demande.

Exemples :

L'enfant qui se repent, *puer quem penitet ;* je mets *quem*, parce que les Verbes *pœnitet, pudet, tædet*, etc., veulent à l'Accusatif latin le Nom ou Pronom qui précède le Verbe français *se repentir*, etc.

Le maître qui a besoin, *magister cui opus est :* je mets *cui*, parce qu'avec *opus est*, le Nominatif français se met au Datif en latin : le Roi qui a intérêt, c'est-à-dire, à qui il importe, *Rex cujus interest.*

REMARQUE. Si le *qui* français peut se tourner par *celui que*, mettez-le au cas que gouverne le Verbe précédent.

Exemple :

Envoyez qui vous voudrez ; *tournez, celui que vous*

(d) C'est-à-dire : *Virtus et vitium (negotia) quæ sunt contraria.*

voudrez, *mitte quem voles* (sous-entendu *mittere*).

II.

Que relatif se met toujours au cas du Verbe suivant.

Exemples :

Dieu que j'aime, *Deus quem amo ;* la grammaire que j'étudie, *grammatica cui studeo.*

La grammaire que je veux étudier, *grammatica cui volo studere ;* (*cui*, parce qu'il est régime du second Verbe) (e).

Remarque. Si le *que* relatif est gouverné par deux Verbes qui veulent différens cas, on l'exprime deux fois, et on le met au cas de chaque Verbe.

Exemple :

Les pauvres que nous devons aimer et secourir, *pauperes quos amare et quibus opitulari debemus* *.

Il est élégant de n'exprimer l'antécédent qu'après le *qui* ou *que* relatif, et alors on met l'antécédent au même cas que le cas relatif. *Ex.* La lettre que vous m'avez écrite, m'a été très-agréable. Au lieu de dire : *litteræ quas scripsisti, mihi fuerunt jucundissimæ :* dites, *quas scripsisti litteras, eæ mihi fuerunt jucundissimæ.*

III.

Dont, ou *de qui.*

Dont, *de qui* est toujours gouverné par le mot de la phrase après lequel on peut mettre par interrogation *de*

(e) Quelquefois le Verbe suivant dont dépend le *que*, est sous-entendu : comme, je me servirai du livre que vous voudrez. *Utar libro quo voles*, sous-entendu *me uti.*

* *Qui*, *quæ*, *quod*, entre deux noms auxquels il se rapporte également, s'accorde mieux avec celui qui suit. *Ex.* L'animal que nous appelons lion, *animal quem vocamus leonem.*

N. B. On peut faire rapporter à cette règle les exemples suivans, puisqu'on y fait accorder le participe avec le nom qui suit, et non avec celui qui précède, comme cela devrait être. *Non omnis error stultitia est dicenda.* Cic. Au lieu de *dicendus. Gens universa Veneti adpellati.* Liv. Au lieu de *adpellata.*

qui ? *de quoi* ? ce mot est ou un Nom, ou un Adjectif,
ou un Verbe.

1° Quant *dont* est gouverné par un Nom, il se met
au Génitif.

Exemple :

Dieu dont nous admirons la providence : (on peut
demander *la providence de qui*) ? *Deus cujus pro-
videntiam miramur.*

2° Quand *dont* est gouverné par un Adjectif, il se met
au cas que régit cet adjectif.

Exemple :

La récompense dont vous êtes digne : (on peut
demander *digne de quoi*) ? *merces quâ dignus es.*

3° Quand *dont* est gouverné par un Verbe, il se met
au cas du Verbe.

Exemple :

Les livres dont je me sers, *libri quibus utor.*

I V.

A qui.

A qui se met au cas que demande le Verbe ou
l'Adjectif auquel il se rapporte.

Exemples :

L'homme à qui vous avez rendu service, *homo
cui officium prœstitisti*, ou par un autre cas, *homo
in quem officium contulisti.*
L'enfant à qui cela est utile, *puer cui id utile est.*

V.

Par qui.

Par qui suivi d'un Verbe passif, se met à l'Ablatif
avec *à.*

Exemple :

Romulus par qui Rome fut fondée, *Romulus à
quo Roma condita fuit.*

Par qui signifiant *par le moyen duquel*, s'exprime par *per* avec l'Accusatif.

Exemple :

Celui par qui j'ai obtenu ma grâce, *c'est-à-dire*, par le moyen duquel, *is per quem veniam impetravi.*

PRONOMS *me, te, se, nous, vous, le, la, les, en, y.*

I.

Les Pronoms *me, te, se, nous, vous,* se mettent au cas que gouverne le Verbe ou l'Adjectif auquel ils se rapportent.

Exemples :

Il m'a obéi, *c'est-à-dire*, il a obéi à moi, *mihi paruit.* Je vous ai donné un livre, *c'est-à-dire*, j'ai donné à vous, *tibi dedi librum.* Cela nous sera utile, *id nobis erit utile.* Vous me louez, *me laudas.* Vous me favorisez, *mihi faves.*

I I.

Le, la, les, se mettent toujours au cas du Verbe suivant, et ils s'accordent en genre et en nombre avec le Nom auquel ils se rapportent.

Exemple :

Je vous ai promis un livre, je vous le donnerai, *tibi promisi librum, hunc tibi dabo.*

Si *le* n'est pas précédé d'un nom auquel il se rapporte, on le tourne par *cela*, et on l'exprime par *hoc, id, illud.*

Exemple.

Je ne le ferai pas, *tournez*, je ne ferai pas cela, *hoc non agam.*

I I I.

Lui, leur, se tournent toujours par *à lui, à elle, à eux,* et ils sont gouvernés par un Verbe ou par un Adjectif.

Exemples :

Vous lui direz, *tournez*, vous direz à lui, *dices ei.*

Cela leur est facile, *tournez*, est facile à eux, *id illis facile est.*

IV.

En se tourne par *de lui*, *d'elle*, *d'eux*, *d'elles*, et il est gouverné ou par un Nom, ou par un Adjectif, ou par un Verbe.

Exemples :

J'ai vu votre maison, et j'en ai admiré la beauté, *c'est-à-dire*, la beauté d'elle, *vidi tuam domum, et illius pulchritudinem miratus sum.*

Vous en êtes bien content, *illâ sanè contentus es.*

J'aime cet enfant, et j'en suis aimé, *c'est-à-dire*, je suis aimé de lui, *puerum diligo, et ab eo diligor.*

V.

Y se tourne par *à lui*, *à elle*, *à eux*, *à elles*, et se met au cas du Verbe suivant.

Exemple :

L'affaire est très-importante, j'y donnerai mes soins, *c'est-à-dire*, à elle, *res est gravissima, huic operam dabo.*

Voyez *en*, *y*, dans les Adverbes de lieu.

VI.
SE

1° On exprime SE par *suî*, *sibi*, *se*, en le mettant au cas du Verbe, quand le Nominatif est une chose animée, qui fait sur elle-même l'action que marque le Verbe.

Exemples :

L'orgueilleux se loue: comme c'est l'orgueilleux qui se loue lui-même, dites, *superbus se laudat :* il se flatte, *sibi blanditur.*

2° Si le Pronom *se* a rapport à un Nominatif de chose inanimée, ou même animée, et qui ne fasse pas sur elle-même l'action marquée par le Verbe, on tourne ce Verbe par le Passif.

Exemples :

Ce mot se trouve dans Phèdre, *tournez*, ce mot est trouvé, *vox illa invenitur apud Phædrum*.

Il ne s'ébranle pas de vos menaces, *tournez*, il n'est pas ébranlé, *minis non movetur tuis*.

Remarque. Dans les trois phrases suivantes, les Nominatifs sont regardés comme choses animées.

Le poison se glisse dans les veines, *venenum sese in venas insinuat*. Si l'occasion se présente, *si se dederit occasio*. Si la chose se passe ainsi, *si res ita se habeat*.

3º Quand *se* a rapport à deux Nominatifs qui font l'un sur l'autre l'action que marque le Verbe, on ajoute l'Adverbe *invicem* au Pronom *sui*, *sibi*, *se*, à moins qu'il ne soit gouverné par une Préposition.

Exemples.

Pierre et Paul se louent, *Petrus et Paulus se invicem laudant;* ils se battent, *inter se pugnant*.

Qui *interrogatif.*

Le *Qui* interrogatif n'a point d'antécédent : on le connaît, quand il peut se tourner par *quelle personne ?*

I.

Quis vestrūm, ou *ex vobis*, ou *inter vos ?*

Le *Qui* interrogatif s'exprime par *quis*, *quæ*, *quod*, ou *quisnam*, *quænam*, *quodnam*, et le Nom pluriel qui suit, se met au Génitif ou à l'Ablatif avec *è*, *ex*, ou à l'Accusatif avec *inter* (f).

Exemples :

Qui de vous, *Quis vestrūm*, ou *ex vobis*, ou *inter vos ?*

(f) Les pronoms interrogatifs *quis*, ou *quisnam*, etc. prennent toujours le genre du nom pluriel qui suit. Ainsi en parlant à des femmes, il faudrait *Quæ vestrūm ?* et non pas *quis*, parce que le génitif *vestrūm* se rapporte ici à un nom féminin.

Qui est content de son sort? *Quis suâ sorte con-*
tentus est ?

II.

Uter est doctior, *tu-ne, an frater ?*

Qui des deux, ou *lequel des deux*, s'exprime par
uter, utra, utrum, et les deux Noms qui suivent, se mettent au même cas que *uter ;* on met *ne* après le premier,
et *an* devant le second : le superlatif français se met au
comparatif en latin, (on n'exprime pas la conjonction
française *ou*).

Exemple :

Lequel des deux est le plus savant, de vous ou
de votre frère? *uter est doctior, tu-ne an frater ?*

III.

Qui interrogatif est tantôt le nominatif, tantôt le
régime du Verbe suivant.

1° Il est le Nominatif, quand on peut le tourner par
qui est celui qui.... *Ex.* Qui vous a appelé? *c'est-à-*
dire, qui est celui qui vous a.... *quis te vocavit.*

2° Il est le régime, quand on peut le tourner par *qui*
est celui que..... *Ex.* Qui appelez-vous, *c'est-à-dire*,
qui est celui que vous.... *quem vocas ?*

QUE *interrogatif.*

Le *Que* interrogatif se tourne par *quelle chose*, et il
s'exprime par *quid*, lorsque le Verbe suivant gouverne
l'Accusatif.

Exemple :

Que faites-vous? *tournez*, quelle chose faites-
vous? *Quid agis ?*

Mais si le Verbe suivant gouverne un autre cas, il faut
exprimer le mot *chose*.

Exemple :

Qu'étudiez-vous? *c'est-à-dire*, quelle chose étudiez-vous? *Cui rei studes ?*

Quoi ou *que* au commencement d'une phrase se tourne par *quelle chose*, et s'exprime par *quid* (g). *Ex.* Quoi de plus beau que la vertu ? *Quid virtute pulchrius* ? Que sera-ce, si…. ? *Quid futurum est*, si…. ?

QUEL, QUELLE.

I.

Quel, quelle, s'exprime aussi par *quis, quœ, quod*, ou *quisnam, quœnam, quodnam*, et s'accordent avec le nom suivant en genre, en nombre et en cas.

Exemples :

Quelle mère n'aime pas ses enfans ? *Quœ* ou *quœnam mater liberos suos non amat* ?

Quel avantage y a-t-il dans la vie ? *Quod commodum habet vita* ? ou mieux, *quid commodi habet vita* ? (*Quel*, suivi d'un nom de chose, s'exprime mieux par *quid*, avec le Génitif (h).

(g) *Quoi* ou *que* au commencement d'une phrase ne s'exprime par *quid*, que quand ces mots doivent être en latin au nominatif ou à l'Accusatif. S'ils sont à d'autres cas, il faut y ajouter le mot *chose* de la manière suivante ; gén. de quoi, *cujus rei* ; dat. à quoi, *cui rei* ; abl. de quoi, *quâ re.*

(h) *Quid commodi* est mis pour *quod negotium commodi*. On emploie de même avec le génitif les pronoms *aliquid, hoc, id, illud*, etc., on dit : *aliquid commodi* pour *aliquod commodum ; hoc commodi*, pour *hoc commodum*, etc.

Pour *ea œtas* on dit *id œtatis*, sous-ent. *tempus*, Au lieu de *id tempus*, on dit *id temporis*, sous-ent. *spatium. Id mali, id hominis*, sous-ent. *genus*, etc.

Remarquez les expressions suivantes : quelque chose de bon, de mauvais, de nouveau, de faux, etc. *Aliquid boni, mali, novi, falsi*, etc. Ces adjectifs sont les génitifs des adjectifs neutres, *bonum, malum*, etc., qui sont employés comme noms. Mais on n'emploie pas volontiers de même les adjectifs de la troisième déclinaison. Ainsi, il faudra dire : quelque chose de naturel, d'immortel, de puéril, etc. *Aliquid naturale, immortale, puerile*, etc., et non pas *naturalis*, etc., au génitif.

Cependant il peut arriver qu'après les mots *aliquid, nihil*, etc. on puisse mettre au génitif un adjectif de la troisième déclinai-

II.

II.

Quel, *quelle*, signifiant, *quantième*, s'expriment par *quotus quota*, *quotum*, et l'on répond par le nombre ordinal.

Exemple :

Quelle heure est-il ? sept heures. *Quota hora est ? Septima.*

III.

Quel, *quelle*, quand on peut ajouter le mot *grand*, s'expriment par *quantus*, *quanta*, *quantum*.

Exemple :

Quel malheur nous menace ! c'est-à-dire, quel grand malheur ! *Quanta nobis instat pernicies !*

QUIS TE REDEMIT ? JESUS-CHRISTUS.

RÈGLE. La réponse se met ordinairement au même cas que la demande.

Exemples :

Qui vous a racheté ? Jesus-Christ. *Quis te redemit ? Jesus Christus.*

Qui a pitié des paresseux ? Personne. *Quem miseret pigrorum ? Neminem.*

REMARQUE. Le Verbe de la demande est toujours sous-entendu dans la réponse : ainsi quand on dit : *qui vous a racheté ?* et que l'on répond, *Jesus-Christ*, c'est comme si l'on disait, *Jesus-Christ m'a racheté.*

Cependant avec les impersonnels *est*, *refert*, *interest*, la réponse, quand elle se fait par un Pronom, se met à un autre cas.

Exemples :

A qui importe-t-il ? A moi. *Cujusnam interest ? Meâ.*
A qui appartient-il de parler ? A vous. *Cujus est loqui ? Tuum* (i).

---

son ; c'est quand ces mots en régissent en même temps un de la deuxième. Ex. *Si quidquam in vobis, non dico civilis, sed humani, esset.* Liv. l'uniformité de la construction demande ici *civilis* au génitif, à cause de l'adjectif *humani.*

(i) Quand la demande se fait avec le pronom *cujus, cuja, cu-*

15

OBSERVATION.

Quand on interroge sans négation, on met en latin *an*, ou *nùm* devant le premier mot, ou *ne* après, et la réponse se fait par le Verbe de l'interrogation (k).

Exemples :

Dormez-vous ? *Nùm dormis ?* Non. *Non dormio.* (*Nùm* s'emploie quand la réponse doit être négative).

Avez-vous vu le Roi ? *Vidisti-ne Regem ?* Oui. *Vidi* *.

Si l'interrogation se fait par deux négations, *ne je pas*, *ne tu pas*, etc., on met *an-non* ou *non-ne* devant la premier mot.

Exemple :

N'avez-vous pas vu le Roi ? *An-non*, ou *non-ne vidisti regem ?* Non. *Non vidi.*

Quand on commande, le Verbe se met à l'Impératif.

Exemple :

Laquais, chassez les mouches, *puer, abige muscas.*
Si le Verbe est à la troisième personne, on emploie

---

jum, le nom de la réponse se met au génitif, parce qu'on sous-tend *est*, qui signifie *il appartient.* Ex. *Cujum pecus (hoc est) ?* à qui appartient ce troupeau ? *Melibæi*, à Mélibée.

Si on interroge avec l'adverbe de prix *quanti*, le nom de la réponse se met à l'Ablatif. Ex. Combien a coûté ce livre ? *Quanti constitit hic liber ?* Trois écus, *tribus nummis.* On sous-entend *il a coûté*, verbe qui veut le nom de prix à l'Ablatif, comme on le verra plus loin.

(k) Quand l'interrogation se fait par un *qui* ou *que* ou *quel* interrogatif, ou avec les adverbes interrogatifs *quand, comment, pourquoi*, etc., on n'emploie plus les mots *an, ne*, etc.

On peut encore quelquefois traduire en latin *oui* par *ità, ità est, sanè, etiam, verò*; et *non* par *minimè, nihil minùs, absit.*

Lorsque la conjonction *ou* se trouve dans une phrase interrogative, elle s'exprime en latin par *an*. Ex. Avez-vous lu Virgile ou Horace ? *Utrum legisti Virgilium an Horatium ?* ou *Legisti-ne Virgilium an Horatium ?* ou *Legisti Virgilium an Horatium ?*

* Si l'interrogation tient lieu de *lorsque*, on l'exprime par *quùm*. Avait-il soupé, il s'en allait, *tournez*, lorsqu'il avait soupé, il.... *Quùm cœnaverat, abibat.*

la troisième personne du présent du Subjonctif, et l'on n'exprime pas le *que* français.

Exemple :

Qu'il s'en aille, le traître, *abeat proditor*.

Quand on défend, on met *ne* avec le Subjonctif ou l'Impératif ; ou bien l'on se sert de *noli* pour le singulier, *nolite*, pour le pluriel, avec l'Infinitif.

Exemple :

N'insultez pas les malheureux, *ne insultes*, ou *ne insulta miseris*, ou bien *noli*, *nolite insultare miseris*. (On met *nolite* pour le pluriel).

Lorsque le Verbe est à la troisième personne, on se sert toujours de *ne* avec le Subjonctif.

Exemples :

Qu'il ne dise pas, *ne dicat :* qu'il ne sorte pas de la maison, *domo ne exeat*.

SYNTAXE DES PARTICIPES.

Il y a en latin deux Participes de l'actif, comme *amans*, aimant ; *amaturus*, devant aimer ; deux du passif, comme *amatus*, aimé ; *amandus*, devant être aimé.

Les Participes sont de véritables Adjectifs qui s'accordent en genre, en nombre et en cas avec le Nom auquel ils se rapportent, et de plus ils gouvernent le même cas que les Verbes d'où ils viennent.

I.

Participes joints au Nominatif.

Le Participe qui se rapporte au Nominatif du Verbe, s'accorde avec ce Nominatif en genre, en nombre et en cas.

Exemples :

Un coq cherchant de la nourriture, trouva une perle, *gallus escam quærens, margaritam reperit*.

Cicéron devant prononcer un discours, *Cicero orationem habiturus*.

L'enfant ayant été interrogé, répondit, *puer interrogatus, respondit*.

Devant être interrogé, il craignait, *interrogandus, timebat.*

II.

Participes joints au régime du Verbe.

Le Participe qui se rapporte au régime du Verbe s'accorde avec ce régime en genre, en nombre et en cas. (Le Participe se rapporte ordinairement au régime du Verbe, quand ce régime est un des Pronoms *le, la, les, lui, leur*).

Exemples :

La ville ayant été prise, l'ennemi la pilla : *tournez,* l'ennemi pilla la ville prise, *urbem captam hostis diripuit.*

Les citoyens devant être passés au fil de l'épée, le vainqueur leur pardonna ; *tournez,* le vainqueur pardonna aux citoyens devant être passés.... *Civibus ferro necandis victor pepercit* (l).

III.

Ablatif absolu (m).

Quand le Participe ne se rapporte ni au Nominatif, ni au régime du Verbe, on met à l'Ablatif ce Participe et le nom auquel il est joint, les faisant accorder en genre et en nombre.

(l) On a dû remarquer dans ces exemples que les régimes *le, la, les, lui, leur,* ne s'expriment pas en latin. Mais si le régime du Verbe qui suit le participe était un des pronoms *me, te, nous, vous,* il faudrait les exprimer. *Ex.* Étudiant mes leçons, mon frère m'interrompait ; *tournez,* mon frère interrompait moi étudiant mes leçons. *Me lectionibus meis studentem, interpellabat frater meus.*

Quelquefois le participe se rapporte aux pronoms *son, sa, ses, leur,* qui sont joints au régime du Verbe qui suit ; alors on met au génitif le participe et le nom auquel il est joint, et on n'exprime pas les pronoms *son, sa, ses, leur.* Ex. Notre maître parlant, écoutons ses paroles ; *tournez,* écoutons les paroles de notre maître parlant. *Præceptoris nostri loquentis verba audiamus.* Vos frères étant absens, ayez soin de leurs affaires ; *tournez,* ayez soin des affaires de vos frères absens. *Fratrum tuorum absentium negotia cures.*

(m) Le mot *absolu* vient du Verbe *absolvere,* délier, détacher. Ainsi un *Ablatif absolu* est un participe qui, avec le nom auquel il est joint, est détaché du nominatif et du régime de la phrase, et que l'on met à l'ablatif.

Exemples :

Les parts étant faites, le lion parla ainsi *, *partibus factis, sic locutus est leo.*

La lettre étant déjà écrite, votre esclave est venu, *scriptâ jàm epistolâ, venit puer tuus.* Voyez *Participes français, ci-après,* dans la méthode.

SYNTAXE DES PRÉPOSITIONS.

On a vu dans la première partie, qu'il y a trente Prépositions qui gouvernent l'Accusatif, et quinze qui gouvernent l'Ablatif.

Les Prépositions servent principalement à marquer de quelle manière une chose se fait, en quel lieu, dans quel temps, c'est-à-dire, les différentes circonstances de temps, de lieu, de manière, etc. On sous-entend quelquefois les Prépositions, quoiqu'elles soient toujours la véritable cause du régime. J'indiquerai à la marge les Prépositions sous-entendues.

I.

Noms de matière.

Vas *ex auro.*

Le Nom qui exprime la matière dont une chose est faite, se met à l'Ablatif, avec *è* ou *ex.*

Exemples :

Un vase d'or, *vas ex auro.*

Une statue d'airain, *signum ex ære.* **

* On sous-entend une préposition, *à partibus factis,* après les parts faites.

** On peut aussi du nom de matière faire un adjectif, qui doit s'accorder avec le nom. *Ex.* Un vase d'or, *vas aureum ;* une statue d'airain, *signum æreum* (n).

(n) Mais si le nom de matière était joint à un adjectif, on ne pourrait pas le changer. Ainsi dites : un vase d'or pur, *vas ex auro puro,* et non pas *aureum.*

II.

Noms de mesure, de distance et d'espace.

Velum longum, *tres ulnas* ou *tribus ulnis.*

Le Nom qui marque la mesure ou la distance, se met à l'Accusatif ou à l'Ablatif sans préposition.

Exemples :

* *ad* Un voile long de trois aunes, *velum longum* *
** *ex* *tres ulnas*, ou ** *tribus ulnis.*

Il est éloigné de vingt pas, *abest* ou *distat viginti passibus.*

Si le nom de mesure est précédé d'un comparatif, il se met toujours à l'Ablatif.

Exemple :

Vous n'êtes pas plus grand que moi de deux doigts, *duobus digitis major me non es* (o).

Le lieu précis où une chose est arrivée, se met à l'Ablatif sans préposition, ou à l'Accusatif avec *ad*, et alors on se sert du nombre ordinal, *primus, secundus, tertius,* etc.

Exemple :

Il est tombé à dix pas d'ici, *cecidit decimo ab hinc passu,* ou *ad decimum ab hinc passum.*

III.

Noms de l'instrument, de la cause, de la manière, etc.

Le nom de l'instrument dont on se sert pour faire quelque chose, la cause pourquoi elle se fait, la manière dont elle se fait, et le nom de la partie se mettent à l'Ablatif sans préposition.

(o) Remarquez les phrases suivantes : plus large, plus petit de la moitié. *Latior, minor dimidio.* Plus jeune d'un mois ou de quelques années. *Mense uno* ou *aliquot annis minor.* Coûter la moitié moins *Dimidio minoris constare,* etc.

Exemples :

Frapper de l'épée *ou* avec l'épée , *ferire* ★ *gla-* ★ cum dio (p).

Du Nom de cause.

Il mourut de faim, ★ *fame interiit.* ★ *præ*

Du Nom de manière.

Vous l'emportez en beauté, en grandeur, *vincis formâ, vincis magnitudine.*

Du Nom de la partie.

Je tiens le loup par les oreilles, *teneo lupum auribus.*

IV.

Nom du prix, de la valeur.

Hic liber constat *viginti assibus.*

Le Nom qui marque le prix, la valeur de quelque chose, se met à l'Ablatif sans préposition.

Exemple :

Ce livre coûte vingt sous, *hic liber constat* ★ ★ pro *viginti assibus.*

V.

Noms de temps.

I.

. Veniet *die dominicâ.*

(p) Quand la préposition *avec* ne signifie pas l'instrument, mais la compagnie, on l'exprime toujours en latin. *Exemp.* Un homme surpris avec un poignard, *homo deprehensus cum sicâ.* ; Des hommes placés avec des épées, *cum gladiis homines collocati.*

Quand la préposition *avec* signifie la manière, on peut indifféremment l'exprimer ou la supprimer en latin, lorsqu'elle est devant un nom joint à un adjectif, comme : j'ai lu votre lettre avec un grand plaisir, *magna voluptate,* ou *magnâ cum voluptate legi tuas litteras.* Mais si le nom était sans adjectif, il vaudrait mieux exprimer la préposition *cum. Ex.* Avec plaisir, *cum voluptate,* ou par un adverbe, *libenter.* Avec soin, *cum curâ,* ou par un adverbe, *accuratè* ou *sedulò.*

Si l'on veut marquer quand une chose s'est faite ou se fera, *quandò*, le nom du temps se met à l'Ablatif sans préposition.

Exemple :

* *in*   Il viendra Dimanche, *veniet* ✱ *die dominicâ ;* le mois prochain, *mense proximo ;* à trois heures, *horâ tertiâ.* (A la question *quandò*, l'on se sert du nombre ordinal) (q).

II.

Regnavit *tres annos*, ou *tribus annis*.

Quand on veut marquer combien de temps une chose a duré ou durera, *quandiù*, le nom de temps se met à l'Accusatif ou à l'Ablatif sans préposition, et l'on se sert du nombre cardinal.

Exemple :

* *per*   Il a régné trois ans, *regnavit* ✱ *tres annos* ou
* *in* ✱ *tribus annis.*

III.

Tertium annum regnat.

Quand on veut marquer depuis quel temps une chose se fait, *à quo tempore*, le nom de temps se met à l'Accusatif, et l'on se sert du nombre ordinal ou cardinal.

Exemples :

Il y a trois ans qu'il règne, *tertium annum regnat.* Cic. On dit aussi *à tribus annis.*

Il y a plusieurs années que je suis lié avec votre père, *multos annos utor familiariter patre tuo.*

Si le temps est passé, et qu'il ne dure plus, on met le nom de temps à l'Accusatif ou à l'Ablatif avec *abhinc*, et l'on se sert du nombre cardinal.

(q) Quand on cite la date d'un mois, comme le 12 juillet, il faut toujours mettre le nom du mois au génitif en latin, et ajouter le mot *jour* à la date. C'est comme si l'on disait ; le douzième jour de juillet, *Die duodecimâ julii.*

Exemple :

Il y a trois ans qu'il est mort, * *tribus abhinc* * à
annis, ou * *tres abhinc annos mortuus est.*   * *ante*

IV.

Id fecit *intrà tres dies.*

Quand on veut marquer en quel espace de temps une
chose s'est faite ou se fera, *quanto tempore*, le nom de
temps se met à l'Accusatif avec *intrà.*

Exemple :

Dieu a créé le monde en six jours, *Deus mundum creavit intrà sex dies.*

Dans suivi d'un nom de temps, s'exprime par *post*
avec l'Accusatif, quand il peut se tourner par *après.*

Exemple :

Je partirai dans trois jours, c'est-à-dire, après
trois jours, *post tres dies proficiscar.*

Noms de lieu.

Il y a quatre questions de lieu : *ubi*, où l'on est ; *quò*,
où l'on va ; *undè*, d'où l'on vient ; *quà*, par où l'on passe.

I.

Question *UBI.*

Quand on marque le lieu où l'on est, où l'on fait
quelque chose, c'est la question *ubi.*

Sum in Galliâ ; in urbe.

1° A la question *ubi*, le nom de lieu se met à l'A-
blatif avec *in.*

Exemples :

Je suis en France, *sum in Galliâ* ; dans la ville,
in urbe.

Il se promène dans le jardin, *ambulat in horto.*
(On met *horto* à l'Ablatif, parce qu'il ne sort pas
du lieu).

Natus est *Avenione*, *Athenis*.

2° On sous-entend la préposition, quand c'est un nom propre de ville.

Exemples :

Il est né à Avignon, *natus est Avenione ;* à Athènes, *Athenis*.

Habitat *Lugduni*, *Romæ*.

3° Si le nom propre de ville est au singulier, et de la première ou seconde déclinaison, on le met au génitif, (parce qu'on sous-entend *in urbe*) (r).

Exemples :

Il demeure à Lyon, *habitat Lugduni ;* à Rome, *Romæ*.

Les noms *domus*, *humus*, se mettent aussi au génitif, *domi*, *humi....* Est-il à la maison? *Est-ne domi ?* On dit aussi *militiæ*, *belli*, en temps de guerre, (sous-ent. *tempore*) (s).

Cœnabam *apud patrem*.

4° Le nom de la personne se met à l'Accusatif avec *apud*.

Exemple :

Je soupais chez mon père, *cœnabam apud patrem*.

(r) Les Latins mettaient quelquefois le génitif après les mots *urbs*, *oppidum*, *flumen*. On trouve dans Cicéron, *in oppido Antiochiæ* ; dans Virgile, *urbs Patavini*, *amnis Eridani*.
On trouve aussi les noms d'île au génitif à la question *ubi*. *Ex.* Conon a passé la plus grande partie de sa vie dans l'île de Chypre, *Conon plurimum Cypri vixit*. (Corn. N.) Sous-ent. *in insulâ*.
(s) Chez moi, chez toi, chez lui, etc., à la question *ubi*, se traduisent en latin par *domi*. Quand le sens le demande, on y ajoute les pronoms possessifs, *meus*, *tuus*, etc., que l'on fait accorder avec *domi*. *Ex.* J'étais chez moi, *eram domi*. Il était chez moi, *erat domi meæ*.

II.

QUESTION *Quò.*

La question *quò* se connaît lorsque le Verbe signifie mouvement pour aller, venir en quelque lieu, partir pour quelque lieu.

Eo *in Galliam, in urbem.*

1° A la question *quò*, le nom du lieu où l'on va.... se met à l'accusatif avec *in*, quand on entre dans le lieu, et *ad*, quand on ne va qu'auprès.

Exemples :

Je vais en France, *eo in Galliam ;* à la ville, *in urbem.*

Ils vinrent au même ruisseau, *venerunt ad eumdem rivum.*

Ibo *Lutetiam, Lugdunum.*

2° On sous-entend la préposition, quand c'est un nom propre de ville, et devant *rus, domum* (t).

Exemples :

J'irai à Paris, *ibo Lutetiam ;* à Lyon, *Lugdunum.*

Je vais à la campagne, *eo rus ;* à la maison, *eo domum* (u).

Si l'on se sert du Verbe *petere* pour exprimer *aller*, on met toujours le nom de lieu à l'Accusatif sans préposition. Je vais au Lycée, *peto Lyceum.*

Eo *ad patrem, ad sacram concionem.*

3° Le nom de la personne et celui de la chose se mettent à l'Accusatif avec *ad*.

(t) Quelquefois on supprime aussi la préposition *in* devant les noms propres d'île, parce qu'on sous-ent. *in insulam. Ex.* Lycurgue partit pour l'île de Crète. *Lycurgus Cretam profectus est.*

(u) Je viens chez moi, *venio domum.* Il vient chez moi, *venit domum meam.*

Exemple :

Je vais chez mon père, *eo ad patrem ;* au ser—
mon, *ad sacram concionem.*

III.
QUESTION *UNDÈ.*

La question *undè* se connaît lorsque le Verbe signifie
mouvement pour partir, ou venir de quelque lieu.

Redeo *ex Gallià, ex urbe.*

1º A la question *undè*, le nom du lieu d'où l'on part;
d'où l'on vient, se met à l'ablatif avec *è* ou *ex*.

Exemple :

Je reviens de la France, *redeo ex Gallià ;* de la
ville, *ex urbe.*

Il est sorti de sa chambre, *egressus est è cubiculo.*

Redeo *Lugduno, Romá.*

2º On sous-entend la préposition quand c'est un nom
propre de ville, et devant *rure, domo.*

Exemples :

Je reviens de Lyon, *redeo Lugduno ;* de Rome,
Romá ; de la campagne, *rure ;* de la maison, *do—
mo* (v).

Venio *à patre, à venatione.*

3º Le nom de la personne et celui de la chose se met•
tent à l'Ablatif avec *à* ou *ab*.

Exemple :

Je viens de chez mon père, *venio à patre ;* de la
chasse, *à venatione.*

IV.
QUESTION *Quà.*

Quand on marque le lieu par où l'on passe, c'est la
question *quà.*

(v) Je sors de chez moi, *exeo domo.* Je sors de chez vous,
exeo domo tuá.

Iter

Iter feci *per Galliam, per Lugdunum.*

A la question *quà*, tous les noms des lieux par où l'on passe, se mettent à l'Accusatif avec *per* (x).

Exemples :

J'ai passé par la France, *iter feci per Galliam ;* par Lyon, *per Lugdunum*.

Quand on se sert de *transire*, Verbe composé de *ire*, aller, et *trans*, au-delà, on met l'Accusatif sans la préposition *per* ; il passa par la ville, *transiit urbem*.

Iter faciam *per domum avunculi mei.*

Par chez avec un nom de personne, se tourne ainsi: par la maison de, et se dit en latin *per domum*.

Exemple :

Je passerai par chez mon oncle, *iter faciam per domum avunculi mei* ; y).

REMARQUE. Quand après un nom propre de ville, se trouve le nom commun *ville, endroit,* on met d'abord le nom propre au cas marqué dans chaque question, mais on exprime la préposition devant le nom commun.

Exemples :

Ils s'arrêtèrent à Corinthe, lieu célèbre, *constiterunt Corinthi, in loco nobili.*

Je vais à Rome, ville d'Italie, *eo Romam, in urbem Italiæ.*

Je reviens de Lyon, ville de France, *redeo Lugduno, ex urbe Galliæ.*

Si le nom commun, *ville,* est devant le nom propre, il faut exprimer la préposition, et mettre le Nom propre au cas de la préposition.

(x) Au lieu de l'accusatif avec *per*, les Latins se sont servis quelquefois de l'ablatif. On trouve dans Cicéron, *totâ Româ, totâ Asiâ vagatur.* Dans Horace, *ibam fortè viâ sacrâ.*

(y) Je passerai par chez vous, *iter faciam per domum tuam.* Je passerai par chez moi, *iter faciam per domum meam.*

Exemple :

Il demeure dans la ville de Lyon, *habitat in urb...*
Lugduno.

Domus et *rus*, suivi d'un Génitif ou d'un Adjectif
prennent la préposition. Il demeure dans la maison d...
César, dans une campagne agréable, *habitat in dom...*
Cæsaris, in rure amœno (z).

ADVERBES DE LIEU.

QUESTION. *Ubi.*	QUESTION. *Quò.*	QUESTION. *Undè.*	QUESTION. *Quà.*
Où *ubi.*	Où, *quò.*	D'où, *undè.*	Par où, *quà.*
Ici où je suis, *hic.*	Ici où je suis, *hùc.*	D'ici où je suis, *hinc.*	Par ici où je suis, *hàc.*
Là où tu es, *istic.*	Là où tu es, *istùc.*	De-là où tu es, *istinc.*	Par—là où tu es, *istàc.*
Là où il est, *illic.*	Là où il est, *illùc.*	De—là où il est, *illinc.*	Par—là où il est, *illàc.*
Là, y, *ibi.*	Là, y, *eò.*	De-là, en, *indè.*	Par-là, y, *eà.*
Ailleurs, *alibi.*	Ailleurs, *aliò.*	Dequelquepart, *alicundè.*	Parquelqu'en-droit, *aliquà.*
Quelque part, *alicubi, uspiam.*	Quelque part, *quòpiam.*	De quelqu'en-droit que ce soit, *undè-cumque.*	Parquelqu'en-droit que ce soit, *quà-cumque.*
Par—tout où, en quelque lieu que ce soit, *ubicumque.*	Par—tout où, en quelque lieu que ce soit, *quòcumque.*		
Là même, *ibidem.*	Là même, *eòdem.*	Du même lieu, *indidem.*	Par le même lieu, *càdem.*
Nulle part, *nusquàm.*	Nulle part, *nusquàm.*		
Dehors, *foris.*	Dehors, *foràs.*		
Dedans, *intùs.*	Dedans, *intrò.*		

(z) On trouve dans les auteurs latins *domi* joint aux pronom...
possessifs *meæ*, *tuæ*, *suæ*, *nostræ*, *vestræ*. Ex. *Nonne mavi...*
sine periculo domi tuæ esse ? (Cic.) *Domi suæ senex mortuus es...*
(Cic.) Mais quand on se sert d'*ejus* on met *in domo*. Ex. *In dom...*
ejus reperta est. (Corn. N.) On lit dans Cicéron : *domum meam...*
domum suam. On y voit aussi la préposition *in. Luculli Archia...*
in domum suam receperunt (Cic.)

SYNTAXE DES ADVERBES.

RÉGIME.

Les Adverbes de quantité gouvernent le Génitif.

Exemples :

Peu de vin , *parùm vini.*
Beaucoup d'eau , *multùm aquæ.*
Plus de forces, *plùs virium.*
Moins de vertu , *minùs virtutis.*
Assez de paroles , *satis verborum.*
Trop de pièges , *nimis insidiarum.*

Les Adverbes de temps et de lieu gouvernent le génitif.

Exemples :

En quel lieu du monde ? *Ubi terrarum ?*
Nulle part, en aucun lieu du monde, *nusquàm gentium.*
Pridiè, la veille ; *postridiè*, le lendemain , veulent le génitif ou l'accusatif.

Exemples :

Le jour de devant les Calendes , *pridiè Calendarum* ou *Calendas.* (On sous-entend *antè* devant *Calendas*).
Le jour d'après les Ides , *postridiè Iduûm* ou *Idus.* (sous-entendu *post* devant *Idus*).
En, ecce, voici, voilà, veulent après eux le nominatif ou l'accusatif : voici, voilà le loup, *en, ecce lupus*, (sous-entendu *adest*) ; *en, ecce lupum*, sous-entendu *aspice*).
Ergò, employé pour *causâ*, veut le génitif, et se met après son régime ; à cause de lui, ou pour l'amour de lui, *illius ergò.*
Instar, comme, veut le génitif, et se met après son régime : comme une montagne, *montis instar.*
Obviàm, au-devant, veut le datif ; aller au-devant de quelqu'un, *ire obviàm alicui.*

SYNTAXE DES CONJONCTIONS.
RÉGIME.

Parmi les Conjonctions, les unes gouvernent le Sub-jonctif, les autres gouvernent l'Indicatif. Voici celles dont l'usage est le plus fréquent.

Quùm, signifiant *lorsque*, ne veut le Subjonctif que devant l'Imparfait (a).

Exemple :

Lorsque la ville d'Athènes florissait, *quùm Athe-næ florerent.*

Quùm signifiant *puisque*, *vu que*, *comme*, régit tou-jours le Subjonctif.

Exemples :

Puisque vous le voulez, *quùm id velis.*
Puisque vous l'avez voulu, *quùm id volueris.*

Dùm, signifiant *tandis que*, ne veut le Subjonctif que devant l'Imparfait.

Exemple :

Tandis qu'un chien portait de la chair, *dùm canis ferret carnem.*

Dùm, signifiant *pourvu que*, *jusqu'à ce que*, veut toujours le Subjonctif.

Exemple :

Pourvu que je porte mon bât, *clitellas dùm portem meas.*

Si régit le Subjonctif devant l'Imparfait et le Plus-que-parfait (b).

(a) Quand la conjonction *cùm* marque une circonstance de temps, on met l'Imparfait ou le plus-que-parfait qui suit, aussi bien à l'Indicatif qu'au Subjonctif. *Ex. Cùm Collatino collegæ Brutus imperium abrogabat.* (Cic.) *Fuit quoddam tempus, cùm in agris homines passim bestiarum more vagabantur* (Id.) *Anti-gonus cùm adversùs Seleucum Lysimachumque dimicaret.* (C.N.) *Alexander cùm interemisset Clitum, familiarem suum, vix à se manus abstinuit* (Cic.).

(b) *Si*, devant le présent de l'Indicatif français, veut aussi l'In-

Exemple :

Si tu le faisais, si tu l'avais fait à cause de moi,
id si faceres, si fecisses causâ meâ.

REMARQUE. Quand après *si*, il y a un second Verbe
au Futur, on met bien le premier Verbe au même Futur.

Exemples :

Si vous venez, vous me ferez plaisir, *si veneris,
pergratum mihi feceris.*

Si vous lisez ce livre, j'en serai charmé, *quem librum si leges, lætabor.*

Ut, signifiant *afin que*, *pour*, gouverne toujours le
Subjonctif : *Exemp.* Afin que je repose pendant le jour,
luce ut quiescam.

Ut, signifiant *comme*, *de même que*, veut l'Indicatif.
Exemp. Comme l'on dit, *ut aiunt.*

Ut, signifiant *aussitôt que*, *dès que*, veut l'Indicatif.
Exemp. Dès que je fus sorti de la ville, *ut ab urbe
discessi.* Voyez *Conjonctions françaises*, ci-après, dans
la méthode.

---

dicatif en latin quand on parle d'une chose comme assurée. *Ex.*
Si la vie heureuse peut être perdue, elle ne peut être heureuse,
si amitti vita beata potest, beata esse non potest. (Cic.) Si une
bonne réputation l'emporte sur les richesses, combien plus la
gloire est-elle à désirer? *Si bona existimatio divitiis præstat,
quantò gloria magis est expetenda!* (Id.)
Mais si on parle d'une chose incertaine et conditionnelle, on
emploie le Subjonctif. *Ex.* Si on demande, *si quis quærat.* Si
la patrie vous dit ces choses, *hæc si tecum patria loquatur.* Le
sage ne balance pas de sortir de cette vie, si cela est meilleur,
sapiens non dubitat. si ita melius sit, migrare de vitâ (Cic.)

TROISIÈME PARTIE.

MÉTHODE ou MANIÈRE de rendre en latin les *Gallicismes* (c), qui se rencontrent le plus fréquemment.

Les différences qui se trouvent entre les deux langues, relativement aux noms et aux Adjectifs, sont indiquées dans le Dictionnaire : il suffit d'avertir les enfans de faire attention au genre de chaque Nom latin : ils doivent aussi, quand ils cherchent un Verbe, remarquer s'il est actif, neutre ou déponent.

CHAPITRE PREMIER.
DES VERBES.

Verbes à l'Indicatif ou *au Subjonctif en français, qu'il faut tourner par l'Infinitif en latin, ou que retranché.*

ON appelle *que retranché* celui qui, étant entre deux Verbes français, ne peut pas se tourner par *lequel, laquelle*, et qui ne s'exprime point en latin.

Je crois que vous pleurez, *tournez*, je crois vous pleurer.

RÈGLE. Après les Verbes *croire, savoir, assurer, être persuadé, prétendre, promettre, espérer*, etc., on n'exprime pas *que* ; mais on met à l'Accusatif le Nom ou Pronom qui suit, et le second Verbe à l'Infinitif latin (d).

(c) Un gallicisme est une construction de phrase propre à la langue française.

(d) On retranche aussi *que* après les expressions suivantes : *il est vrai, il est certain, il est évident, il est probable*, etc., et

Exemple :

Je crois que vous pleurez, *credo te flere.*

Quand le *que retranché* est suivi d'une phrase *incidente*, ce n'est pas le Verbe de la phrase incidente qui se met à l'Infinitif, mais c'est l'autre Verbe qui est ordinairement le dernier. *Exemp.* Soyez persuadé qu'un enfant (qui honore ses parens) sera aimé de Dieu : *persuasum habeto puerum (qui parentes veretur), à Deo amatum iri.* On appelle *phrase incidente* celle qui est jointe à une autre par un de ces mots *qui, pour, si,* etc.

A quel temps de l'Infinitif latin faut-il mettre le Verbe français qui suit le *que* retranché ? ⋆

⋆ *Règle générale.*

Comparez les temps que marquent les deux Verbes.

1º Si les deux actions exprimées par les deux Verbes, se font ou ont été faites, dans le même temps, mettez le second Verbe français au présent de l'Infinitif latin.

2º Si l'action du second Verbe était déjà faite dans le temps que marque le premier Verbe, mettez le Parfait de l'Infinitif.

3º Si l'action du second Verbe était encore à faire dans le temps du premier Verbe, mettez le Futur de l'Infinitif.

RÈGLES PARTICULIÈRES.

I.

Temps du Verbe français qu'il faut mettre au Présent de l'Infinitif latin.

1º Mettez au présent de l'Infinitif le présent de l'Indicatif français.

Exemple :

Je crois qu'il lit, *credo illum legere.*

2º Mettez au présent de l'infinitif l'Imparfait de l'Indicatif, quand le premier Verbe est à l'un des trois Parfaits.

---

en général après tous les Verbes qui ne doivent pas être suivis en latin des conjonctions *ut, ne, quin, an, utrùm,* etc., dont on verra les règles plus loin.

Exemple :

Je croyais, j'ai cru, j'avais cru qu'il lisait, *cre-debam, credidi, credideram illum legere.* ✳

✳ Si cependant le second Verbe marque un temps plus ancien que le premier, mettez ce second Verbe au Parfait de l'Infinitif latin. *Ex.* Je vous ai dit que Phèdre était esclave : *tibi dixi Phædrum fuisse servum.*

3º Mettez encore au présent de l'Infinitif le présent du Subjonctif, quand on peut le tourner par le présent de l'Indicatif, en transportant la négation du premier Verbe au second.

Exemple :

Je ne crois pas qu'il lise ; *on peut tourner*, je crois qu'il ne lit pas, *non credo illum legere.*

II.

Après un que retranché, mettez au Parfait de l'Infinitif les trois temps suivans :

1º Le Parfait et le Plusque-parfait de l'Indicatif français.

Exemple :

Je crois qu'il a lu, qu'il avait lu, *credo illum legisse* (e).

2º L'Imparfait de l'Indicatif, quand le premier Verbe est au présent ou au Futur.

Exemple :

Je crois, je croirai qu'il lisait, *credo, credam illum legisse.*

(e) Quand, après un *que* retranché on doit se servir du parfait de l'Infinitif passif, il faut toujours le faire accorder en genre, en nombre et en cas avec le nom ou pronom précédent que l'on met à l'Accusatif. *Ex.* Je crois que ma sœur a été aimée, *credo sororem meam amatam esse ;* que mes sœurs ont été aimées, *meas sorores amatas esse,* etc.

Il sera bon de proposer ainsi aux Elèves différens exemples passifs sur toutes les règles du *que* retranché.

3º Le Futur passé et le Parfait du Subjonctif, quand on peut les tourner par le Parfait de l'Indicatif.

Exemples :

Je crois qu'il aura déjà dîné ; *tournez*, je crois qu'il a déjà dîné, *credo illum jam prandisse.*

Je ne crois pas qu'il ait encore dîné ; *tournez*, je crois qu'il n'a pas encore dîné, *non credo illum jam prandisse.*

III.

Après un que retranché, mettez au Futur de l'Infinitif latin les trois temps suivans :

1º Le futur de l'Indicatif français.

Exemple :

Je crois qu'il viendra demain, *credo illum cras venturum esse* (f).

2º Le Présent du Subjonctif, quand on peut le tourner par le Futur de l'Indicatif, en transportant la négation du premier Verbe au second.

Exemple :

Je ne crois pas qu'il vienne demain ; *on peut tourner*, je crois qu'il ne viendra pas demain, *non credo illum cras venturum esse.*

3º L'imparfait du Subjonctif terminé en *rais.*

Exemple :

Je croyais qu'il viendrait demain, *putabam eum cras venturum esse.*

(f) Les deux Futurs de l'Infinitif s'accordent en genre, en nombre et en cas avec le Nom ou pronom qui les précède, excepté le Futur de l'Infinitif passif en *um iri*, parce qu'il est indéclinable. *Ex.* Je crois qu'ils viendront, *credo eos venturos esse*; qu'elle viendra, *eam venturam esse*: qu'ils seront aimés, *eos amatum iri*, ou *amandos esse*; qu'elles seront aimées, *eas amatum iri*, ou *amandas esse.*

IV.

Après un que *retranché, mettez au Futur passé
de l'Infinitif latin :*

Le Plusque-parfait du Subjonctif français.

Exemple :

Je crois qu'il serait venu si... *credo illum venturum fuisse si...*

Cependant s'il peut se tourner par le Plusque-parfait
de l'Indicatif, mettez-le au Parfait de l'Infinitif. *Exemp.*
Je ne savais pas que vous fussiez arrivé, *nesciebam te
advenisse.*

REMARQUE. L'Imparfait du Subjonctif terminé en *asse,
insse, isse, usse,* se tourne quelquefois par l'Imparfait
de l'Indicatif, et alors il en suit la règle.

Exemples :

Je ne croyais pas, je n'ai pas cru, je n'avais pas
cru que vous fussiez malade ; *tournez,* que vous
étiez... *non credebam, non credidi, non credideram te ægrotare.* (Je mets le présent *ægrotare,*
parce que le premier Verbe est à l'un des trois
Parfaits).

Je ne crois pas, je ne croirai pas que vous fussiez malade ; *tournez,* que vous étiez, *non credo,
non credam te ægrotavisse.* (Je mets le Parfait de
l'Infinitif, parce que le premier Verbe est au Présent ou au Futur).

Quelquefois l'Imparfait en *asse, insse...* se tourne par
le Futur de l'Indicatif, et alors il suit la rège du Futur.

Exemple :

Si je croyais que vous vinssiez bientôt, je vous
attendrais ; *tournez,* que vous viendrez, *si putarem
te brevi venturum esse, te expectarem.*

PREMIÈRE OBSERVATION.

Lorsqu'après un *que* retranché, on doit mettre le

Verbe à l'un des deux Futurs de l'Infinitif, et que le
Verbe latin n'en a point :

1° Exprimez le Futur de l'Indicatif et le présent du
Subjonctif français par *fore ut*, ou *futurum esse ut*, avec
le Présent du Subjonctif latin.

Exemple :

Je crois que vous vous repentirez , *credo fore
ut te pœniteat* (g).

2° Exprimez l'Imparfait du Subjonctif français par
fore ut, avec l'Imparfait du Subjonctif latin.

Exemple :

Je croyais que vous vous repentiriez, *credebam
fore ut te pœniteret.*

3° Exprimez le Plusque-parfait du Subjonctif français
par *futurum fuisse ut*, avec l'Imparfait du Subjonctif
latin.

Exemple :

Je croyais que vous vous seriez repenti , *credebam futurum fuisse ut te pœniteret.*

On se sert encore de *fore ut*, avec le Parfait du Subjonctif, pour exprimer le Futur passé et le Parfait du
Subjonctif, quand ils marquent l'avenir.

(g) *Fore ut*, ou *futurum esse ut*, veut dire mot-à-mot *qu'il
arrivera que.* L'exemple *credo fore ut te pœniteat*, signifie littéralement : je crois qu'il arrivera que vous vous repentiez. Remarquez qu'en se servant de *fore ut*, le nominatif du Verbe qui suit
le *que*, ne doit plus être à l'Accusatif. S'il y est dans l'exemple
précédent, c'est à cause du Verbe *pœnitet*, qui veut son nominatif à l'Accusatif. Ainsi dans la phrase suivante : je crois que
mon frère étudiera , dites : *credo fore ut frater meus studeat.*

Les Latins se servent aussi quelquefois de *fore ut*, quoique
le Verbe ait un Futur de l'Infinitif. Ex. *Persuasum est fore ali-
quando ut omnis hic mundus ardore deflagret*, pour *mundum
deflagraturum esse.* (Cic.) *Valdè suspicor fore ut infringatur
hominum improbitas.* (Id.) *Exaudita est vox futurum esse ut
Roma caperetur.* (Id.)

Exemples :

Vous croyez qu'il aura bientôt terminé cette affaire, *credis fore ut brevi illud negotium confecerit.*

Je ne crois pas qu'il ait sitôt terminé cette affaire, *non credo fore ut tam citò illud negotium confecerit.*

SECONDE OBSERVATION.

Quand les Verbes *croire, espérer, promettre, menacer, se souvenir*, etc., sont suivis d'un Infinitif français, tournez la phrase de manière qu'il y ait un *que* entre les deux Verbes, et alors vous suivrez la règle du *que* retranché (h).

Exemples :

Je crois avoir lu ; *tournez*, que j'ai lu, *credo me legisse.*

Vous croyez être heureux ; *tournez*, que vous êtes heureux, *credis te esse beatum.*

Il espère partir bientôt ; *tournez*, qu'il partira bientôt, *sperat se brevi profecturum.*

Je me souviens d'avoir lu ; *tournez*, que j'ai lu, *memini me legere*, (après *memini* on met mieux le Présent que le Parfait de l'Infinitif). *

* *Il faut éviter dans les matières de composition que l'on donne aux enfans, ces locutions :* je crois qu'il part demain, *pour*, qu'il partira : je croyais que vous partiez demain, *pour*, que vous partiriez : je dirai que vous serez sage, *pour*, que vous êtes sage ; je n'aurais pas cru que vous fussiez devenu aussi savant, *pour*, que vous deviendriez. *Le bon sens leur indiquera dans la suite la véritable valeur de ces temps, beaucoup mieux que toutes nos règles.*

VERBES après lesquels le QUE *ou* DE *français se rend en latin par plusieurs Conjonctions.*

Conseiller de , *suadere ut.*

(h) Observez que, dans cette tournure, les pronoms *il, elle, ils, elles,* qui se trouvent après le *que*, s'expriment toujours en latin par le pronom *se*, qui est de tout genre et de tout nombre.

Conseiller

Conseiller de ne pas, *suadere ne.*

RÈGLE. Après les Verbes *conseiller*, *persuader*, *sou-haiter*, *faire en sorte*, *commander*, *prier*, *avoir soin*, *il faut*, *il est juste*, *il est nécessaire*, *il arrive*, *il importe*, etc., le *de* ou *que* s'exprime par *ut* avec le Subjonctif, et s'il suit une négation, par *ne* ou *ut ne* (i).

Exemples :

Je vous conseille de lire ; *tournez*, que vous lisiez, *suadeo tibi ut legas* ; de ne pas jouer, *ne ludas.*

Ayez soin de vous bien porter, *cura ut valeas* ; de ne pas tomber malade, *ne in morbum incidas.* *

* Après *curare*, avoir soin, on met élégamment le Participe du Futur en *dus*, *da*, *dum*, si le Verbe a un régime avec lequel on puisse le faire accorder. *Ex.* Il a eu soin de me faire tenir la lettre, *litteras ad me perferendas curavit.*

Après *oportet*, *volo*, *nolo*, *malo*, on met élégamment le Participe passé en *us*, *a*, *um*. *Ex.* Je veux vous avertir d'une chose, *unum te monitum volo.*

Dites-lui, avertissez-le de prendre garde à lui : *tournez*, qu'il prenne garde... *dic illi*, *mone illum ut sibi caveat.*

REMARQUE. Après *dire*, *avertir*, *persuader* (k),

(i) Le *que* s'exprime par *ut*, et peut aussi se retrancher après les Verbes *vouloir*, *demander*, *permettre*, *il faut*, *il est juste*, *il est nécessaire*, *il est avantageux*, *il importe*, et après ces mots, *c'est l'usage*, *c'est la coutume*, qui se rendent en latin par *mos est*. *Ex. Volo ut mihi respondeas.* (Cic.) *Corpora juvenum firmari labore voluerunt.* (Id.) *A Deo necesse est mundum regi.* (Id.) *Non est rectum minori parere majorem.* (Id.) *Med maxime interest te valere.* (Id.) *Mos est hominum ut nolint*, etc. (Id.) *Alcibiades Athenas Lacedemoniis servire non poterat pati.* (C. N.)

Quelquefois on sous-entend *ut* après *volo*, *facio*, *oportet*, *necesse est*, etc. *Ex. Vellem mihi scripsisses.* (Cic.) *Tu fac bono animo magnoque sis.* (Id.) *Me ipsum ames oportet.* (Id.)

(k) Quand *persuadere* signifie engager quelqu'un à quelque chose, le *que* s'exprime par *ut*. *Ex. Themistocles persuasit populo ut classis ædificaretur.* (Corn. N.) Lorsqu'il signifie faire croire quelque chose à quelqu'un, le *que* se retranche. *Ex. Mithridates persuasit Datami se infinitum adversus regem Persarum suscepisse bellum.* (Id.)

Après *je suis persuadé*, en latin, *persuasum habeo*, *mihi persuasum est*, le *que* se retranche toujours.

17

écrire, le *que* se retranche quand il ne peut pas se tourner par *de*.

Exemple :

Dites-lui, avertissez-le que je suis arrivé, *dic illi, mone illum me advenisse.* (De même après *jubere*, commander, le *que* se retranche presque toujours, et le Verbe suivant se met au présent de l'Infinitif (1).

Il n'importe pas que.... ou que.... *nihil refert utrùm.... an....*

Règle. Quand après *il n'importe pas*, *il importe peu*, *qu'importe*, il y deux *que* ou deux *de* (séparés par *ou*), on les tourne par *si*, et on exprime le premier par *utrùm*, et le second par *an*, avec le Subjonctif, (et on n'exprime pas *où*).

Exemple :

Il ne m'importe pas, que m'importe d'être riche ou pauvre ; *tournez*, si je suis riche.... *Nihil meâ refert, quid meâ refert utrùm dives sim an pauper !* (Au lieu d'*utrùm* on peut mettre *ne* après le premier mot : *dives-ne sim an pauper ?*)

Après se mettre peu en peine, *parùm curare*, les deux *que* s'expriment aussi par *utrùm*, *an* ; et si à la place du second *que* il y a ces mots *ou non*, on les exprime par *an-non* ou *nec-ne*.

Exemple :

Je me mets peu en peine que vous m'écoutiez ou non, *parùm curo utrùm me audias nec-ne.*

On emploie *ut* après *respondere*, quand il signifie *ordonner* ou *conseiller*. Ex. *Jovis Antistites Macedonibus responderunt ut Alexandrum pro Deo colerent.* (Just.)

(1) *Exemple :* Il leur ordonna d'attendre ; *tournez*, il ordonna qu'ils attendissent, *jussit eos expectare*, et non pas *eis*. Philippe ordonna à tous les soldats de prendre des couronnes de laurier ; *tournez*, que tous les soldats prissent. *Philippus omnes milites coronas laureas sumere jussit*, Si le Verbe *ordonner* est suivi d'un Infinitif actif accompagné d'un régime direct, on tourne cet Infinitif par le passif, de la manière suivante. *Ex.* Le Roi ordonna de racheter les captifs ; *tournez*, le Roi ordonna que les captifs fussent rachetés. *Rex jussit captivos redimi.*

OBSERVATION.

A quel temps du Subjonctif latin faut-il mettre l'Infinitif français qui suit *de* exprimé par *ut*, *ne*, *an*, *utrùm*, *quin*?

Si le premier Verbe est au présent ou au futur, on met en latin le second au présent du Subjonctif, et le régime du premier Verbe devient le nominatif du second.

Exemples :

Je vous conseille   de lire   Tibi suadeo   ut legas.

Je vous conseillerai   de lire   Tibi suadebo.

Mais si le premier Verbe est à l'un des trois parfaits, on met le second à l'imparfait du Subjonctif.

Exemples :

Je vous conseillais,   Tibi suadebam

Je vous ai conseillé   de lire :   Tibi suasi   ut legeres

Je vous avais conseillé   Tibi suaseram

CRAINDRE de *ou* que ne.... *timere ne*.

CRAINDRE de ne pas *ou* que ne pas.... *timere ut* ou *ne non*.

RÈGLE. Après *craindre*, *appréhender*, *avoir peur*, etc., *de* ou *que* suivi de *ne* seulement, s'exprime par *ne* avec le Subjonctif.

Exemple :

Je crains que le maître ne vienne, *timeo ne præceptor veniat*.

Mais après ces Verbes, *que* ou *de*, suivi de *ne pas* ou *ne point*, s'exprime par *ut* ou *ne non*.

Exemple :

Je crains que le maître ne vienne pas, *timeo ut præceptor veniat*, ou *ne non præceptor veniat*.

Quand le Verbe *craindre* signifie *faire difficulté*, on l'exprime par *dubitare*, avec l'Infinitif, et s'il signifie *ne pas oser*, on l'exprime par *non audere*. *Ex.* Il ne craint pas d'avouer ; *tournez*, il ne fait pas difficulté d'avouer, *fateri non dubitat* ; je crains de dire ; *tournez*, je n'ose dire, *non audeo dicere*.

Prendre garde de *ou* que ne , *cavere ne.*

Règle. Après les Verbes *prendre garde*, *dissuader*, *de* ou *que ne* s'exprime par *ne*, avec le Subjonctif.

Exemples :

Prenez garde de tomber *ou* que vous ne tombiez, *cave ne cadas* (m).

Dissuadez – le de partir, *illi dissuade ne proficiscatur*.

Prendre garde signifiant *avoir soin*, *faire en sorte*, s'exprime par *curare*, *dare operam*, et *que* par *ut*, avec le Subjonctif.

Exemple :

Prenez garde que tout soit prêt ; c'est-à-dire, ayez soin que... *da operam ut omnia sint parata*.

Si *prendre garde* signifie *remarquer*, on l'exprime par *animadvertere*, et le *que* se retranche. *Ex.* Il ne prend pas garde qu'on se moque de lui ; *c'est-à-dire*, il ne remarque pas... *non animadvertit se derideri*.

N'avoir garde de.... se garder bien de.... *non committere ut.*

Règle. Après *se garder bien de* .... *n'avoir garde de*, on exprime *de* par *ut*, avec le Subjonctif.

Exemple :

Je me garderai bien de vous quitter, *non committam ut à te discedam*.

(m) On sous-entend quelquefois *ne* après *cave*. *Ex. Cave cadas. Bibliothecam tuam cave cuiquam despondeas.* (Cic.)

MÉRITER, être digne de ou que... *dignum esse ut.*

RÈGLE. Après *mériter*, *être digne*, *de* ou *que* s'exprime par *ut* avec le Subjonctif. *

Exemples :

Il mérite de commander ; *tournez*, qu'il commande, *dignus est ut imperet ;* on dit mieux, *dignus est qui imperet.* (*Qui* tient lieu de *ut ille*).

Il mérite que j'aie pitié de lui, *dignus est ut illius me misereat*, ou *cujus me misereat.* (*Cujus* tient lieu de *ut illius*).

Vous méritez qu'il vous favorise, *dignus es ut tibi faveat*, ou *cui faveat.* (*Cui* tient lieu de *ut tibi*).

Il mérite que je l'honore, *dignus est ut eum colam*, ou *quem colam.* (*Quem* tient lieu de *ut eum*).

Vous méritez qu'il vous rende service, *dignus es ut de te benè mereatur*, ou *de quo benè mereatur.* (*De quo* tient lieu de *ut de te*).

REMARQUE. *Qui, quæ, quod* est employé pour *ut* et un pronom, et il se met au cas où l'on mettrait le pronom : ainsi quand après *mériter*, il n'y a point de pronom qui se rapporte au nominatif du Verbe *mériter*, on ne peut pas employer *qui, quæ, quod*, mais il faut se servir de *ut. Ex.* Vous méritez bien que j'agisse ainsi, *dignus sanè es ut sic agam*, et non pas *qui sic agam.*

* *Ut conjux essem tua digna videbar.* Ovid. *Respondit se meruisse ut....* Cic. de Orat. 481.

EMPÊCHER, défendre de ou que ne, *prohibere ne.*

Ne pas empêcher, ne pas défendre de ou que, *non prohibere quin, quominùs.*

RÈGLE. Après les Verbes *empêcher*, *défendre*, quand ils ne sont pas accompagnés d'une négation ou d'une interrogation, *de* ou *que ne* s'exprime par *ne* avec le Subjonctif, et le régime de la personne sert de nominatif au second Verbe.

Exemples :

Dieu nous défend de mentir ; *tournez*, défend que nous ne mentions, *Deus prohibet ne mentiamur.*

Cela m'a empêché de partir, *id impedivit ne proficiscerer.*

Mais quand il y a une négation ou une interrogation jointe au Verbe *empêcher*, *défendre*, *de* ou *que ne* s'exprime par *quin* ou *quominùs.*

Exemple :

Je ne vous empêche pas, qui vous empêche de partir ; tournez, que vous partiez, *non impedio, quis impedit quin proficiscaris* (n).

Après *il ne tient pas à moi, à quoi tient-il ? que ne* s'exprime aussi par *quin* avec le Subjonctif.

Exemple :

Il ne tient pas à moi que vous soyez heureux, *per me non stat quin sis beatus.*

Dans cette façon de parler, *je ne puis, je ne saurais m'empêcher, me défendre,* les Verbes *s'empêcher, se défendre ;* se tournent par *ne pas,* qu'on exprime par *non* avec l'Infinitif. *Ex.* Je ne puis m'empêcher de parler, *non possum non loqui :* je ne puis m'empêcher de rire ; tournez, je ne puis ne pas rire, *non possum non ridere* (o).

SE RÉJOUIR de.. *ou que..* , *gaudere quòd.*

RÈGLE. Après *se réjouir, se repentir, être fâché, avoir honte, s'étonner, être surpris, remercier, savoir bon gré,* etc., *de* ou *que* se tourne par *de ce que,* et s'exprime par *quòd* avec le Subjonctif ou l'Indicatif.

Exemples :

Je me réjouis de vous avoir été utile ; *tournez,* de ce que je vous ai été utile, *gaudeo quòd tibi profuerim.*

(n) Après *vetare*, défendre, le *que* se retranche ordinairement. *Ex.* Il lui défendit d'approcher. *Vetuit eum accedere.* César défendit de retrancher le camp ; tournez, César défendit que le camp fut retranché. *Cæsar castra vallo muniri vetuit.* (Cæs.)

(o) Cette façon de parler *je ne puis m'empêcher,* se rend aussi en latin par *non possum quin,* avec le Subjonctif. *Ex.* Je ne puis m'empêcher de m'écrier, *non possum quin exclamem.* (Cic).

J'ai honte de ne vous avoir pas encore répondu, *me pudet quòd ad te nondùm rescripserim.*

REMARQUE. Après ces Verbes on peut encore retrancher le *que*; *gaudeo me tibi profuisse.*

ATTENDRE que, *expectare dùm* ou *donec.*

RÈGLE. Après *attendre*, *que* se tourne par *jusqu'à ce que*, et s'exprime par *dùm* ou *donec* avec le Subjonctif.

Exemple :

Attendez que le Roi soit arrivé, *expecta dùm Rex advenerit.*

Ne confondez pas *s'attendre* avec *attendre*. Après *s'attendre*, en latin *existimare*, *persuasum habere*, on retranche le *que*, et l'on met toujours le Verbe suivant au futur de l'Infinitif. *Ex.* Je m'attendais que vous m'écririez, *te ad me scripturum esse existimabam.*

Quand *s'attendre* signifie *prévoir*, il s'exprime par *prævidere*, et on retranche le *que*. *Ex.* Je m'étais bien attendu qu'il en serait ainsi, *ità futurum sanè prævideram.*

Cela est cause que, *ea causa est cur.*

RÈGLE. Après *être cause*, *que* s'exprime par *cur* avec le Subjonctif.

Exemple :

La maladie a été cause que je n'ai pas été vous voir, *morbus causa fuit cur te non inviserim.*

DOUTER que, *dubitare an.*

Ne pas douter que, *non dubitare quin.*

RÈGLE. Quand le Verbe *douter* n'est accompagné ni d'une négation, ni d'une interrogation, on tourne *que* par *si*, et on l'exprime par *an* avec le Subjonctif.

Exemple :

Je doute qu'il se porte bien; *tournez*, s'il se porte bien, *dubito an valeat.*

Mais quand le Verbe *douter* est accompagné d'une négation ou d'une interrogation, on exprime *que* par *quin* (*Quin* renferme le *ne* français suivant).

Exemples :

Je ne doute pas qu'il ne se porte bien, *non dubito quin valeat*.

Qui doute que la vertu ne soit aimable? *Quis dubitat quin virtus sit amabilis?* (p)

Ne confondez pas *se douter* avec *douter*; après se douter, *suspicari, prævidere*, en retranche le *que*. Ex. Je me doutais bien que la chose irait mal; *c'est-à-dire*, je soupçonnais que... *suspicabar rem malè cessuram*.

VERBES à l'Indicatif dans le français, qu'il faut mettre au Subjonctif en latin.

I.

Vous ne savez pas qui je suis, *en latin*, qui je sois.

RÈGLE. *Qui* ou *quel* interrogatif entre deux Verbes, veut le second au Subjonctif en latin.

Exemples.

Vous ne savez pas qui je suis, *nescis quis ego sim*.

Dites-moi quelle heure il est, *dic mihi quota hora sit*.

Je ne sais lequel des deux a été le plus éloquent, *nescio uter fuerit eloquentior*.

Ecrivez-moi ce que vous faites, *c'est-à-dire*, quelle chose vous faites, *ad me scribe quid agas*.

Ecrivez-moi ce qui se passe là où vous êtes, *c'est-à-dire*, quelle chose se passe.... *ad me scribe quid istic agatur*.

REMARQUE. Ce qui, ce que, s'exprime par *quid* quand on peut le tourner par *quelle chose*, comme dans l'exemple précédent; mais ce qui, ce que s'exprime par *quod*

(p) Les Latins ont quelquefois retranché le *que* après *dubitare*. *Ex. Deum esse quis dubitet*. (Cic.) *Quis dubitabit patere etiam Europam victoribus?* (Q. Curt.) *Non dubito fore plerosque*. (Corn. N.)

quand on ne peut pas le tourner par *quelle chose* , parce qu'alors il n'est pas interrogatif. *Ex.* Il a fait ce que je lui avais commandé , *fecit quod illi præceperam.*

I I.

Les Adverbes de lieu , *ubi* , *quò* , *quà* , *undè* , et les Conjonctions *cur* , *quare* , *quomodò* , *an* , *utrùm* , etc. , entre deux Verbes , veulent le second au Subjonctif en latin.

Exemples :

Je voudrais savoir où vous êtes , *scire velim ubi sis ;* d'où vous venez , *undè venias ;* où vous allez , *quò eas.*

S'il a de quoi vous payer , *si habuerit undè tibi solvat.*

Interrogée pourquoi elle disait cela , *interrogata cur hoc diceret.*

I I I.

Combien entre deux Verbes , veut toujours le second au subjonctif en latin.

Exemples :

Vous voyez combien je vous aime , *vides quantùm te amem.*

Je dirai en peu de mots combien la liberté est douce , *quam dulcis sit libertas breviter proloquar.*

Il y a beaucoup d'autres Conjonctions après lesquelles le Verbe latin se met au Subjonctif, nous en avertirons dans l'occasion.

Qui interrogatif devant un futur de l'Indicatif et un imparfait du Subjonctif, veut le Verbe au présent du Subjonctif en latin : Qui croira ? *Quis credat ?* Qui n'admirerait pas cette action ? *Quis non illud factum miretur ?*

A quel temps faut-il mettre le Verbe latin après les mots qui veulent le Subjonctif ? Comme ut, ne, an, quin, etc.

I.

Mettez tous les temps de l'Indicatif français aux mêmes temps du Subjonctif latin , excepté les deux futurs.

Exemples.

Je ne sais		Nescio	
	ce que vous faites,		*quid agas.*
	ce que vous faisiez,		*quid ageres.*
	ce que vous avez fait,		*quid egeris.*
	ce que vous aviez fait,		*quid egisses.*

Le futur de l'Indicatif après *quin*, *an*, etc., se met au participe du futur en *rus*, *ra*, *rum*, pour l'actif; en *dus*, *da*, *dum*, pour le passif, avec *sim*, *sis*, *sit*.

Exemple :

Je ne sais s'il écoutera, *nescio an auditurus sit;* s'il sera écouté, *an audiendus sit.*

Si le Verbe latin n'a pas de participe du futur, mettez simplement le présent du Subjonctif, en y joignant quelque adverbe qui marque le futur.

Exemple :

Je ne sais s'il se repentira, *nescio an illum unquàm pœniteat.*

II.

Si le Verbe français est au Subjonctif, et qu'il marque l'avenir, mettez en latin le participe du futur, avec *sim*, *sis*, *sit*, pour exprimer le présent du Subjonctif; avec *essem*, *esses*, *esset*, pour l'Imparfait; avec *fuissem*, *fuisses*, *fuisset*, pour le plusque-parfait du Subjonctif.

Exemples :

Je doute que le Roi vienne bientôt, *dubito an Rex brevi venturus sit.*

Je ne savais si le Roi viendrait, je doutais que le Roi vînt bientôt, *nesciebam an*, *dubitabam an brevi Rex venturus esset.*

Je ne sais si le Roi serait venu, je doute que le Roi fût venu, *nescio an Rex*, *dubito an Rex venturus fuisset.*

Quand le Verbe qui est au Subjonctif, ne marque pas l'avenir, ou qu'il n'a pas de participe du futur en latin, mettez les temps du Subjonctif français aux mêmes temps du Subjonctif latin.

Exemples :

Je doute qu'il se repente jamais, *dubito an illum unquàm pœniteat.*

Je ne sais s'il se repentirait, *nescio an illum unquàm pœniteret.*

Je ne sais s'il se serait repenti, *nescio an illum pœnituisset.*

Le futur passé après *ne savoir pas si*, et le parfait du Subjonctif après *douter que*... se mettent au parfait du Subjonctif, quand ils marquent le passé.

Exemples :

Je ne sais s'il aura soupé, je doute qu'il ait soupé de si bonne heure, *nescio an*, *dubito an tam maturè cœnaverit.*

Mais si ces deux temps marquent l'avenir, ce qui arrive, quand ils sont suivis de *lorsque*, mettez-les au futur en *rus, ra, rum*, ou *dus, da, dum*, avec *sim, sis, sit*, en changeant *lorsque* par *avant que.*

Exemple :

Je ne sais s'il aura terminé, je doute qu'il ait terminé l'affaire lorsque vous viendrez ici, *nescio an*, *dubito an priùs rem confecturus sit quàm hùc venias*, c'est-à-dire, s'il terminera avant que vous veniez. ✳

✳ Si le Verbe latin est au passif, on peut mettre le Participe passé avec *futurus, a, um, sim. sis, sit. Exemple de Cicéron, lib.* 6, *epist.* 13 « Je ne doute pas que l'affaire n'ait été réglée, » lorsque vous lirez cette lettre, *non dubito quin, te legente has » litteras, confecta jam res futura sit* ». Il paraît que les Latins évitaient ce tour de phrase.

VERBES au passif dans le français, qu'il faut tourner par l'actif en latin.

Je suis favorisé de la fortune ; *tournez*, la fortune me favori e.

RÈGLE. Quand un Verbe au passif dans le français est neutre ou déponent en latin, il faut tourner le passif en actif, et pour cela on prend le régime pour en faire le nominatif, et le nominatif pour en faire le régime.

Exemples :

Je suis favorisé de la fortune, *mihi favet fortuna.* (*Faveo* n'a point de passif).

Il est admiré de tout le monde ; *tournez* , tout le mon
l'admire, *illum omnes admirantur* q).

REMARQUE. S'il n'y a point de régime dont on puis.
faire le nominatif, mettez le Verbe à la troisième personi
du pluriel (en sous-entendant *homines*).

Exemples :

Cicéron était admiré quand il parlait, *admirabantu
Ciceronem quàm diceret.*

VERBES à l'actif dans le français, qu'il fau
tourner par le passif en latin.

Il faut changer l'actif en passif quand il y a *amphibo
logie*, c'est-à-dire, quand après un *que* retranché, l
nominatif français et le régime seraient mis tous deux
l'accusatif latin, sans que l'on pût distinguer l'un de l'au
tre ; alors on tourne par le passif, en prenant le régim
direct pour en faire le nominatif, et le nominatif pou
en faire le régime.

Exemple :

Vous dites que Pierre aime Paul : vous ne pouvez pa
mettre *dicis Petrum amare Paulum*, parce qu'on n
saurait qui est celui qui aime : si c'est Pierre qui aim
Paul, ou si c'est Paul qui aime Pierre : il faut donc chan
ger l'actif en passif de cette manière : vous dites que
Paul est aimé de Pierre, *dicis Petrum à Paulo ama-
ri* (r).

On change encore l'actif en passif avec le pronom français *on*, l'*on*.

(q) Ajoutez les exemples suivans : la fortune dont je suis favorisé ; *tournez*, qui me favorise, *fortuna quæ mihi favet.*
L'homme qui a été favorisé de la fortune ; *tournez*, que la fortune a favorisé, *homo cui fortuna favit.*

(r) Quand le Verbe qui est à l'Infinitif est déponent, il faut
donner à la phrase une tournure qui en rende le sens et qui fasse
éviter l'amphibologie. Par exemple : On dit que Pierre admire
Paul, on ne peut pas dire : *Dicitur Petrum admirari Paulum.* On
peut tourner : On dit que Paul est à admiration à Pierre, *Dicitur Paulum esse admirationi Petro.*

CHAPITRE

CHAPITRE SECOND.
DES PRONOMS.
I.

Pronom français qui manque en latin, on, l'on.

Il y a deux manières de rendre en latin, *on*, *l'on*.

PREMIÈRE MANIÈRE.

On aime la vertu; *tournez*, la vertu est aimée.

RÈGLE. Le Verbe qui suit *on*, *l'on*, est-il actif? *tournez*, par le passif.

Exemple :

On aime la vertu, *virtus amatur.*

Si le Verbe n'a point de régime dont on puisse faire le nominatif du Verbe passif, mettez ce Verbe à la troisième personne du singulier passif: plusieurs Verbes neutres ont cette troisième personne.

Exemples :

Non seulement on ne porte pas envie aux jeunes gens, mais on leur est même favorable, *adolescentibus non modò non invidetur, verum etiam illis favetur.*

On raconte, *narratur*; on rapporte, *fertur*; on va, *itur*; on est venu, *ventum est.*

SECONDE MANIÈRE.

On aime la vertu, *amant virtutem.*

Mettez le Verbe qui suit *on*, *l'on*, à la troisième personne du pluriel; ce qu'il faut toujours faire, quand ce Verbe est neutre ou déponent en latin.

Exemples :

On admire la vertu, *admirantur virtutem.*
On hait celui que l'on craint, *oderunt quem metuunt.*
On dit, *aiunt, ferunt, memorant, perhibent.* (s)

(s) Quand le sens de la phrase permet de tourner le Verbe qui suit *on* par la première ou la seconde personne, on peut se servir

18

REMARQUE. Devant les impersonnels *pœnitet*, *pudet*, *tœdet*, *miseret*, *piget*, il faut exprimer le mot *homines*; on se repent d'avoir mal vécu, *homines pœnitet malè vixisse*.

Si le Verbe qui suit *on* est accompagné d'une négation, on tourne par *personne ne*, *nemo*, et le Verbe se met à la troisième personne du singulier.

Exemple :

On ne peut être heureux sans la vertu; *tournez*, personne ne peut... *nemo sine virtute potest esse beatus*.

Quand on, *lorsqu'on*, se tournent par *celui qui*, *ceux qui*.

Exemple :

Quand on désire le bien d'autrui, on perd justement le sien; *tournez*, celui qui désire... *qui bonum alienum appetit, meritò amittit proprium*.

Si on, *si l'on*, se tournent par *si quelqu'un*, *si quis*.

Exemple :

Si l'on vous demande, *si quis te interroget*.

de l'une de ces personnes. *Ex.* On ne voit pas Dieu, mais on le reconnaît à ses œuvres. *Deum non videmus, sed eum agnoscimus ex operibus ejus.* Il faut exécuter ce qu'on a promis, *quæ polliciti sumus, præstanda sunt.* Ce qu'on entreprend mal-à-propos, réussit mal; *quod intempestivè suscipis malè cedit.* Si on veut devenir savant, on doit étudier, *si vis fieri doctus, debes studere.*

Quelquefois on se sert de la deuxième personne du Subjonctif. *Ex.* Les choses que l'on a méprisées, *ea quæ contempseris.* Par ce chemin on parvient aisément à la vertu, *hâc viâ facilè ad virtutem pervenias.*

On peut, *on a coutume*, suivis d'un Infinitif, se tournent par le Passif de la manière suivante : On peut dire; *tournez*, il peut être dit, *dici potest.* On a coutume d'agir ainsi: *tournez*, il a coutume d'être agi ainsi, *sic agi solet.* Faites en sorte qu'on puisse vous louer; *tournez*, que vous puissiez être loué, *effice ut possis laudari.*

Mais si l'Infinitif qui suit *on peut*, etc. n'a point de passif, on se sert de la première, ou de la seconde, ou de la troisième personne du pluriel, selon le sens de la phrase. *Ex.* On peut remédier à ce mal, *huic malo mederi possumus*, ou *potestis*, ou *possunt.*

REMARQUE. On ne dit pas *si aliquis*, mais *si quis ;* après *si* , *nisi* , *ne* , *nùm* , *sive* , *quò* , on retranche *ali* dans les mots qui commencent ainsi: *si quandò* , pour *si aliquandò* , *ne quandò* , etc.

On voit , on trouve des gens qui... s'expriment par , *videas* , *reperias qui*... *videre est* , *reperire est qui*... et le Verbe suivant se met au Subjonctif. *Ex.* On voit des gens qui aspirent aux honneurs , *videas homines qui honores appetant.*

ON DIT que.... on croit que.... il semble , il paraît que....

Exemples :

On dit , *on croit* , etc. , s'expriment en latin de deux manières.

1º *Personnellement* , en prenant le Nominatif du second Verbe , pour en faire le Nominatif des Verbes *on dit* , *on croit* , etc.

Exemples :

On dit que les cerfs vivent très-long-temps ; *tournez* , les cerfs sont dits vivre.... *cervi dicuntur diutissimè vivere.*

Il paraît que vous êtes malade ; *tournez* , vous paraissez être malade , *videris ægrotare.*

2º *Impersonnellement* , en tournant par la troisième personne du singulier passif , *il est dit que*... *il est cru que*... alors le *que* se retranche.

Exemple :

On dit que les cerfs vivent très-long-temps ; *tournez* , il est dit que les cerfs... *dicitur cervos diutissimè vivere.*

REMARQUE. On exprime toujours de cette seconde manière *on dit* , *on croit* , quand ils sont suivis d'un Verbe impersonnel.

Exemple :

On dit que vous vous repentez de votre faute ; *tournez* , il est dit que vous.... *dicitur te culpæ tuæ pœnitere.*

OBSERVATION *sur le Verbe français*
ON ENSEIGNE.

Pour tourner ce Verbe par le Passif, il faut faire attention à la signification du Verbe latin *doceri*, qui veut dire *être instruit :* comme cela ne peut se dire que d'une personne et non pas d'une chose, le Verbe passif *doceor* veut toujours pour nominatif le nom de la personne.

Exemples :

On enseigne la grammaire aux enfans ; *tournez*, les enfans sont instruits sur la grammaire, *pueri docentur grammaticam.*

Les enfans à qui l'on enseigne la grammaire ; *tournez*, les enfans qui sont instruits sur la grammaire, *pueri qui docentur grammaticam.*

La grammaire que l'on enseigne aux enfans ; *tournez*, la grammaire sur laquelle les enfans sont instruits ; *grammatica quàm pueri docentur.* (*Tournez de même cette phrase ;* la grammaire qui est enseignée aux enfans).

II.
PRONOMS *français que l'on exprime d'une manière différente en latin.*

Il, le, la, lui, leur, qu'il faut quelquefois tourner en latin par *soi, à soi,* etc., et exprimer par *suí, sibi, se.*

Le renard dit qu'il n'était pas coupable ; *tournez*, dit soi n'être pas....

Règle. Quand les pronoms *il, elle, le, la, lui, leur,* après un *que* retranché ou exprimé, se rapportent au nominatif du premier Verbe, on les exprime par *suí, sibi, se.*

Pour connaître si ces pronoms se rapportent au nominatif du premier Verbe, faites l'interrogation suivante, *qui il, qui elle ?*

Exemple :

Le renard dit qu'il n'était point coupable de la faute : *qui il ?* Réponse. *Le renard.* Quand le mot de la réponse est le même que le nominatif du premier Verbe, exprimez *il* par *se :* ainsi dites, *vulpes negavit se esse culpæ proximum.*

Diogène ordonna qu'on le jetât à la voirie ; *qui le?*
Réponse. *Diogène.* Comme le mot de la réponse est le
même que le nominatif du Verbe, dites : *Diogenes jussit
se projici inhumatum.*

Ce Philosophe disait qu'il lui importait peu ; *qui lui?*
Réponse. *Le Philosophe. Hic Philosophus dicebat suâ
parvi referre.*

Mais je crois qu'il mentait : *qui il?* Réponse. *Ce Philosophe.*

Quand le mot de la réponse n'est pas le même que le
nominatif du Verbe, exprimez il par *ille*, *illa*, *illud* ;
ainsi dites : *at credo illum mentitum fuisse.* (*Il*, *elle*, etc.
ne peuvent jamais se rapporter à un nominatif de la première ou de la seconde personne) (t).

(t) Le pronom *sui*, *sibi*, *se*, se rapporte toujours en latin au
nominatif le plus proche. Ainsi, il pourrait y avoir quelquefois
de l'ambiguïté en l'employant, lorsque les pronoms français *le*,
la, *les*, *lui*, *leur*, se trouvent après deux Verbes de troisième
personne, et qu'ils se rapportent au nominatif du premier Verbe.
Dans ce cas, on se sert mieux d'*ipse*, *ipsa*, *ipsum*. *Ex.* La
mère espère que ses filles auront soin d'elle, *mater sperat suas
filias ipsi consulturas esse.* Si on disait *sibi*, on croirait que ce
pronom se rapporte au dernier nominatif *filias*, comme le plus
proche. Jugurtha envoie des ambassadeurs au Consul pour le
prier de lui accorder la vie, à lui et à ses enfans, *Jugurtha le-
gatos ad Consulem mittit, qui ipsi, liberisque vitam peterent.*
(Sall.) Si on avait mis *sibi* au lieu d'*ipsi*, on aurait cru que ce
pronom se rapportait au dernier nominatif *qui*, c'est-à-dire *legati.* Après la mort d'Alexandre, les Perses avouaient que personne n'avait été plus digne que lui de leur commander, *Persæ,
mortuo Alexandro, non alium qui imperaret ipsis, digniorem
fuisse confitebantur.* (Q. Curt.).

Mais quand il n'y a point d'ambiguïté à craindre, on peut se
servir de *sui*, *sibi*, *se*. *Ex.* Le père pria son fils de lui envoyer
des livres, *pater rogavit filium ut sibi libros mitteret.* On met
sibi quoique ce pronom se rapporte au premier nominatif, parce
que le sens indique assez clairement que c'est au père et non à
lui-même que le fils devait envoyer des livres. Ma mère pria mon
père de venir auprès d'elle, *mater rogavit patrem ut ad se
veniret. Se*, par la même raison que dans l'exemple précédent. Le
roi Euristhée ordonna à Hercule de lui apporter les armes de la
reine des Amazones. *Herculi Euristheus rex imperavit ut arma re-*

SON, SA, SES, LEUR, LEURS, qu'il faut quelquefois
tourner en latin par *de lui, d'elle, d'eux, d'el-*
les, et exprimer par *ejus, eorum, earum.*

I.

Son, sa, ses, leur, leurs, après un seul Verbe.

Pater amat *suos liberos.*

RÈGLE. *Son, sa, ses....* après un seul Verbe, s'expriment par *suus, sua, suum,* quand ils se rapportent
au nominatif de ce Verbe.

Pour connaître s'ils se rapportent au nominatif du Verbe,
faites l'interrogation suivante : *De qui ?*

Exemple :

Un père aime ses enfans : les enfans *de qui ?* Réponse.
Du père.

Quand le mot de la réponse est le même que le nominatif du Verbe, servez-vous de *suus, sua, suum :* ainsi
dites, *pater amat suos liberos.*

Quand le mot de la réponse n'est pas le nominatif du
Verbe, exprimez *son, sa, ses,* par *ejus ; leur, leurs,*
par *eorum, earum.*

Exemple.

Mais il n'aime pas leurs défauts ; les défauts *de qui ?*
Réponse. *Des enfans.* Comme ce mot *enfans,* n'est pas
le nominatif du Verbe, dites, *at eorum vitia odit.*

Cependant quand le Verbe est de première ou de seconde personne, on se sert de *suus, a, um,* pourvu qu'il
se rapporte à un second régime.

Exemple :

J'ai rendu à César son épée, *suum Cæsari gladium*
restitui.

---

ginæ Amazonum sibi afferret (Just.) Datame apprend que les
Pisidiens lèvent des troupes contre lui, *Datames audit Pisidas*
copias adversùs se parare. (Corn. N.) Denys apprit à ses filles
à lui brûler la barbe et les cheveux avec des coquilles de noix,
Dionysius instituit filias ut candentibus juglandium putaminibus
barbam sibi et capillum adurerent. (Cic.)

II.

Son, sa, ses, leur, leurs, après deux Verbes.

RÈGLE. Quand *son, sa, ses*, etc., sont après deux Verbes, on les exprime par *suus, sua, suum*, pourvu qu'ils se rapportent au Nominatif de l'un des deux Verbes. *

* A moins que les Verbes ne soient tous deux de la troisième personne; car alors il faut que *son, sa....* se rapportent au nominatif du Verbe *principal*, (c'est-à-dire, celui qui gouverne l'autre) pour éviter l'ambiguité (u).

Exemple :

La mère vous prie de pardonner à son fils, c'est-à-dire, que vous pardonniez, *mater te orat ut filiolo ignoscas suo.* (*Son* ici se rapporte au Nominatif du premier Verbe).

(u) Le pronom *suus, sua, suum*, est en latin comme *suí, sibi, se* ; il se rapporte toujours au nominatif le plus proche. Ainsi lorsque les pronoms *son, sa, ses, leur* ou *leurs*, se trouvent après deux Verbes de troisième personne, on les exprime par *suus, sua, suum*, s'ils se rapportent au dernier nominatif. *Ex.* Dieu ordonna à Abraham de quitter son pays ; *tournez*, qu'il quittât son pays, *Deus præcepit Abrahamo ut patriam suam desereret. Son* se rapporte au second nominatif *il* (Abraham).

Mais si *son, sa, ses, leur, leurs*, se rapportent au premier nominatif, il vaut mieux, pour éviter l'ambiguité, exprimer *son, sa, ses* par *ipsius*, et *leur, leurs* par *ipsorum, ipsarum. Ex.* Alexandre obtint de Lysippe qu'il mettrait sa statue parmi celles, etc., *Alexander à Lysippo inpetravit ut statuam ipsius iis interponeret*, etc. (Vell.) Il s'agit ici de la statue d'Alexandre : si on avait dit *suam* au lieu d'*ipsius*, on aurait pu croire qu'on parlait de la statue de Lysippe.

Narbazanne et Bessus priaient Artabaze de défendre leur cause, *Narbazanes et Bessus Artabazum orabant ut causam ipsorum tueretur.* (Q. Curt.).

Mais quand il n'y a point d'ambiguité à craindre, on peut se servir de *suus*, quand même ce pronom se rapporterait au premier nominatif. *Ex.* Un père de famille pria le philosophe Aristippe de se charger de l'éducation de son fils, *philosophum Aristippum rogavit pater-familias ut filium suum susciperet erudiendum.* On met *suum* au lieu d'*ipsius*, parce que le sens fait bien voir que c'est du fils du père de famille qu'il s'agit.

J'écris à mon ami de me confier son affaire, *c'est-à-dire*, qu'il me confie, *ad amicum scribo ut mihi negotium committat suum*. (*Son* ici se rapporte au Nominatif du second Verbe).

Mais on exprime *son*, *sa*, *ses*, par *ejus* ou *illius*; *leur*, *leurs*, par *eorum*, *earum*, quand ils ne se rapportent ni à l'un ni à l'autre de ces deux Nominatifs.

Exemple :

Je vous prierai de prendre ses intérêts, *te rogabo ut illius commodis inservias*. (*Son*, *sa*, *ses*, ne peuvent jamais se rapporter à un Nominatif de première ou de seconde personne).

III.

Son, *sa*, *ses*, *leur*, *leurs*, au commencement d'une phrase.

Ejus indoles est optima.

Ire RÈGLE. *Son*, *sa*, *ses*, au commencement d'une phrase, s'expriment par *ejus* ou *illius*; *leur*, *leurs*, par *eorum*, *earum*, quand ils ne se rapportent pas au régime du Verbe suivant.

Exemple :

Son caractère est excellent; *tournez*, le caractère de lui... *ejus indoles est optima*.

Sua eum commendat modestia.

IIe RÈGLE. *Son*, *sa*, *ses*, etc., même au commencement d'une phrase, s'expriment par *suus*, *sua*, *suum*, quand ils se rapportent au régime du Verbe suivant; ce qui arrive lorsqu'ils sont suivis de *le*, *la*, *les*, ou précédés d'un *que* relatif.

Exemples :

Sa modestie le rend recommandable, *sua eum commendat modestia*.

L'enfant que sa modestie rend recommandable, *puer quem sua commendat modestia*.

On ajoute en latin *suus*, *a*, *um*, au Nominatif, quand le Nominatif français est suivi d'un Génitif, et de *le*, *la*, *les*.

Exemple :

L'ambition de cet homme le perdra ; *tournez*, son ambition perdra cet homme, *sua hominem perdet ambitio.*

1° TEL QUE, telle que ; *is qui, ea quœ.*

RÈGLE. *Tel*, telle que, se tournent en latin par *celui*, *celle qui*, et s'expriment, *tel*, *telle*, par *is*, *ea*, *id*, et *que*, par *qui*, *quœ*, *quod*, que l'on met au Nominatif devant *sum*, etc., *sim* : et à l'Accusatif devant *esse*, mis pour un *que* retranché.

Exemples :

Je ne suis pas tel que vous ; *tournez*, je ne suis pas celui lequel vous êtes, *non is sum qui tu* (sous-entendu *es*). On peut dire aussi, *non sum talis qualis tu.*

Il n'est pas tel que vous pensez ; *tournez*, il n'est pas celui lequel vous pensez qu'il est, *non is es quem putas* (sous-entendu *eum esse*). *Quem* est à l'Accusatif à cause du *que* retranché.

2° *Tel*, quand il n'est pas suivi de *que*, s'exprime par *is* ou *talis.*

Exemple :

Tel a été mon père, *is* ou *talis fuit pater meus.*

3° Lorsque *tel*, au commencement d'une pharse, est suivi de *qui*, on tourne *tel* par quelques-uns, *quidam*, ou par il y en a qui.... *sunt qui.*

Exemple :

Tel rit aujourd'hui qui pleurera demain ; *tournez*, quelques-uns rient.... *quidam hodiè rident, qui cras flebunt.*

TEL répété, *qui, is.*

4° Quand *tel* est répété, le premier s'exprime par *qui*, *quœ*, *quod*, et le second par *is*, *ea*, *id ;* ou bien le premier par *qualis*, et le second par *talis.*

Exemple :

Tel père, tel fils, *qui pater est, is est filius*, ou *qualis pater est, talis filius*, c'est comme s'il y avait le fils est tel que le père ; mais la phrase est renversée.

5° Quand *tel* suivi de *que* ne peut pas se tourner par le *même* ou *semblable*, on exprime *que* par *ut* avec le Subjonctif.

Exemples :

La libéralité doit être telle qu'elle ne nuise à personne, *ea esse debet liberalitas, ut nemini noceat.*

La force de la vertu est telle que nous l'aimons même dans un ennemi, *ea vis est probitatis, ut illam vel in hoste diligamus.*

Quand *tel* peut se tourner par *de cette sorte*, on l'exprime par *hujus modi*, en bonne part, et *istius modi*, en mauvaise part. *Ex.* Qui n'aimerait de tels enfans ? *Quis hujus modi puerulos non amet ?* Qui ne haïrait de tels gens ? *Quis istius modi homines non oderit ?*

1° LE MÊME que, *idem qui*, ou *ac*, *atque*.

RÈGLE. *Le même, la même*, s'expriment par *idem eadem, idem*, et *que* par *qui, quæ, quod*, que l'on met au cas du Verbe suivant.

Exemples :

Vous n'êtes pas le même à mon égard que vous avez été autrefois, *non idem es erga me qui fuisti olim.*

Ma mère n'est pas aujourd'hui la même que je l'ai vue autrefois, *non eadem est hodiè mater mea, quam vidi olim* (sous-entendu *eam esse.*)

Je me sers des mêmes livres que vous, *iisdem libris utor quibus tu* (sous-entendu *uteris*)

REMARQUE. *Le même*, devant un nom ou un pronom, s'exprime par *idem* ; le même homme, *idem homo.*

Même, après un nom ou pronom, s'exprime par *ipse, ipsa, ipsum.* L'homme même, *homo ipse* ; moi-même, *ego ipse* ; vous-même, *tu ipse.* *

* Quand le pronom *même* se rapporte au nominatif du verbe, on met toujours le pronom au nominatif, quoiqu'en français il soit joint au régime. *Ex.* L'avare se nuit à lui-même, *avarus sibi ipse nocet :* mais si *même* ne se rapporte pas au nominatif, on le fait accorder avec le régime : le temps ronge le fer même, *vetustas ferrum ipsum exedit.*

2° *Ne pas même*, s'exprime par *nequidem*, que l'on sépare en mettant un mot entre *ne* et *quidem* (v,.

Exemple.

Je ne l'ai pas même vu, *eum ne vidi quidem*.

3° *De même que si*, signifiant *comme si*, s'exprime par *non secùs ac... perindè ac... tanquàm*.

Exemple :

Je l'aime de même que s'il était mon frère, *illum perindè amo ac si esset frater meus*.

4° *De même*, non suivi de *que*, se rend par *item*. Il n'en est pas de même des Romains, *non item de Romanis*. Et *même*, s'exprime par *imò... quin etiam*.

I. AUTRE, autrement que... *alius*, *aliter*, *quàm... ac... atque*.

RÈGLE. *Autre*, s'exprime par *alius*, *alia*, *aliud*, et *que* par *quàm*, *ac*, *atque*.

Exemples :

Il n'est pas autre qu'il n'étoit autrefois, *non alius est quàm erat olim* : on n'exprime pas *ne* après *autre*.

Il parle autrement qu'il ne pense, *alitur loquitur ac* ou *atque sentit*. *

* Au lieu de *quàm*, *ac*, on répète quelquefois *alius*, *aliter*. Ex. Il parle autrement qu'il ne pense, *aliter loquitur, aliter sentit*.

(v) Tout mot de la phrase ne peut pas séparer ces deux particules. Il faut choisir celui sur lequel on veut appeler l'attention. *Ex.* Je n'ai pas même appris à lire. Ici c'est le mot *lire* que *pas même* affecte. Il faut donc dire : *ne legere quidem didici*, et non pas *ne didici quidem legere*. Vous ne voulez pas même me prêter un livre. Veux-je dire qu'on est si peu disposé à me prêter quelque chose d'intéressant, qu'on ne veut pas même me prêter un livre ? c'est alors le mot *livre* qui doit séparer *ne-quidem*. On dira donc : *ne librum quidem mihi commodare vis*. Si le sens est que bien loin de vouloir prêter à un étranger, on ne veut pas même me prêter, ce sera le mot *me* qu'affectera *pas même*, et on construira ainsi : *ne mihi quidem librum commodare vis*. Enfin si j'ai l'intention de dire qu'on ne veut pas me faire présent du livre, puisqu'on ne veut pas même me le prêter, ce sera le Verbe *commodare* qui appartiendra à *ne-quidem*, et on dira : *tu mihi librum ne commodare quidem vis*.

II. *Tout autre*, signifiant, *quelqu'autre que ce soit*, s'exprime par *quivis alius*, *quilibet alius*; tout autrement, *longè aliter*, et que par *ac*, *atque*.

Exemples :

Tout autre peuple que le peuple Romain eût perdu courage, *quivis alius populus ac Romanus despondisset animum*.

Mais si *tout autre* signifie *tout différent*, il s'exprime par *longè alius*.

Vous êtes tout autre que vous n'étiez, c'est-à-dire, tout différent, *longè alius es atque eras*.

III. Après *lequel des deux*, (en latin *uter*) *autre*, s'exprime aussi par *uter*, *utra*, *utrum*.

Exemple :

Examinez lequel des deux a dressé des embûches à l'autre, *quære uter utri insidias fecerit*.

IV. *L'un... l'autre, les uns... les autres*, quand on parle de plus de deux, s'expriment par *alius*, *alia*, *aliud*, que l'on répète.

Exemple :

Les uns jouent, les autres chantent, *alii ludunt*, *cantant alii*.

Mais si l'on ne parle que de deux, on se sert de *alter* répété, ou de *unus.... alter*.

Exemple :

L'un dit oui, l'autre dit non, *alter* ou *unus ait*, *negat alter*.

V. Quand *l'un* est répété, et *l'autre* aussi répété, on les tourne par l'Adjectif *différent*, et on les traduit par *alius*, *alia*, *aliud*, de cette manière :

Exemples :

Les uns aiment une chose, les autres une autre ; tournez, différentes personnes aiment différentes choses, *alii aliis rebus delectantur*.

Les uns s'en allèrent d'un côté, les autres de l'autre, *alii aliò dilapsi sunt*.

VI. *Ni l'un ni l'autre* (quand le Nominatif est un pronom), s'expriment par *neutre*, *neutra*, *neutrum*;

l'un

l'un, *l'autre* par *uterque*, *utraque*, *utrumque* ; et ils sont ordinairement suivis de *alter*, *altera*, *alterum*, et alors on n'exprime pas *se*.

Exemples :

Ils ne s'aiment ni l'un ni l'autre , *neuter alterum amat*.

Ils se haïssent l'un l'autre , *uterque alterum odit*.

VII. *L'un des deux*, *l'un ou l'autre*, s'expriment par *alteruter*, *alterutra*, *alterutrum*.

Exemple :

Je vous enverrai l'un ou l'autre , *alterutrum ad te mittam*.

VIII. *L'un après l'autre* , s'exprime par *singuli*, *singulæ*, *singula*.

Exemple :

Il se mit à les manger l'un après l'autre , *cœpit vesci singulis*.

IX. *Le premier*, *le second*, quand on ne parle que de deux, s'exprime *le premier* par *prior*, et le second par *posterior*, ou par *alter* répété.

Exemple :

Le premier riait toujours, le second pleurait sans cesse, *prior semper ridebat*, *posterior indesinenter flebat*.

Mais si l'on parle de plus de deux, servez-vous de *primus*, *secundus*.

Celui-ci, *celui-là*, s'expriment, *celui-ci* par *hic*, *celui-là* par *ille*.

Exemple :

Celui-ci riait toujours, celui-là pleurait sans cesse , *hic semper ridebat*, *ille indesinenter flebat*.

X. *Celui des deux qui*, s'exprime par *uter*, *utra*, *utrum*.

Exemple :

Celui des deux qui se dédira, payera l'amende , *uter demutaverit*, *pecuniâ mulctabitur*.

QUEL, QUELLE, suivis de que, *quicumque*, *quantuscumque*.

RÈGLE. *Quel, quelle que*, s'expriment par *quicumque, quæcumque*, et si la chose peut se dire grande, par *quantuscumque, quantacumque*.... qui renferme *que*, et veut ordinairement le Subjonctif.

Exemple :

Quelle que soit sa mémoire, il oublie cependant bien des choses, *quantacumque sit ejus memoria, multa tamen obliviscitur.*

Qui que ce soit qui... s'exprime par *quicumque*... *quilibet*.... et si l'on ne parle que de deux, c'est par *utercumque, utracumque.*

Exemple :

Qui que ce soit des deux partis qui remporte la victoire, nous périrons, *utracumque pars vicerit, tamen perituri sumus.*

QUELQUE que....suivi d'un Nom.

I.

Si c'est un nom de choses qui ne se comptent pas, on l'exprime par *quicumque... qualiscumque...* et si la chose peut se dire grande, par *quantuscumque, quantacumque*, etc.

Exemple :

Quelque parti que vous preniez, *quodcumque consilium capias.*

I I.

Si c'est un nom de choses qui se comptent, on exprime *quelque que...* par *quotcumque* ou *quantumvis multi, æ, a.*

Exemple :

Quelques services que vous rendiez à un ingrat, vous ne lui en rendrez jamais assez, *quotcumque apud ingratum officia posueris, nunquam satis multa contuleris.*

QUELQUE que... suivi d'un Adjectif.

Si *quelque... que* est suivi d'un Adjectif, d'un Adverbe ou d'un Participe, on l'exprime par *quantùmvis*, et si c'est le Participe d'un Verbe de prix, par *quanticumque.*

Exemples :

Quelque savant qu'il soit , il ignore cependant bien des choses, *quantùmvis sit doctus, multa tamen ignorat.*

Quelque estimable que soit la science.... *quanticumque æstimanda sit doctrina....*

Quelque grand que... s'exprime par *quantuscumque, quantacumque... quelque petit que*, par *quantuluscumque, quantulacumque* (x).

PRONOMS français qui ne s'expriment pas en latin.

I.

Je crois qu'il faut; *tournez*, je crois falloir.

RÈGLE. *Il* devant un impersonnel ne s'exprime pas, excepté devant *pænitet, piget, pudet, tædet, miseret.*

Exemples :

Je crois qu'il faut , *credo oportere.*

Vous savez qu'il est honteux de mentir, *scis mentiri turpe esse.*

II.

Quand *celui , celle* ou *ceux*, suivis d'un génitif, sont employés pour un nom précédent, on ne se sert pas de *ille , illa , illud* ; mais on répète le nom qui précède.

Exemples :

Les qualités de l'ame sont bien préférables à celles du

(x) *Tout.... que* mis pour *quoique*, devant un adjectif, s'exprime en latin par *quantùmvis, quamvis* ou *licet*, et devant le participe d'un Verbe de prix ou d'estime, par *quanticumque. Ex.* Tout savant qu'il est, *quantùmvis* ou *quamvis*, ou *licet doctus sit.*

corps, *animi dotes corporis dotibus longè præstant.*

La vie des hommes est plus courte que celle des cor-
neilles, *brevior est vita hominum quàm cornicum vita,*
(On peut ne pas répéter le nom quand il doit être mis
au même cas, et dire, *brevior est hominum quàm cornicum vita.*)

I I I.

Dans les phrases suivantes: *c'est ainsi que, est-ce
ainsi que...* on n'exprime ni *c'est*, ni *que.*

Exemples :

C'est ainsi qu'il parla; *tournez,* il parla ainsi, *sic locutus est.*

Est-ce ainsi que vous défendez vos amis? *tournez,*
défendez-vous ainsi?... *Siccine tuos amicos defendis?*

C'est vous-même que je cherche, *te ipsum quæro* (y).

I V.

Ce n'est pas que se rend en latin par *non quòd;* mais
c'est que, par *sed quòd.*

Exemples :

Ce n'est pas que j'approuve, mais c'est que.... *non
quòd approbem, sed quòd.*

S'il suit un comparatif, rendez *ce n'est pas que,* par
non quò... sed quò. Ce n'est pas que l'un me soit plus
cher que l'autre, *non quò mihi sit alter altero carior.*

S'il suit une négation, par *non quin....* Ce n'est pas
que je ne pense, *non quin existimem.*

V.

*Ce n'est pas à dire pour cela que.... Est-ce à dire
pour cela que,* se rendent par *non continuò, non ideò...
an continuò, an ideò.*

(y) Le *que* dans les phrases suivantes ne s'exprime pas, ni
le Verbe qui l'accompagne: O la belle chose que la vertu! *O
res præclara virtus!* Que veux-tu, insensé que tu es, et quelles
affaires as-tu? *Quid vis, insane, et quas res agis?* (Hor.).

Exemple :

Quoique j'aie salué des méchans, ce n'est pas à dire pour cela que je sois méchant, *quamvis improbos salutaverim, non continuò sum improbus.* (z)

VI.

Ce qui ou *ce que*, suivi de *c'est* et d'un nom, ne s'exprime pas en latin.

Exemple :

Ce qui me chagrine le plus, c'est la mauvaise santé de mon père, *tournez*, la mauvaise santé de mon père me chagrine le plus, *valetudo patris me potissimùm sollicitat.*

Ce qui, ce que s'expriment par *illud*, quand ils sont suivis de *c'est que*. (a)

Exemples :

Ce que j'espère, c'est que je vivrai éternellement, *illud spero me futurum immortalem.* (Après *espérer* on retranche le *que.*)

Ce que je crains, c'est que... *illud vereor ne.* (Après *craindre* le *que* s'exprime par *ne.*)

Ce dont je doute c'est que... *illud dubito an.* (Après *douter* le *que* s'exprime par *an.*)

Ce qui me console, c'est que,.. *illud me consolatur quòd.*

VII.

C'est, devant un Infinitif suivi de *que de*, se tourne par *celui qui.*

(z) *Ce n'est pas d'aujourd'hui que*, s'exprime par *non nunc primùm.* Ex. Ce n'est pas d'aujourd'hui que je le connais, *non nunc eum primùm novi.*

(a) Faites attention aux exemples suivans : ce qu'il y a de différent, ou la différence qu'il y a entre l'homme et la bête, c'est que.... *inter hominem et belluam hoc interest quòd....* (Cic.) C'est un grand bienfait de la nature qu'il faille mourir, *magnum beneficium est naturæ, quòd necesse est mori.* (Sen.)

Exemple:

. C'est se tromper que de croire... *tournez*, celui qui croit... se trompe, *errat, qui putat.*

~~~~~~~~~~~~~~~~~~~~~~~~~~~~~~~~~~~~

CHAPITRE TROISIÈME.
DES PARTICIPES.
Participes français qui manquent en latin.
I.

Le Verbe latin *Sum* n'a ni le Participe du Présent *étant*, ni le Participe du passé *ayant été ;* on se sert des Conjonctions *lorsque*, *après que*, *puisque ; quùm*, *postquàm.*

Exemples:

Cicéron étant Consul, la conjuration fut découverte; *tournez*, lorsque Cicéron était Consul, la conjuration fut découverte, *quùm Cicero esset Consul, detecta fuit conjuratio.* *

Cicéron ayant été Consul, fut néanmoins envoyé en exil ; *tournez*, après que Cicéron eut été Consul..... *Cicero postquàm fuisset Consul, tamen in exilium actus est.*

II.

Le Participe passé actif, comme *ayant aimé*, manque en latin (excepté dans quelques Verbes déponens), on le tourne par *lorsque, puisque* (b).

* On peut aussi mettre les deux noms à l'ablatif, et dire : *Cicerone Consule, detecta fuit conjuratio.* (On sous-entend *sub.*)

_____

(b) Lorsque le participe passé actif est accompagné d'un régime direct, il est plus élégant de le tourner par le participe du passé passif, s'il en a un en latin: alors on suit les règles de la syntaxe sur l'accord des participes. *Ex.* Le Consul ayant prié César de dire son avis, celui-ci parla en ces termes : *tournez*, César ayant été prié par le Consul, etc. *Cæsar rogatus sententiam à Consule, hujusmodi verba locutus est.* (Sall.) Alexandre ayant tiré son anneau de son doigt, le donna à Perdiccas ; *tournez*, Alexandre donna à Perdiccas son anneau ayant été tiré...

Exemple :

Un rat ayant rencontré un éléphant, *mus elephanto quùm fuisset obvius.*

III.

Le Participe passé du passif manque en latin, quand le Verbe est neutre, et souvent quand il est déponent, alors on tourne par l'actif, et l'on se sert des conjonctions *quùm, postquàm.*

Alexander detractum annulum digito Perdiccæ tradidit. (Q. Curt.) Antoine ayant répudié la sœur de César, épousa Cléopatre ; *tournez*, Antoine, la sœur de César étant répudiée, épousa Cléopatre, *Antonius, repudiatâ sorore Cæsaris, Cleopatram uxorem duxit.* (Eut.) Les Grecs ayant pris Troie, Énée vint en Italie ; *tournez,* Troie ayant été prise par les Grecs, Énée etc. *Trojâ à Græcis expugnatâ, Æneas in Italiam venit.* (Just.)

Remarquez que quand le nom qui est devant *ayant* n'est pas le nominatif du Verbe qui suit le participe ; il doit devenir régime indirect du participe passif, comme on vient de le voir dans le premier et le dernier exemple.

Avec les Verbes déponens, on ne peut pas tourner le participe par le passif ; mais on n'a pas toujours besoin d'employer les conjonctions *lorsque, puisque,* etc. parce que les déponens ont en latin un participe du passé actif. *Ex.* Gygès ayant usé de la commodité de cet anneau, tua le roi son maître. *Gyges hâc opportunitate annuli usus, regem dominum interemit,* (Cic.) Ayant oublié de manger, il mourut de faim, *oblitus cibi, fame consumptus est.* (Phæd.) Q. Fabius étant sorti du temple, le sénat et le peuple l'accompagnèrent, *Q. Fabium degressum templo, senatus populus prosecuti sunt.* (Tite-Live.) Les Romains étant partis de Troie, le roi Eumène vint au-devant d'eux avec des secours, *profectis ab Ilio Romanis, Eumenes rex cum auxiliis occurrit.* (Just.) Tullus étant mort, le peuple créa roi Ancus Martius, *mortuo Tullo, Ancum Martium regem populus creavit.* (Tite-Live).

On exprime bien les participes du présent avec la conjonction *cùm* ou *dùm. Ex.* La chose étant ainsi, *dùm ita res se habeat.* Les Catiniens voulant secouer le joug des Syracusains, *Catinienses cùm Syracusanorum jugum excutere vellent.* Conon craignant la cruauté de ses concitoyens, *Conon, cùm crudelitatem civium metueret.* Un chien portant de la chair, *Canis carnem dùm ferret* (Phæd.)

Exemples :

Etant favorisé de Dieu, il vint à bout de son entre‑
prise, *quùm Deus ei favisset, consilium perfecit suum.*

Ayant été poursuivi des voleurs, il s'échappa, *quùm
latrones eum persecuti essent, evasit.*

PARTICIPES *français qui s'expriment en
latin par une Préposition et un Nom.*

Ayant autant de prudence ; *tournez,* eu égard à votre
prudence.

RÈGLE. *Ayant autant de....* avec un Nom, *étant
aussi* avec un adjectif, se tournent en latin par *eu égard
à.... pro* avec l'ablatif du Nom.

Exemples :

Ayant autant de prudence que vous en avez, étant
aussi prudent que vous l'êtes, *pro tuâ prudentiâ.*

REMARQUE. On peut encore tourner *quelle est votre
prudence,* et dire, *quæ tua est prudentia.*

CHAPITRE QUATRIÈME.
DES ADVERBES.

I.

QUE *Adverbe.*

Que tardez‑vous ? *tournez,* pourquoi tardez‑vous ?

Le *que* interrogatif adverbe se tourne par *pourquoi*,
et s'exprime par *quid* ou *cur ;* mais s'il est suivi d'une
négation, on tourne par *pourquoi ne,* et on l'exprime
par *quin* ou *cur non.*

Exemples :

Que tardez‑vous ? *quid* ou *cur moraris ?*

Que n'accourez‑vous ici ? *quin* ou *cur non hùc ad‑
volas ?*

Si le *que* interrogatif peut se tourner par *combien*, on
l'exprime avec un Verbe de prix par *quanti.*

Exemple :

Que vous a coûté cette maison ? *tournez*, combien vous a coûté cette.. *quanti tibi constitit hæc domus ?*

I I.

QUE *de desir.*

Que ne puis-je ! Que je voudrais ! *Utinam !*

Le *que* de désir se connaît lorsqu'on peut le tourner par *plaise à Dieu que...* et se rend en latin par *utinam*, avec le Subjonctif, sans exprimer *ne*.

Exemple :

Que ne puis-je vous entretenir ! *utinam tecum loqui possim.*

I I I.

Ne que, signifiant seulement, *solummodò.*

Ne que, signifiant seulement, se rend en latin par *solummodò*, ou par *solus, sola, solum*, que l'on fait accorder avec le Nom qui suit.

Exemple :

La louange n'est due qu'à la vertu ; *c'est-à-dire*, est due seulement, *laus virtuti solummodò debetur* ; ou bien est due à la seule vertu ; *laus soli virtuti debetur.*

Si *ne que* signifie *rien autre chose que*, on exprime *rien autre chose* par *nihil aliud* ; et *que* par *nisi* ou *quàm*.

Exemple :

Il n'a pris que sa robe ; *c'est-à-dire*, rien autre chose que... *nihil aliud nisi togam sumpsit.*

I V.

QUE entre deux négations.

Si *que* entre deux négations est relatif, *c'est-à-dire*, s'il est précédé d'un Nom auquel il se rapporte, on l'exprime par *qui, quæ, quod*, et on le met au cas du Verbe.

Exemple :

Le sage n'assure rien qu'il ne prouve, *sapiens nihil affirmat quod non probet.*

Mais s'il est adverbe, on l'exprime par *quin, nisi, priùsquàm,* avec le Subjonctif.

Exemple :

Je ne partirai pas d'ici que je ne vous aie vu, *non hinc proficiscar, quin,* ou *nisi,* ou *priùsquàm te viderim.*

V.

QUE *d'admiration.*

Le *que* d'admiration se connaît quand il peut se tourner par *combien ;* et il s'exprime de même que *combien.*

REMARQUE. Lorsque le *que* d'admiration ou l'Adverbe *combien* est joint au mot *grand,* on l'exprime par *quantus, quanta, quantum.*

Exemple :

Que ma joie serait grande ! *quanta esset mea lætitia !*

Lorsqu'il est joint au mot petit, on l'exprime par *quantulus, quantula, quantulum.* Que cette classe est petite ! *quantula est hæc schola !* *

* Après un *que* d'admiration, la négation française ne s'exprime pas en latin. *Ex.* Que de malheurs n'a-t-il pas essuyés ! *Quot et quantas calamitates hausit !*

DES ADVERBES.

Les Adverbes de quantité s'expriment de différentes manières en latin, selon les différens mots auxquels ils sont joints.

I.

Que *ou* combien d'eau, *quantùm aquæ.*

Devant un Nom de choses qui ne se comptent pas,

ON EXPRIME

Que *ou* combien,	*Quantùm*,	
Peu,	*Parùm*,	
Beaucoup,	*Multùm*,	
Moins,	*Minùs*,	
Plus,	*Plùs*,	
Autant, tant,	*Tantùm*,	
Assez,	*Satis*,	
Trop,	*Nimis*, *Nimiùm*,	

(avec « PAR » à gauche et « Avec le Génitif » accolade à droite)

Exemples :

Que *ou* combien d'eau,	*Quantùm aquæ.*
Peu d'eau, *	*Parùm aquæ.*
Beaucoup d'eau,	*Multùm aquæ.*
Moins d'eau	*Minùs aquæ,*
Plus d'eau,	*Plùs aquæ.*
Tant, autant d'eau,	*Tantùm aquæ.*
Assez d'eau,	*Satis aquæ.*
Trop d'eau,	*Nimis, Nimiùm aquæ.*

REMARQUE. Quand la chose qui ne se compte pas, peut se dire grande,

ON EXPRIME

Que *ou* combien,	*Quantus, a, um.*
Peu,	*Parvus, a, um.*
Beaucoup,	*Magnus, a, um.*
Moins,	*Minor, minus.*

* *Un peu, quelque peu,* devant un nom, s'expriment par *tantillùm, aliquantulùm,* avec le génitif. Un peu d'eau, *tantillùm aquæ.*

Un peu, devant un adjectif ou un adverbe, ou un Verbe, s'exprime par *leviter.* Un peu blessé, *leviter vulneratus.* Il se fâche un peu, *leviter irascitur* (c).

Plus,	*Major, majus.*
Autant, tant,	*Tantus, a, um.*
Assez,	*Satis magnus, a, um.*
Trop,	*Nimius, a, um, nimis magnus, a, um.*

L'on fait accorder ces Adjectifs avec le Nom.

(c) *Un peu* devant un adjectif se rend aussi quelquefois par un comparatif. *Ex. Senectus est naturâ loquacior.* (Cic.) *Obscuriora sunt Datamis pleraque gesta.* (Corn. N.)
Quelquefois aussi par *sub.* Un peu amer, *subamarus.*

Exemples :

Que *ou* combien de science,	*Quanta doctrina.*
Peu de science,	*Parva doctrina.*
Beaucoup de science,	*Magna doctrina.*
Moins de science,	*Minor doctrina.*
Plus de science,	*Major doctrina.*
Autant, tant de science,	*Tanta doctrina.*
Assez de science,	*Satis magna doctrina.*
Trop de science,	*nimia* ou *nimis magna doctrina.*

II.

Devant un Nom pluriel de choses qui se comptent,

ON EXPRIME

Que *ou* combien,*	*Quot* ou *quàm multi, æ, a.*
Peu,	*Pauci, cæ, ca.*
Beaucoup,	*Multi, æ, a.*
Moins,	*Pauciores, ra.*
Plus,	*Plures, ra.*
Autant, tant,	*Tot* ou *tàm multi, æ, a.*
Assez,	*Satis multi, æ, a.*
Trop,	*Nimis multi, æ, a.*

L'on fait accorder ces adjectifs avec le Nom pluriél qui suit.

Exemples :

Que *ou* combien de livres,	*Quot* ou *quàm multi libri.*
Peu de livres,	*Pauci libri.*
Beaucoup de livres,	*Multi libri.*
Moins de livres,	*Pauciores libri.*
Plus de livres,	*Plures libri.*
Autant de livres,	*Tot libri.*
Assez de livres,	*Satis multi libri.*
Trop de livres,	*Nimis multi libri.*

REMARQUE. Quand l'Adverbe *combien* signifie *combien de personnes*, on l'exprime toujours par *quàm multi*. Vous voyez combien nous sommes ici, *vides quàm multi hìc adsimus ;* et non pas *quot adsimus.*

* *Combien* signifiant *combien peu*, s'exprime par *quotusquisque, quotaquæque*. Combien y en a-t-il qui soient éloquens ? *quotusquisque est disertus.*

Quot

(*Quot* et *tot* ne s'emploient que devant un Nom exprimé.)

III.

Devant un Adjectif ou un Adverbe , (d)

ON EXPRIME :

Que *ou* combien ,		*Quàm* ou *ut.*
Peu ,		*Parùm.*
Beaucoup , bien , fort ,		*Multùm* , *valdè.*
Moins ,		*Minùs.*
Plus ,	PAR	*Magis* ou un Compar.
Tant, aussi , si,		*Tàm*
Assez,	*	*Satis.*
Trop ,		*Nimis.*

Exemples :

Que *ou* combien il est modeste ! *Quàm* ou *ut mo.des-
tus est.*
Peu modeste, *Parùm modestus.*

* Voyez *assez*, *trop*, suivis de *pour*, page 243.

(d) Les adverbes de quantité *que*, *combien*, etc., se rapportent toujours au nom de la phrase devant lequel se trouve un *de*
qui n'est pas gouverné par un autre nom. Si le *de* était régi par
un autre nom, ce ne serait pas au nom que se rapporteraient les
adverbes de quantité, mais au verbe, ou à l'adjectif, ou à l'adverbe qui l'accompagne. *Ex. Combien Cicéron avait d'éloquence!*
Je puis tourner: *combien d'éloquence Cicéron avait !* L'adverbe
combien se rapporte à *d'éloquence*, parce que *de* n'est pas gouverné par un autre mot. *Combien la probité de Fabricius causa
d'admiration à Pyrrhus!* tournez, *combien d'admiration la probité*, etc. On voit qu'il n'y a que le nom *d'admiration* qui puisse
être régi par *combien.* Autres exemples: *combien sa conduite fut
admirable !* tournez, *combien admirable fut sa conduite !* Ici
combien se rapporte à l'adjectif *admirable. Combien un bel exemple de vertu peut agir efficacement sur nos cœurs !* tournez,
combien efficacement un bel exemple, etc. *Combien* se rapporte
ici à *efficacement. Combien un mauvais exemple peut nous entraîner au mal !* tournez, *combien peut nous entraîner au mal
un mauvais exemple !* L'adverbe *combien* se rapporte ici au verbe
peut.

20

Bien modeste, *Multùm modestus : ou modestissimus.*
Moins modeste, *Minùs modestus.*
Plus modeste, *Magis modestus*, ou *modestior.*
Aussi, si modeste, *Tàm modestus.*
Assez modeste, *Satis modestus.*
Trop modeste, *Nimis modestus*, ou *modestior.*

REMARQUE. *Si grand, aussi grand* s'expriment par *tantus, a, um; si petit, aussi petit,* par *tantulus, a, um.*

IV.

Devant un Comparatif ou un Verbe d'excellence, comme *excello, præsto, supero, malo,*

ON EXPRIME:

Que *ou* combien,		*Quantò.*
Un peu,	PAR	*Paulò.*
Bien, beaucoup,		*Multò* ou *longè.*
Autant, tant,		*Tantò.*

Exemples :

Qu'il est, *ou* combien est-il plus savant! *quantò doctior est!* un peu plus savant, *paulò doctior.*
Bien *ou* beaucoup plus savant, *multò doctior.*
Vous l'emportez autant sur les autres, *tantò præstas aliis.*

REMARQUE. *Combien, un peu, beaucoup, autant,* devant les Adverbes *antè* et *post,* s'expriment de même : combien auparavant, *quantò antè* ; un peu auparavant, *paulò antè* ; beaucoup auparavant, *multò antè* (e).

V.

Devant un Verbe ordinaire,

(e) Combien de temps, pendant combien de temps, s'exprime par *quandiù* : combien y a-t-il de temps que, par *quàm, pridem, quàmdudùm ;* dans combien de temps, par *quandò, intra quod tempus,* ou *quot dies.* Combien y a-t-il d'ici à dimanche? *Quota ab hinc die futura est dies dominica?* Combien y a-t-il d'ici à Paris? *Quantùm ab hinc distat Lutetia?*

ON EXPRIME:

Que *ou* combien,	Quàm, quantùm, ut.
Peu,	Parùm,
Beaucoup,	Multùm, valdè, plurimùm,
Moins,	Minùs.
Plus,	Magis, plùs, ampliùs,
Autant, aussi, si,	Tantùm, tàm.
Assez,	Satis.
Trop,	Nimis, nimiò plùs, plùs æquo.

(à gauche, en marge verticale : PAR)

Exemple:

Qu'il *ou* combien il est aimé! quàm, quantùm amatur!

Il est peu aimé,	Parùm amatur.
Il est beaucoup aimé,	Multùm, valdè amatur.
Il est moins aimé,	Minùs amatur.
Il est plus aimé,	Plùs, magis amatur.
Il est aussi, autant aimé,	Tantùm, tàm amatur.
Il est assez aimé,	Satis amatur.
Il est trop aimé,	Nimis, nimiò plus amatur.

REMARQUE. *Plus, moins, trop* avec *refert, interest,* s'expriment par *magis, minùs.* Il vous importe plus, *tuâ magis interest.* Il m'importe moins, *meâ minùs interest.*

VI.

Devant un Verbe de prix ou d'estime,

ON EXPRIME:

Que *ou* combien,	Quanti.
Peu,	Parvi.
Beaucoup,	Magni.
Moins,	Minoris.
Plus,	Pluris.
Tant, autant, aussi, si,	Tanti.
Assez,	Satis magni.
Trop,	Nimiò pluris (f).

(à gauche, en marge verticale : PAR)

(f) On sous—entend avec ces génitifs *æris* ou *pretii* gouverné par *res* ou *negotium* sous-entendu. Ainsi quand on dit : *parvi æstimatur*, c'est comme si on disait *æstimatur res parvi pretii.*

Exemples :

Qu'il *ou* combien il est estimé ! *Quanti œstimatur !*

Il est peu estimé,	*Parvi œstimatur.*
Il est fort estimé,	*Magni œstimatur.*
Il est moins estimé,	*Minoris œstimatur.*
Il est plus estimé,	*Pluris œstimatur.*
Il est tant, autant, aussi, si estimé,	*Tanti œstimatur.*
Il est assez estimé,	*Satis magni œstimatur.*
Il est trop estimé,	*Nimiò pluris œstimatur.*

Ire REMARQUE. *Combien, peu, beaucoup, autant, assez,* devant le Verbe *refert, interest,* s'expriment par *quanti, parvi, magni, tanti, satis magni.* Il m'importe beaucoup, *meâ magni refert.*

IIe REMARQUE. *Plus,* devant *odisse* et *fugere,* se rend par *pejùs.* Je le haïssais plus, *eum pejùs oderam.*

I.

QUE *après* plus, *moins*…. Quàm.

RÈGLE. De quelque manière qu'on exprime *plus, moins,* le *que* suivant se rend toujours par *quàm* (g).

J'ai vendu cela cher, *magni hoc vendidi,* c'est-à-dire, *vendidi hoc, rem magni œris* ou *pretii.* Je vous estime plus, *pluris te facio,* c'est-à-dire, *facio te, rem pluris pretii.*

(g) *Quàm* est quelquefois sous-entendu, comme dans les phrases suivantes, qui méritent d'être remarquées. Porter des vivres pour plus de la moitié d'un mois, *ferre plus dimidiati mensis cibaria.* (Cic.) Sous-entendu *quàm* après *plus.* Le génitif *dimidiati mensis* est gouverné par *cibaria* que l'on répète après *quàm.* Il a été malade plus d'un an, *plùs annum æger fuit,* (Tite-Live.) *Annum* à l'accusatif par la règle *regnavit tres annos.* On a tué plus de cinq mille ennemis, *hostium plùs quinque millia cœsi.* (Tite-Live).

Il y a plus de six mois, *ampliùs sunt sex menses.* (Cic.) Moins de dix mille, *minùs dena millia.* Agé de plus de 40 ans, *annos natus magis quadraginta.* (Cic.) *Annos* à l'acc. régi par la préposition *antè* sous-entendu. En moins de trente jours, *minùs triginta diebus.* (Id.) *Diebus* à l'abl. par les règles des noms de temps. Bras plus de la moitié nus, *nudi mediâ plùs parte lacerti* (Ovide.) On sous-entend *ex* devant *parte.* Dans tous ces exemples on a sous-entendu *quàm* après *plus, moins.*

Exemples :

Plus Moins	de courage que de prudence,
Plùs *Minùs*	*fortitudinis quàm prudentiæ.*
Plus Moins	de villes que de bourgs,
Plures *Pauciores*	*urbes quàm vici.*
Il est	plus moins estimé que son frère,
Pluris *Minoris*	*æstimatur quàm frater.*

II.

QUE *après* autant, aussi.

1º S'il est devant un Nom de choses qui ne se comptent pas, on l'exprime par *quantùm* avec le génitif.

Exemple :

Autant de modestie que de science, *tantùm modestiæ*, *quantùm doctrinæ.* On dit aussi, *tanta modestia*, *quanta doctrina.*

2º Devant un Nom de choses qui se comptent, on l'exprime par *quot.*

Exemple :

Autant de fruits que de fleurs, *tot fructus quot flores.*

3º Devant un Adjectif ou un Adverbe, par *quàm.*

Exemple :

Il est aussi prudent que brave, *tam prudens est, quàm fortis.*

4.º Devant un Verbe ordinaire, par *quantùm.*

Exemple :

Je vous aime autant que vous m'aimez, *tantùm te amo, quantùm me amas* (h).

_____

(h) *Autant* signifiant la durée du temps, s'exprime par *tamdiù,*

5° Devant un Verbe de prix ou d'estime, par *quanti*.

Exemple :

Je vous estime autant que vous m'estimez, *tanti te facio, quanti me facis* (i).

REMARQUE. Après *autant, aussi, que* suivi de *peu* s'exprime par *quàm*, et alors *autant* s'exprime par *tàm magni. Ex.* Il vous importe autant qu'il m'importe peu, *tuâ tàm magni refert quàm parvi meâ*

I I I.

6° *Autant que*, au commencement d'une phrase, s'exprime par *quantùm. Ex.* Autant que je puis prévoir, *quantùm prospicere possum* (k).

I V.

7° *Autant, aussi*, à la fin d'une phrase, s'expriment par les Adverbes suivans,

---

et le *que* par *quamdiù. Ex.* Je suis en repos autant de temps que j'en mets à vous écrire, *tàmdiù requiesco, quàmdiù ad te scribo.* (Cic.) Il a autant vécu que son père, *tàmdiù vixit, quàmdiù pater :* on peut encore dire, *quàm pater*, ou *quoad pater*.

Le *que* après *autant* devant un Verbe d'excellence, s'exprime par *quantò. Ex.* Annibal l'emporta autant sur les autres généraux, que le peuple Romain sur toutes les autres nations, *Annibal tantò præstitit cœteros imperatores, quantò populus Romanus cunctas nationes.* (Corn. N.)

(i) Quand après *autant* il y a deux Verbes, l'un de prix et l'autre ordinaire, il faut exprimer deux fois *autant* en latin, et rendre l'un par *non minùs*, et l'autre par *non minoris*, selon le Verbe, et le *que* par *quàm. Ex.* Il est autant aimé et estimé que mon frère, *non minùs amatur, nec minoris æstimatur, quàm meus frater.*

(k) Remarquez les expressions suivantes : autant que je pourrai, *quantùm potero ; quoad potero ; pro viribus ; pro virili parte.* Autant qu'il dépendra de moi, *quantùm in me erit.* Autant qu'il est possible, *quantùm fieri potest.*

Avec autant de soin qu'il est possible, *quàm accuratissimè.* Avec autant de diligence qu'il m'est possible, *quàm possum diligentissimè.* Il est aussi prudent qu'il est possible de l'être, *quàm prudentissimus est.*

S'il se rapporte

à un Nom de choses qui ne se comptent pas, *Tantùmdem.*
à un Nom de choses qui se comptent,   *Totidem.*
à un Adjectif,   *Item.*
à un Verbe ordinaire,   *Tantùmdem.*
à un Verbe de prix,   *Tantidem.*

Exemples :

Vous avez beaucoup de loisir, je n'en ai pas autant ; *habes multùm otii, non habeo tantùmdem.*

J'ai beaucoup de livres, vous n'en avez pas autant : *sunt mihi libri benè multi, non sunt tibi totidem,* etc.

V.

Après *aussi, autant, plus,* on exprime de cette manière :

Qu'homme du monde,
Que qui que ce soit,   } *Quàm qui maximè.*

Que chose du monde,
Que quoi que ce soit,   } *Quàm quod maximè.*

Que jamais,   *Quàm quùm maximè.*
Qu'en aucun lieu du monde, *Quàm ubi maximè.*

Avec un Verbe de prix ou d'estime, mettez *quanti* au lieu de *quàm,* et *plurimi* au lieu de *maximè.*

Exemples :

Il est aussi prudent qu'homme du monde ; *tournez,* que celui qui l'est le plus ; *tàm prudens est quàm qui maximè.*

Il est autant estimé que qui que ce soit, *tanti fit quanti qui plurimi.*

Cela m'est aussi agréable que quoi que ce soit ; *tournez,* que ce qui me l'est le plus ; *id mihi tàm gratum est quàm quod maximè.*

Il est aussi paresseux que jamais ; *tournez,* que lorsqu'il l'est le plus : *tàm piger est quàm quùm maximè.*

La vieillesse était aussi honorée à Lacédémone qu'en aucun lieu du monde, *senectus tantùm honorabatur Lacedæmone quantùm ubi maximè.*

V I,

Autant *répété.*

Quand *autant* est répété, le premier tient lieu de *que*, et s'exprime de même par *quantùm*, *quot*, *quanti*, etc. ; le second, par *tantùm*, *tot*, *tanti*, selon les mots auxquels ils sont joints.

Exemples :

Autant ce jeune homme avait de science, autant il avait de modestie, *quantùm doctrinæ in eo adolescente, tantùm modestiæ inerat.* C'est comme s'il y avait, *ce jeune homme avait autant de modestie que de science ;* mais la phrase est renversée.

Autant d'hommes, autant de sentimens, *quot homines, tot sententiæ.*

Autant la politesse plaît, autant la grossiéreté déplaît, *quàm delectat urbanitas, tàm offendit rusticitas.*

I.

D'autant devant *plus*, *moins que....* eò, quò ou quòd.

Règle. 1° *D'autant* devant *plus*, *moins*, s'exprime par *eò* ou *tantò*. 2° *Plus*, *moins*, s'expriment ensuite selon les mots auxquels ils se rapportent. 3° *Que* s'exprime par *quò* ou *quantò*, s'il est suivi d'un comparatif* auquel il se rapporte.

Exemples :

Il est d'autant plus modeste, qu'il est plus savant; *tournez*, il est plus modeste par cela qu'il est plus savant: *eò modestior est, quò doctior.*

Il est d'autant moins estimé, qu'il est plus orgueilleux, *eò minoris fit, quò superbior est.*

I I.

Que après *d'autant plus*, s'exprime *par quòd* s'il n'est pas suivi d'un comparatif.

* Cette règle a lieu, même quand *d'autant plus* est suivi de deux *que*. Ex. *Tibi eò plus debeo, quò tua in me humanitas fuerit excelsior quàm in te mea.* Cic. Attic. lib. 3. Epist. 20.

Exemples :

Cela a paru d'autant plus surprenant, qu'on ne s'y attendait pas; *id eò mirabilius visum est*, *quòd à nemine expectabatur*.

REMARQUE. *A proportion que* se tourne par *d'autant plus*, et s'exprime de même.

Exemple :

Il est plus modeste à proportion qu'il est plus savant, *eò modestior est*, *quò doctior* ; c'est-à-dire, il est d'autant plus modeste, qu'il est plus savant.

PLUS ou MOINS *répétés....* quò, eò.

I.

Plus, *moins*, répétés sont la même chose que *d'autant plus*, *d'autant moins*, mais la phrase est renversée; ainsi l'on met *quò* devant le premier *plus* ou *moins*; *eò* devant le second en exprimant toujours *plus* et *moins* selon les mots auxquels ils se rapportent.

Exemple :

Plus il est savant, plus il est modeste, *quò doctior*, *eò modestior est.*

II.

Plus on, *plus une personne*, se tourne par *plus quelqu'un*, *quò quis*, avec un comparatif: *Plus une chose* se tourne par *plus quelque chose*, *quò quid (pour quò aliquis*, *aliquid*, *après* quò *on retranche* ali).

Exemples :

Plus on est vicieux, plus on est malheureux; *tournez*, plus quelqu'un est vicieux.... *quò quis vitiosior*, *eò miserior est.* ✻

✻ Le premier *plus on* peut encore s'exprimer par *ut quisque* avec un superlatif, et le second par *ità* avec un superlatif encore. *Ex.* Plus on est vicieux, plus on est malheureux, *ut quisque vitiosissimus*, *ità miserrimus est* (1).

_____

(1) Au lieu de dire *ut quisque vitiosissimus*, *ità miserrimus est*,

Tout le monde convient que plus une chose est difficile, plus il faut y apporter de soin, *fatentur omnes,*
quò quid difficilius est, eo majorem ad id adhibendam
esse curam. Lorsqu'il y a un *que* retranché devant le
premier *plus* ou *moins*, ce *que* retombe sur le second
plus ou *moins*.

LE PLUS, LE MOINS.

I.

Devant un Adjectif.

Le plus s'exprime par un su-perlatif, ou par *maximè*, avec le positif.	*Le moins* s'exprime par *mi-nimè*, avec le positif.
Exemple :	*Exemple :*
Le plus savant de tous, *om-nium doctissimus*, ou *maximè doctus* (m).	Le moins savant de tous, *om-nium minimè doctus*.

Servez-vous aussi de *maximè, minimè* avec un Verbe
ordinaire.

II.

Devant un Verbe de prix, d'estime.

Le plus s'exprime par *maxi-mi, plurimi*.	*Le moins* s'exprime par *mi-nimi*.

on retranche *ut* et *ità*, et on dit: *vitiosissimus quisque miserri-*
mus est. Traduisez de même les exemples suivans : plus une chose
est bonne, plus elle est rare, *optimum quodque rarissimum est.*
(Cic.) Plus on a de fortune, moins on doit s'y fier, *maximæ cui-*
que fortunæ minimè credendum est. (Tite-Live).

(m) Quelquefois on ajoute au superlatif relatif le mot *quisque.*
Ex. Les plus savans, *doctissimus quisque.* (Cic.) Alexandre en-
treprenait les choses les plus dangereuses, *Alexander periculo-*
sissima quæque aggrediebatur.

On se sert du comparatif en latin au lieu du superlatif, quand
deux choses sont comparées ensemble. *Ex.* La plus grande partie
des hommes, *major pars hominum.* (Cic.) Le plus grand, ou
l'aîné des fils de Pompée fut tué, le plus petit ou le plus jeune
prit la fuite, *Pompeii filius major occisus est, minor fugit.* (Eutrope).

Exemple :

L'enfant que j'estime le plus,
puer quem plurimi omnium fa-
cio.

Exemple :

L'enfant que j'estime le
moins, *puer quem minimi om-*
nium facio.

III.

Devant un Adjectif ou un Adverbe suivi d'un *que* Adverbe.

Le plus s'exprime par le superlatif, devant lequel on met
quàm.

Le moins s'exprime par *quàm*
minimè, avec le positif.

Exemple :

Soyez le plus indulgent que
vous pourrez, *esto quàm facil-*
limus (n).

Exemple.

Soyez le moins indulgent que
vous pourrez, *esto quàm minimè*
facilis.

IV.

Devant un Nom singulier, suivi d'un *que* Adverbe.

Le plus s'exprime par *quàm*
plurimùm, avec le génitif, ou
par *quàm plurimus, a, um,* que
l'on fait accorder avec le nom.

Le moins s'exprime par *quàm*
minimùm avec le génitif, ou par
quàm minimus, a, um, que l'on
fait accorder avec le nom.

Exemple :

Il a employé le plus de diligence qu'il a pu, *adhibuit quàm*
plurimùm potuit diligentiæ, ou
quàm plurimam potuit diligen-
tiam.

Exemple :

Il a employé le moins de diligence qu'il a pu, *adhibuit quàm*
minimùm potuit diligentiæ, ou
quàm minimam potuit diligen-
tiam.

V.

Devant un Nom pluriel de choses qui se comptent, suivi d'un *que* Adverbe.

Le plus s'exprime par *quàm*
plurimi, mæ, ma, que l'on fait
accorder avec le nom.

Le moins s'exprime par *quàm*
paucissimi, mæ, ma, que l'on
fait accorder avec le nom.

Exemple :

Il a lu le plus de livres qu'il a
pu, *quàm plurimos potuit libros*
legit.

Exemple :

Il a lu le moins de livres qu'il
a pu, *quàm paucissimos potuit*
libros legit.

(n) *Le plus, le moins,* devant un adjectif ou un adverbe suivi
du mot *possible,* se rend aussi par le superlatif précédé de *quàm.*
Ex. Le plus brièvement possible, *quàm brevissimè.* (Cic.) Je par-
lerai du reste dans le moins de mots possible, *cætera quàm pau-*
cissimis absolvam. (Sall.)

V I.

Devant un Adjectif suivi d'un *qui* ou *que* relatif.

Le plus s'exprime par le su-perlatif, *qui* ou *que* par *qui*, *quæ*, *quod*, avec le subjonctif.

Exemple :

Il est le plus savant que je connaisse, *c'est-à-dire*, le plus savant de tous ceux que je con-naisse, *est omnium quos nove-rim doctissimus.*

Le moins s'exprime par *mi-nimè*, avec le positif ; *qui* ou *que* par *qui*, *quæ*, *quod*, avec le subjonctif.

Exemple :

Il est le moins savant que je connaisse, *c'est-à-dire*, de tous ceux que je connaisse, *est om-nium quos noverim minimè doc-tus.*

T A N T   Q U E.

I.

Iʳᵉ Règle. Si *tant que* est précédé d'une négation, on le tourne ordinairement par *autant que*, et on l'ex-prime de même.

Exemples :

Il n'a pas tant de science que de présomption, *c'est-à-dire*, autant de science que de présomption, *non in eo inest tantùm doctrinæ quantùm arrogantiæ.*

Il n'y a pas tant de fruits que de fleurs, *non sunt tot fructus quot flores.*

Tant devant un comparatif se rend par *tantò.* Tant pis, *tantò pejùs ;* tant mieux, *tantò meliùs.*

I I.

IIᵉ Règle. Si *tant* ne peut pas se tourner par *au-tant*, * le *que* suivant s'exprime toujours par *ut* avec le subjonctif.

Exemples :

Il a reçu tant de coups qu'il en est mort : *tot plagas accepit, ut mortuus sit.*

J'estime tant la vertu, que je la préfère à tous les trésors ; *tanti facio virtutem, ut eam thesauris omnibus anteponam.*

* C'est-à-dire, s'il n'y a pas de comparaison.

III.

III.

Tant que signifiant *tandis que*, *tant de temps que*, s'exprime par *dùm*, *donec*, *quandiù*.

Exemples :

Tant que vous serez heureux, vous compterez beaucoup d'amis : *donec eris felix*, *multos amicos numerabis.*

Tant qu'il a vécu, *quandiù vixit.*

IV.

Tant.... que signifiant *non-seulement*, *mais encore*, s'exprime par *tùm* répété, ou par *cùm*, *tùm*.

Exemple :

Les Philosophes, tant anciens que modernes, *Philosophi tùm veteres, tùm recentiores*, ou *cùm veteres*, *tùm recentiores.*

V.

Non pas tant pour... que pour... s'exprime par *non tàm ut... quàm ut* avec le subjonctif.

Exemple :

Je vous écris, non pas tant pour vous louer, que pour vous féliciter, *ad te scribo, non tàm ut te laudem*, *quàm ut tibi gratuler.*

VI.

Tant.... tant il est vrai que.... se rend en latin par *adeò* devant un Adjectif ou un Verbe ordinaire ; par *tanti* devant un Verbe de prix, *tantò* devant un comparatif.

Exemples :

Tant est rare une amitié fidelle, *adeò rara est fidelis amicitia.*

Tant la sagesse l'emporte sur les richesses, *tantò præstat divitiis sapientia.*

Si, *Adverbe.*

I.

Quand *si*.... *que* peut se tourner par *aussi*.... *que*, on l'exprime de même : voyez *que* après aussi, page 233.

II.

Quand *si* ne peut pas se tourner par *aussi*, on l'exprime par *tàm*, *adeò*, *ità*, devant un Adjectif, un Adverbe et un Verbe ordinaire ; par *tanti* devant un Verbe de prix ou d'estime, et le *que* s'exprime toujours par *ut*.

Exemples :

Dieu est si bon qu'il aime les hommes, *Deus est tàm bonus ut amet homines.*

Il fut si frappé de cette nouvelle, qu'il mourut ; *eo nuncio ità perculsus est, ut mortuus sit.*

Il est si estimé que.... *tanti fit ut....*

III.

Si grand s'exprime par *tantus, ta, tum* ; *si petit* par *tantulus, la, lum* : et quand *si* ne peut pas se tourner par *aussi*, le *que* suivant se rend par *ut*, avec le subjonctif.

Exemples :

La bonté de Dieu est si grande, qu'il nous aime, *tanta Dei est bonitas, ut nos amet.*

Cette étoile est si petite qu'on ne peut la voir, *stella hæc tantula est, ut perspici non queat.*

Mais quand *si grand* peut se tourner par *aussi grand*, on exprime *que* par *quantus, ta, tum* ; et quand *si petit* peut se tourner par *aussi petit*, on exprime *que* par *quantulus, la, lum.*

Exemples : ·

La terre n'est pas si grande que le soleil ; *tournez*, n'est pas aussi grande... *non tanta est terra quantus sol.*

Cette classe n'est pas si petite que la nôtre, *c'est-à-dire*, aussi petite... *hæc schola non tantula est quantula est nostra.*

Assez.... Pour.... *en latin* Tant.... *ou* si.... que.

I.

Règle. Quand *assez* est suivi de *pour*, on tourne *assez* par *tant* ou *si*, qu'on exprime selon les mots auxquels il se rapporte: *pour* se tourne par *que*, et s'exprime par *ut* avec le subjonctif.

Exemples :

Avez-vous assez de loisir pour lire même des fables ? *tournez*, avez-vous tant de loisir, que vous lisiez.... *est ne tibi tantùm otii, ut etiam fabulas legas.*

Je ne suis pas assez insolent pour me croire roi ; *tournez*, si insolent que je me croie... *non sum tàm, insolens, ut regem esse me putem.* *

Il n'est pas assez estimé pour que je me fie à lui ; *tournez*, si estimé que je me fie... *non tanti fit, ut ei confidam.*

II.

Assez peu, suivi de *pour*... se tourne par *si peu que*... et s'exprime *assez* par *tàm*, *peu* selon le mot auquel il se rapporte, et *pour* par *ut*.

Exemple :

J'ai assez peu d'ambition pour mépriser les honneurs ; *tournez*, j'ai si peu d'ambition, que je méprise... *inest in me tàm parùm ambitionis, ut honores despiciam.*

I.

Trop.... Pour.... *en latin*, plus que (*il ne faut*) pour....

Règle. Quand *trop* est suivi de *pour*, on tourne *trop* pas *plus*, qu'on exprime selon les mots auxquels il se rapporte ; et *pour* s'exprime par *quàm ut* avec le subjonctif.

---

* Au lieu de *ut*, on peut se servir de *qui, quæ, quod*, comme après mériter.... *Non sum tàm insolens qui regem esse me putem.*

Exemples :

Il a avalé trop de poison pour recouvrer la santé : *plùs venenum hausit , quàm ut sanitati restituatur.* On peut dire aussi, *quàm qui sanitati restituatur.*

Il a commis trop de crimes pour que les juges aient pitié de lui : *plura admisit scelera, quàm ut illius judices misereat.* On peut dire aussi , *quàm cujus judices misereat.*

Je suis trop élevé pour que la fortune puisse me nuire , *major sum , quàm ut fortuna mihi nocere possit ,* (ou *quàm cui*).

Je vous estime trop pour vous blâmer , *pluris te facio, quàm ut te vituperem.*

III.

Ne pas assez.... pour.... } en latin *moins que* (*il ne*
Trop peu.... pour.... { *faut*) *pour....*

RÈGLE. *Trop peu* se tourne par *moins*, et s'exprime de même, *pour* s'exprime par *quàm ut.*

Exemples :

Il a trop peu d'esprit pour conduire cette affaire ; *tournez*, il a moins d'esprit que.... *minùs habet ingenii , quàm ut rem gerat.*

Il avait trop peu de soldats pour vaincre, *pauciores habebat milites , quàm ut vinceret.*

Il était trop peu estimé pour.... *minoris æstimabatur quàm ut.*

ADVERBES DE TEMPS.

A PEINE.... QUE.... *Vix....* *Quàm....* AUSSITÔT QUE....
Statim ut....

I.

A peine, s'exprime par *vix*, et le *que* suivant par *quàm* avec l'Indicatif.

Exemple :

A peine fut-il arrivé qu'il tomba malade, *vix advenit quàm in morbum incidit.*

Aussitôt que, *ne pas plutôt que*, s'expriment par
statim ut.

Exemple :

Aussitôt qu'il fut arrivé il tomba malade, *statim ut
advenit, in morbum incidit.*

II.

Plutôt signifiant *de meilleure heure*, s'exprime par
maturiùs ; s'il signifie *plus vîte*, par *citiùs, celeriùs.*

Exemples :

Il s'est levé plutôt qu'à l'ordinaire, *maturiùs solito
surrexit.*

Il est arrivé plutôt qu'on ne pensait, *citiùs venit quàm
putabant.*

III.

Quand *plutôt* marque la préférence d'une chose sur
une autre, on l'exprime par *potiùs*, et *que de* par *quàm*
avec le subjonctif.

Exemple :

Combattez plutôt que de devenir esclave, *depugna
potiùs quàm servias.*

Après les Adverbes et les Noms de temps, on exprime
que par *quùm* (ou *ex quo* quand il peut se tourner
par *depuis que*).

Exemples :

Présentement que... *nunc quùm.*
Hier que... *heri quùm.*

La dernière fois que je vous vis, *proximè quùm te
vidi.*

Un jour que j'étais avec vous, *quâdam die quùm
tecum essem.*

Il y a long-temps que je vous attends, *diù est quùm
te expecto* (*Il y a*, *il y avait*, se tourne par le Verbe
être).

Du temps que Rome florissait, *tum quum Roma flo-
reret.*

Un jour viendra que.... *veniet* ou *erit tempus quùm....*
Il y a des temps que.... *incidunt sæpè tempora quùm.*

Il y a deux ans qu'il est mort, *duo anni effluxére ex quo mortuus est* (sous-entendu *tempore*) et non pas *ex quibus* (o).

CHAPITRE CINQUIÈME.

PRÉPOSITIONS FRANÇAISES.

I.

Préposition DE.

De, au commencement d'une phrase, s'exprime par *e* ou *ex* avec l'Ablatif.

Exemple :

De tous les vices il n'en est pas de plus grand que l'orgueil, *ex omnibus vitiis, nullum est majus superbiá.*

II.

De, entre un Nom et le présent de l'Infinitif actif, veut le Gérondif en *di*.

Exemple :

Le temps de prier, *tempus orandi.*

De, entre un Nom et l'Infinitif passif, ou tout autre Verbe qui n'a point de Gérondif, s'exprime par différentes conjonctions, selon le Verbe d'où le Nom est dérivé.

Exemple :

Il tremblait de crainte d'être surpris, *contremiscebat ne deprehenderetur.* (Après *craindre*, de s'exprime par *ne*).

Il a une grande joie d'être le premier, *summá perfunditur lætitiá quod primum locum teneat.* (Après *se réjouir*, de s'exprime par *quòd*).

(o) On peut aussi dire : *à duobus annis mortuus est*, ou *duobus abhinc annis mortuus est.*

Dans les phrases suivantes, le *que*, après un nom de temps s'exprime par *qui*, *quæ*, *quod*. *Ex.* Le jour que vous vis, *die quo te vidi.* Dans les dix ans qu'il a vécu, *decem annis quibus vixit.*

III.

Quand *de*, suivi d'un Infinitif, peut se tourner par *si*, on l'exprime en latin par *si*.

Exemple :

Vous me ferez plaisir de lui écrire ; *tournez*, si vous lui écrivez. *Pergratum mihi feceris, si ad eum scripseris.*

IV.

Quand *de*, suivi d'un Infinitif, peut se tourner par *moi qui, vous qui...* on l'exprime par *qui, quæ, quod* avec le Subjonctif.

Exemple :

Que vous êtes malheureux d'avoir couru de vous-même à la mort ! *ŏ te infelicem !* (p) *qui ultrò ad necem cucurreris.*

Préposition à devant un Infinitif.

I.

Quand la préposition *à*, précédé d'un Nom, peut se tourner par *qui, que*, on l'exprime par *qui, quæ, quod* avec le Subjonctif.

Exemple :

Je n'avais rien à vous écrire, *tournez*, que je vous écrivisse. *Nihil habebam quod ad te scriberem.*

II.

Quand *à* peut se tourner par *si*, on l'exprime en latin par *si*.

Exemple :

A l'entendre parler, vous diriez... *tournez*, si vous l'entendiez parler. *Quem si loquentem audias, dicas.*

(p) *Te infelicem* est ici à l'accusatif à cause du Verbe *video*, qui est sous-entendu après l'interjection *ŏ*; c'est comme si on disait : *ŏ video te infelicem !*

REMARQUE. On met élégamment en latin le présent du Subjonctif au lieu de l'Imparfait.

III.

Quand *à* peut se tourner par *pour*, on l'exprime par *ut* avec le Subjonctif, et s'il suit une négation, c'est par *ne*.

Exemples :

A dire vrai, *tournez*, pour dire vrai, *ut verum dicam*.

A ne pas mentir, *ne mentiar*.

Être homme à.... femme à.... tournez, *être celui, celle qui....*

RÈGLE. *N'être pas homme à... femme à... capable de...* se tourne par *n'être pas celui, celle qui*, et s'exprime par *non is... qui... non ea quæ...*, avec le Subjonctif, et le second Verbe est toujours à la même personne que le premier.

Exemples :

Je ne suis pas homme à reculer, *non sum is qui pedem referam*.

Votre mère n'est pas femme à élever mal ses enfans, *non ea est tua mater quæ liberos suos malè instituat*.

Si *être* ou *n'être pas capable* a pour nominatif un Nom de chose inanimée, on l'exprime par *posse, possum. Ex.* Tous les trésors du monde ne sont pas capables de satisfaire son avarice, *thesauri quilibet illius avaritiam satiare non possunt*.

Préposition POUR.

Pour s'exprime de différentes manières, suivant ses différentes significations.

I.

Quand *pour* signifie *envers*, il s'exprime par *in* ou *ergà*, avec l'Accusatif.

Exemple :

Mon zèle pour vous, *meum in te* ou *ergà te studium.*

II.

Quand *pour* peut se tourner par *de*, on le rend par le Génitif.

Exemple :

L'amour pour la liberté nous est naturel; *tournez*, l'amour de la liberté, *amor libertatis nobis est innatus.*

III.

Quand *pour* signifie *au lieu de*, il s'exprime par *pro* avec l'Ablatif, ou par *loco* avec le Génitif.

Exemple :

Pour une épée il prit un bâton, *pro gladio* ou *loco gladii fustem sumpsit.*

IV.

Quand *pour* signifie *à cause de*, il s'exprime par *ob* ou *propter*, avec l'Accusatif.

Exemple :

Je l'aime pour sa modestie, *illum propter modestiam amo.*

V.

Quand *pour* signifie *pour l'amour de*, il se rend par *causâ* ou *gratiâ* avec le Génitif.

Exemple :

Je ferai volontiers cela pour lui, *id libenter illius causâ faciam;* pour vous, *tuâ causâ :* (au lieu des génitifs *mei*, *tui*, on dit *meâ*, *tuâ*, devant *causâ*.).

VI.

Quand *pour* marque l'intention, le motif, il se rend par *in* avec l'Accusatif (q).

(q) *Pour* signifiant *pour combien de temps*, *pour quel temps*, s'exprime aussi par *in* avec l'accusatif. *Ex.* Les Lacédémoniens firent la paix pour trente ans, *Lacædemonii in annos triginta*

Exemple :

Employez tous vos soins pour votre santé, *omnem curam in valetudinem confer.*

VII.

Pour signifiant *à l'avantage*, *au désavantage de*, se rend en latin par le datif.

Exemples :

Je craignais pour votre vie, *vitæ tuæ metuebam.*
Demander grace pour quelqu'un, *veniam alicui petere.*

VIII.

Pour devant un Infinitif, s'exprime par *ad* avec le gérondif en *dum*, ou par *ut* avec le subjonctif, ou par *causâ*, *gratiâ*, avec le gérondif en *di*.

Exemple :

Il se leva pour répondre, *surrexit ad respondendum,* ou *ut responderet, ou respondendi causâ.*

On se sert quelquefois du futur en *rus, ra, rum*, que l'on fait accorder avec le nominatif : *surrexit responsurus.*

Si, *pour* est suivi d'un comparatif, au lieu de *ut* on se sert de *quò.*

Exemples :

Reposez-vous pour mieux travailler, *otiare quò meliùs labores.*

Quand *pour* est accompagné d'une négation, il se rend par *ne* avec le subjonctif.

Exemple :

Pour ne pas vous ennuyer, *ne vobis tædium afferam.*

IX.

Si *pour* devant un infinitif peut se tourner par *qui*,

---

pepigerunt pacem. (Just.) Pythius invita Canius à souper pour le lendemain, *Pythius ad cœnam Canium invitavit in posterum diem.*

que, on l'exprime par *qui*, *quæ*, *quod*, avec le Subjonctif.

·Exemple :

Il m'envoya quelqu'un pour m'avertir; *tournez*, quelqu'un qui m'avertît, *misit hominem qui me moneret.*

X.

Pour devant le parfait de l'infinitif, suivi de ces mots, *ce n'est pas à dire pour cela que....* se tourne par *quoique* (r).

Exemple :

Pour avoir salué des méchans, ce n'est pas à dire pour cela que je sois méchant, *quamvis improbos salutaverim, non continuò sum improbus.*

X I.

Pour peu que, se tourne par *si peu que*, et s'exprime par *si vel minimùm.*

Exemple :

Pour peu que vous vouliez réfléchir, vous comprendrez la chose, *si vel minimùm cogitare volueris, rem percipies.*

X I I.

Pour dans ces façons de parler, *pour moi*, *pour vous*, se rend par *verò*, que l'on met après le pronom (s).

(r) *Pour* devant le parfait de l'infinitif, se tourne quelquefois en latin par *quòd* ou *quia*, parce que. *Ex.* Il a été couronné pour avoir vaincu; *tournez*, parce qu'il a vaincu, *coronatus fuit quòd vicerit*, ou *quia vicit.* Quand il peut se tourner par *vu que*, *puisque*, *quoique*, il s'exprime par *cùm*, *quamvis*, ou par *qui*, *quæ quod*, avec le subjonctif. *Ex.* Vous êtes bien ignorant, pour avoir étudié si long-temps; *tournez*, vu que vous avez étudié, ou quoique vous ayiez étudié... *Sanè imperitissimus es, cùm*, ou *quamvis*, ou *qui tamdiù studueris.*

(s) On exprime de même *quant à moi*, *quant à vous*, etc. Les noms ou les pronoms qui, dans ces expressions, suivent *pour* ou *quant à....* se mettent toujours au même cas que le pronom suivant auquel ils se rapportent, et que l'on n'exprime pas en la-

Exemples :

Pour moi, je suis prêt, *ego verò sum paratus.*
Pour vous, il vous importe, *tuâ verò interest.*

XIII.

Pour signifiant *eu égard à....* se rend en latin par
ut, et quelquefois par *pro*, qui gouverne l'Ablatif.

Exemples :

Il avait assez de littérature pour un Romain; *c'est-à-
dire*, eu égard à un Romain, *erant multæ ut in homine
Romano litteræ.*

Il était habile pour ce temps-là, *erat ut illis tem-
poribus eruditus.*

Il est assez savant pour son âge, *pro ætate satis est
eruditus.*

Préposition Sans *devant un Infinitif français.*

I.

Ire Règle. Quand le Verbe qui précède *sans*, n'a ni
négation ni interrogation, on tourne *sans* par *et ne pas*,
et on l'exprime par *nec.*

Exemple :

Il est sorti sans fermer la porte; *tournez*, et il n'a pas
fermé la porte, *exiit, nec fores clausit.*

II.

IIe Règle. Quand le premier Verbe est accompagné
d'une négation ou d'une interrogation, on tourne *sans*
par *que ne*, et on l'exprime par *quin* ou *nisi.*

Exemple :

Personne ne devient savant, qui peut devenir savant

---

tin. *Exemp.* Pour mon frère, il se tut, *frater verò meus tacuit.*
Quant aux soldats, on ne leur laissait aucun repos, *militibus
verò nullum relinquebatur otium.* Quant aux disgrâces, il serait difficile de les supporter sans un ami qui, etc. *Res verò
adversas ferre difficile esset sine amico qui*, etc.

sans lire beaucoup ; *tournez*, qu'il ne lise.... *Nemo fit doctus, quis potest doctus fieri quin multa legat ?*

REMARQUE. On tourne aussi quelquefois *sans* par *avant que*, *priùs quàm*. Je ne partirai pas sans vous avoir dit adieu ; *tournez*, avant que je vous aie dit adieu, *non proficiscar priùs quàm tibi ave dixerim.*

Différentes manières d'exprimer la Préposition Sans devant un Infinitif.

1º Par un Nom dérivé d'un Verbe. Sans pleurer, *sine lacrymis.* Sans craindre, *sine metu.*

2º Par un Adjectif. Passer la nuit sans dormir, *noctem insomnem ducere ;* sans blesser sa conscience, *salvâ fide ;* sans se plaindre, *æquo animo.*

3º Par un Adverbe. Sans faire semblant de rien, *dissimulanter ;* sans y penser, *temerè, imprudenter.*

4º Par un Participe. Vous comprenez cela sans que je vous le dise ; *id etiam, me tacente, intelligis ;* sans rire, *remoto joco ;* sans tarder, *nullâ interpositâ morâ* (t).

(t) On peut élégamment changer l'infinitif qui suit la préposition *sans*, en un participe devant lequel on met *non* ou tout autre mot qui renferme une négation. Si le Verbe qui précède *sans* étoit accompagné d'une négation ou d'une interrogation, on mettrait *nisi* devant le participe, que l'on fera toujours accorder avec le nom auquel il se rapporte, d'après les règles de la Syntaxe sur les participes. *Ex.* Je dirai la vérité, sans craindre le soupçon de la flatterie ; *tournez*, ne craignant pas, *verum dicam, non reverens assentandi suspicionem.* (Cic.) Il est certain que Numa fut appelé au trône sans le demander ; *tournez*, que Numa ne le demandant pas fut.... *constat Numam non petentem in regnum accitum.* (Tite-Live). La terre donne d'elle-même différens alimens aux bêtes, sans qu'elles travaillent ; *tournez*, aux bêtes ne travaillant pas, *bestüs ipsa terra fundit ex sese pastus varios nihil laborantibus.* (Cic.) Les Romains sans être priés, offrent du secours aux Grecs ; *tournez*, n'étant pas priés, *Romani non rogati Græcis auxilium offerunt.* (Tite-Live.) Les Athéniens marchent à l'ennemi, sans attendre le secours ; *tournez*, le secours n'étant pas attendu, *Athenienses, non expectato auxilio, in prælium egrediuntur.* (Just.)

Les larmes tombent, sans que nous le voulions ; *tournez*, nous ne le voulant pas, *lacrymæ cadunt, nolentibus nobis.* César ne conduisit jamais son armée dans des chemins dangereux, sans

I.

APRÈS *suivi d'un Nom.*

Après s'exprime par *post* avec l'Accusatif. Après le dîner, *post prandium.*

Quand *après* marque la seconde place, le second rang, on l'exprime par *secundùm* avec l'Accusatif, ou par *ab* avec l'Ablatif.

Exemple :

Après Cicéron, il est, sans contredit, le premier des orateurs, *secundùm Ciceronem*, ou bien, *à Cicerone*, *est oratorum facilè princeps.* *

II.

APRÈS *suivi d'un Infinitif français.*

RÈGLE. *Après*, suivi du Parfait de l'infinitif actif, se tourne par *après que*, et s'exprime par *postquàm, quùm;* et le Verbe se met à différens temps de l'indicatif de cette manière.

Exemples :

Après avoir lu, j'écris ; *c'est-à-dire*, après que j'ai lu.... *postquàm legi, scribo.*

Après avoir lu, j'écrivais ; *c'est-à-dire*, après que j'avais lu.... *postquàm legeram, scribebam.*

Après avoir lu, j'ai écrit ; *c'est-à-dire*, après que j'eus lu.... *postquàm legi, scripsi.*

Après avoir lu, j'écrirai ; *c'est-à-dire*, après que j'aurai lu.... *postquàm legero, scribam* (u).

* *Après*, signifiant *immédiatement après*, se rend par *sub* avec l'Accusatif. *Ex.* Après cette lettre, on lut la vôtre, *sub eas litteras recitatæ sunt tuæ.*

___

avoir examiné la situation des lieux ; *tournez*, si ce n'est ayant examiné... *Cæsar exercitum nunquàm per insidiosa itinera duxit, nisi perspeculatus locorum situs.* (Suét.)

Peut-on s'élever au-dessus de la fortune, sans être aidé de Dieu ? *tournez*, si ce n'est étant aidé, *an potest aliquis suprà fortunam, nisi à Deo adjutus, exsurgere ?* (Sén.)

(u) *Après*, suivi d'un parfait de l'infinitif, peut élégamment

Avant *suivi d'un Infinitif français.*

Règle. *Avant*, suivi d'un Infinitif, se tourne par *avant que*; *antequàm*, *priùsquàm*, avec le Subjonctif de cette manière.

Exemples :

Je lis, je lirai avant d'écrire; *tournez*, avant que j'écrive, *lego*, *legam*, *antequàm scribam*.

Je lisais, j'ai lu, j'avais lu avant d'écrire; *tournez*, avant que j'écrivisse, *legebam*, *legi*, *legeram antequàm scriberem.* *

I.

Au lieu de *suivi d'un Nom.*

Au lieu de s'exprime par *pro* avec l'Ablatif, ou par *loco* avec le génitif.

Exemple :

Au lieu d'épée, il se servit d'un bâton, *pro gladio*, ou *loco gladii fuste usus est.*

II.

Au lieu de *suivi d'un Infinitif.*

1º On le tourne par *lorsque je devrais*, *tu devrais*,

* *Avant*, suivi d'un parfait de l'infinitif, peut se rendre par un participe du passé, en y ajoutant une négation. *Ex.* Il est parti avant d'avoir terminé l'affaire; c'est-à-dire, l'affaire n'étant pas terminée, *infecto negotio*, *profectus est.* (*In*, ajouté à un adjectif, équivaut à *non*).

se tourner par un participe du passé, en suivant les règles des participes. *Ex.* Aristide après avoir été chassé de sa patrie, se réfugia à Lacédémone; *tournez*, Aristide chassé, etc... *pulsus Aristides patrià*, *Lacedæmona fugit.* (Ovide.) Annibal fit périr Gracchus après l'avoir attiré dans une embuscade; *tournez*, Annibal fit périr Gracchus attiré... *Annibal Gracchum in insidias inductum sustulit.* (Corn. N.) Léonidas après avoir renvoyé les alliés, exhorte les Spartiates; *tournez*, Léonidas, les alliés étant renvoyés, exhorte.... *Leonidas*, *dimissis sociis*, *hortatur Spartanos.* (Just.)

il devrait,.... quand il y a obligation de faire la chose.

Exemple :

Au lieu de lire, il joue ; *tournez*, lorsqu'il devrait lire.... *quùm legere deberet, ludit.*

2° On le tourne par *lorsque je pourrais, tu pourrais, il pourrait....* quand il n'y a qu'une simple permission de faire la chose.

Exemple :

Au lieu de jouer, il lit ; *tournez*, lorsqu'il pourrait jouer.... *quùm posset ludere, legit.*

III.

Au lieu de.... précédé d'un Verbe à l'impératif, s'exprime par *non autem*, et le second Verbe se met aussi à l'impératif en latin (v).

Exemple :

Lisez au lieu de badiner ; *tournez*, lisez, et ne badinez pas, *lege, non autem nugare.*

IV.

Au lieu que se tourne par *au contraire*, et s'exprime par *verò, autem*, que l'on met après un mot.

Exemple :

Il lit, au lieu que vous badinez ; *tournez*, vous au contraire, vous badinez, *legit ille, tu verò nugaris.*

V.

Quand *au lieu de*, suivi d'un infinitif, peut se tourner par *bien loin de*, on l'exprime de même.

(v) *Au lieu de* peut se rendre aussi par *non autem*, quand il est précédé d'un autre mode que l'impératif ; c'est sur-tout lorsque l'infinitif qui suit *au lieu de* marque une action qui n'est pas bonne. *Ex.* Nous devons honorer nos parens au lieu de les mépriser, *parentes colere, non autem contemnere debemus*, ou *colendi sunt parentes, non autem contemnendi.*

BIEN LOIN DE *suivi d'un Infinitif.*

RÈGLE. *Bien loin de*, suivi d'un infinitif, s'exprime par *nedùm* avec le Subjonctif, et le membre de la phrase où il se trouve, devient le second.

Exemple :

Bien loin de m'aimer, il me regarde à peine ; *tournez,* me regarde à peine , bien loin qu'il m'aime, *vix me as-picit, nedùm amet.*

CHAPITRE SIXIÈME.
CONJONCTIONS FRANÇAISES.

La principale conjonction française est *que ;* nous en avons parlé dans différens articles.

SI *conditionnel.*

I.

Si, au commencement d'une phrase, se traduit par *si*, et veut le Subjonctif devant un imparfait ou un plus-que-parfait.

Exemple :

Si vous le faisiez, si vous l'aviez fait pour l'amour de moi, *id si faceres, si fecisses causâ meâ.*

1re REMARQUE. Quelquefois au lieu de répéter *si*, on met *que* en français (x).

Exemple :

Si vous aviez voulu et que vous eussiez pu, *si voluisses et potuisses.*

(x) On fait quelquefois la même chose après les conjonctions *lorsque*, *vu que*, *afin que*, *quoique*, *puisque*, etc., au lieu de les répéter, on met *que* en français ; mais on ne l'exprime pas en latin ; il faut mettre le Verbe suivant au même mode que le premier. *Ex.* Afin que vous entendiez ceci et que vous le pratiquiez toujours, *id ut capias et nunquàm non usurpes.* Puisque ces exemples suffisent et que la chose est facile, *cùm hæc sufficiant exempla, et res per se facilis sit.*

IIᵉ Remarque. Quand le second Verbe est au futur, il vaut mieux mettre aussi le futur en latin. *Ex.* Si vous lisez ce livre, j'en serai charmé, *quem librum si leges, lætabor.*

II.

Quand *si* est suivi de *ne* seulement, on le traduit par *nisi* avec le Subjonctif.

Exemple :

Si vous ne prenez pas garde, *nisi caveas.*

III.

Quand *si* est suivi de *ne pas*, *ne point*, on le tra- duit par *si non*, *si minùs ;* et ces mots, *au moins, du moins, pour le moins,* s'expriment par *saltem, at certè, ut minimùm* (y).

Exemple :

Si vous ne craignez pas les hommes, au moins crai- gnez Dieu, *si non homines, at certè Deum time.*

IV.

Si signifiant *quand, parce que,* ne veut pas le Sub- jonctif, ce qui arrive lorsqu'il est suivi de deux impar- faits ou de deux parfaits.

Exemple :

Si je l'appelais, il s'en allait ; *tournez,* quand je l'ap- pelais.... *quem si arcessebam, abibat.*

Remarque. *Que si* s'exprime par *quòd si ; mais si,* par *sin, sin autem ; si au contraire, si cela n'était pas,* par *sin aliter, sin minùs.*

Si ce n'est que, à moins que, par *nisi, nisi fortè, nisi verò, nisi si ; si ce n'est,* suivi d'un Nom, par

---

(y) Quand *si* et *ne pas* ne sont pas suivis de ces mots *au moins, du moins,* etc., et qu'ils peuvent se tourner par *à moins que,* on les exprime par *:nisi. Ex.* La mémoire se perd, si on ne l'exerce pas, *memoria minuitur, nisi exerceas.* (Cic.) Une ac- tion ne sera pas droite, si l'intention ne l'est pas, *actio recta non erit, nisi recta fuerit voluntas.* (Sén.)

nisi, et même cas que devant, ou par *prœter* avec l'Accusatif (z).

Si *dubitatif.*

Si, après les Verbes de doute, comme *douter si*, *examiner si*, *ne pas savoir si*; *délibérer si*; *demander*, *juger*, *dire*, *s'informer si*, etc. s'exprime par *an*, *utrùm*. *Ou si* s'exprime par *an*. *Ou non* s'exprime par *an-non*, *nec-ne.*

Exemples :

Elle demanda si elle était plus grosse que le bœuf, *interrogavit an esset latior bove.*

Je ne sais s'il dort ou s'il écoute, *nescio utrùm dormiat, an audiat.* S'il dort, ou non, *an dormiat, nec-ne.*

COMME, DE MÊME QUE.

I.

Comme, *de même que*, dans le premier membre d'une comparaison, s'exprime par *ut*, ou *quemadmodùm*, avec l'indicatif, et *de même*, dans le second membre s'exprime par *sic* ou *ità.*

Exemples :

Comme le feu éprouve l'or, de même l'adversité éprouve l'homme courageux, *ut* ou *quemadmodùm ignis aurum probat, sic* ou *ità miseria fortes viros.*

(z) Exemples sur cette remarque : Que si je fusse demeuré en repos, *quòd si quievissem.* (Ter.)

Les ambassadeurs Scythes disent à Alexandre : Si tu es un Dieu, tu dois faire du bien aux mortels; mais si tu es homme, pense toujours à ce que tu es, *Scytharum legati ad Alexandrum: si Deus es, inquiunt, tribuere mortalibus beneficia debes; sin autem homo, id quod es, semper esse te cogita.* (Q. Curt.)

Si cela est ainsi, cela va bien; si au contraire cela n'est pas, la chose va mal, *si ità res est, benè; sin aliter, pessimè.*

Les Philosophes disent que personne n'est homme de bien, si ce n'est le sage, *Philosophi negant quemquam virum bonum esse, nisi sapientem.*

I I.

Comme, signifiant *pendant que*, *puisque*, se rend par *quùm*, et il veut le Subjonctif.

Exemples :

Comme on le menait au supplice.... *tournez*, pendant qu'on le... *quàm ad supplicium duceretur...*

Comme la chose est ainsi ; c'est-à-dire, puisque la chose est ainsi, *quàm ità se res habeat.*

Différentes Locutions françaises.

ALLER, DEVOIR, IL FAUT, *suivis d'un Infinitif.*

I.

Quand *aller, devoir,* suivis d'un infinitif, marquent seulement qu'une chose est près de se faire, on n'exprime pas le Verbe *aller, devoir,* mais on met le Verbe suivant au participe du futur, avec le Verbe *sum, es, est,* que l'on met au même temps où le Verbe *aller* est en français.

Exemples :

Je vais *ou* je dois partir, *mox profecturus sum.*
Il devait partir, *profecturus erat.*
La ville doit être pillée demain, *urbs cras diripienda est.*

I I.

Quand les Verbes *devoir, il faut,* marquent obligation, on tourne la phrase par le passif, et l'on se sert du futur en *dus, da, dum* (a).

(a) Cette règle n'a lieu que quand l'infinitif qui suit *devoir, il faut,* est actif et accompagné de son régime direct, comme on le voit dans l'exemple.

On tourne de même le Verbe impersonnel *on doit* suivi d'un infinitif actif accompagné de son régime direct. *Ex.* On doit donner un grand éloge à la piété, *pietati summa tribuenda laus est.* (Cic) On ne doit rien faire sans raison, *nihil sine ratione faciendum est.* (Sén.)

Si le Verbe *devoir* est employé personnellement, le nom de la

Exemple :

Il faut réprimer ses passions ; *tournez*, les passions doivent être réprimées, *comprimendæ sunt libidines.**

III.

Si le Verbe qui suit *devoir*, *il faut*, ne gouverne pas l'Accusatif, servez-vous du participe neutre en *dum* avec *est*, et mettez au cas du Verbe le nom ou le pronom suivant (b).

Exemples :

Il faut servir Dieu, *Serviendum est Deo.* (Le Verbe *servire* gouverne le datif).

(On peut aussi se servir de *debere*, *oportet. Oportet Deo servire*).

* Exprimez de même par le participe en *dus*, *da*, *dum*, AVOIR BESOIN, suivi d'un infinitif... Il a besoin d'être excité au travail, *is ad laborem est incitandus.*

TANT S'EN FAUT QUE.... ÊTRE SI ÉLOIGNÉ DE....

Tant s'en faut, s'exprime par *tantum abest*, et les deux *que* suivans par *ut* avec le Subjonctif.

---

personne se met au datif, au lieu de l'ablatif avec *à* ou *ab. Ex.* Nous devons faire ce que nos parens nous ordonnent ; *tournez*, ce que nos parens nous ordonnent est devant être fait par nous, *faciendum id nobis est*, *quod parentes imperant* (Pl.) Chacun doit supporter sa peine ; *tournez*, sa peine est devant être supportée par chacun, *suum cuique incommodum ferendum est.* (Cic.) L'orateur doit faire attention à trois choses, *tria videnda sunt oratori.* (Cic.)

(b) On se sert aussi du participe neutre en *dum*, quand les Verbes *devoir*, *il faut*, sont suivis d'un Infinitif actif sans régime ; et s'il y a un nom de personne, il se met au datif. *Ex.* Il faut avouer, *fatendum est.* On ne doit pas nier, *non inficiandum est.* Les disciples de Pythagore devaient garder le silence pendant cinq ans, *apud Pythagoram discipulis quinque annis tacendum erat.* (Sén.) Le jeune homme doit acquérir, le vieillard doit jouir, *juveni parandum*, *seni utendum est.* (Id).

Il faut devant un nom signifie *avoir besoin* ; il se rend par *opus est. Ex.* Combien vous faut-il d'argent ? *tournez*, combien d'argent est-il besoin à vous ? *Quantùm argenti opus est tibi ?* (Ter.) Il faut ici du courage ; *tournez*, il est besoin ici de courage, *nunc animis opus est.* (Virg.)

Exemples :

Tant s'en faut qu'il vous haïsse, qu'au contraire il vous aime, *tantùm abest ut te oderit, ut contra te amet.*

On peut exprimer *tant s'en faut que* par *adeò non*, et le second *que* par *ut. Adeò non te odit, ut contrà te amet.* On peut encore le tourner par *bien loin de*, et l'exprimer de même : *te amat, nedùm oderit.*

PEU S'EN FAUT, IL S'EN FAUT PEU QUE....

Peu s'en faut, il ne tient à rien que s'expriment par *parùm abest*, et *que* par *quin* avec le Subjonctif.

Exemples :

Peu s'en faut que je ne sois très-malheureux, *parùm abest quin sim miserrimus.*

Peu s'en est fallu qu'il ne tombât, *parùm abfuit quin caderet.* *

Penser, faillir, manquer, suivis d'un infinitif, c'est la même chose que *peu s'en faut.* Il a pensé tomber...

IL S'EN FAUT BEAUCOUP QUE..... ÊTRE BIEN ÉLOIGNÉ DE....

Il s'en faut beaucoup s'exprime par *multùm abest...
Combien s'en faut-il* par *quantùm abest ;* et le *que* suivant par *ut* avec le Subjonctif.

Exemple :

Il s'en faut beaucoup que vous surpassiez vos condisciples, *multùm abest ut tuos superes condiscipulos.*

Cette façon de parler, *faut-il que*, mise par exclamation, ne s'exprime pas ; on met le nom ou pronom à l'accusatif, et le Verbe suivant à l'infinitif. *Ex.* Faut-il que je sois si malheureux ! *Me-ne ità miserum esse !* (On sous-entend *decet* ou *æquum est).*

---

* On peut encore exprimer *peu s'en est fallu* par *tantùm non* ou par *penè. Peu s'en est fallu qu'il ne tombât: tournez*, seulement il n'est pas tombé, *tantùm non cecidit: ou* il est presque tombé, *penè cecidit.*

FAIRE, *suivi d'un Infinitif français.*

I.

Quand le Verbe *faire* signifie *faire en sorte*, on l'exprime par *facere* ou *dare operam ut*, avec le Subjonctif.

Exemple :

Faites-moi savoir ; *tournez*, faites en sorte que je sache, *fac ut sciam.*

Faire connaître, quand il a pour nominatif un Nom de chose inanimée, se tourne de la manière suivante.

Exemple :

Votre lettre m'a fait connaître ; *tournez*, j'ai connu par votre lettre, *ex litteris tuis cognovi.*

II.

Quand *faire* signifie *contraindre, commander, engager*, on l'exprime par *cogere, jubere, impellere* (c).

Exemples :

Vous me faites mourir ; *c'est-à-dire*, vous me contraignez ... *mori me cogis.*

Il le fit tuer ; *c'est-à-dire*, il ordonna qu'il fût tué,

(c) Quand le Verbe *faire* signifie *avoir soin*, on l'exprime par *curare* ou *dare*. *Ex.* Fabricius fit reconduire le déserteur à Pyrrhus, *perfugam Fabricius reducendum curavit ad Pyrrhum.* (Cic.) Nous faisons apprendre des sentences aux enfans, *pueris sententias ediscendas damus.* (Sén.)

Quelquefois le Verbe *faire* ne s'exprime pas en latin, quand il est pris dans le sens d'*ordonner, d'avoir soin. Ex.* Cimon fit enterrer à ses dépens un grand nombre de pauvres, *Cimon complures pauperes mortuos suo sumptu extulit.* (Corn. N.) Manlius Torquatus fit trancher la tête à son fils, *Manlius Torquatus securi filium percussit.* (Cic.)

Si le Verbe *faire* signifie *être cause que*, on le rend par *in causâ esse cur* ou *facere ut. Ex.* Cela m'a fait tomber malade, *hoc in causâ fuit cur*, ou *fecit ut in morbum inciderim*, ou bien, *quo factum est ut in morbum inciderim.*

jussit eum occidi. (Après *jubeo* on met toujours le Verbe au présent de l'infinitif).

Cela m'a fait croire ; c'est-à-dire, cela m'a engagé à croire, *id me impulit ut crederem.*

III.

Ne faire que de.... se tourne par *tout-à-l'heure*, et s'exprime par *modò.*

Exemple :

Il ne fait que d'arriver, *tournez*, il est arrivé tout-à-l'heure, *modò advenit.*

IV.

Ne faire que se tourne par *toujours*, et s'exprime par *semper, perpetuò.*

Exemples :

Il ne fait que badiner ; *tournez*, il badine toujours, *perpetuò nugatur.*

Se faire donner quelque chose par force, *aliquid extorquere.*

Faire sa paix avec quelqu'un, *in gratiam redire cum aliquo.*

Faire espérer à quelqu'un que.... *aliquem in spem adducere.* (Le *que* se retranche.

Faire concevoir une bonne opinion de soi, *bonam suí, ou de se spem concitare.*

Les autres significations du Verbe *faire* se trouvent dans le dictionnaire (d).

(d) On ne trouve pas dans tous les dictionnaires les manières suivantes de rendre le Verbe *faire.*

Cela fit donner à cet âge le nom d'âge d'or, *hoc illi ætati nomen aureæ fecit*, ou *undè fluxit illi ætati nomen aureæ*, ou *undè accepit illa ætas nomen aureæ*, ou *undè aurea dicta est illa ætas.* Il m'a fait obtenir mon pardon, *ejus operâ veniam impetravi*, ou *mihi veniam impetravit.* Cela vous fera voir, *ex eo*, ou *indè colligere poteris.* Faire beaucoup espérer de soi, *magnam sui expectationem concitare.* Son âge fait concevoir les plus hautes espérances, *ed est ætate ut de eo benè sperare possimus.* Son courage le fera louer, *sua ei virtus laudem afferet.*

VENIR

VENIR DE.... *devant un Infinitif français.*

I.

Venir de.... devant un infinitif, se tourne par *tout-à-l'heure*, modò.

Exemple :

Il vient de partir; *tournez*, il est parti tout-à-l'heure, *modò profectus est.*

II.

Venir à.... n'aller pas.... devant un infinitif, ne s'exprime pas en latin.

Exemples :

S'il vient à savoir cela; *tournez*, s'il sait cela, *id si resciverit.*

N'allez pas vous imaginer; *tournez*, ne vous imaginez pas, *ne existimes*, ou *noli existimare.*

ÊTRE PRÈS *ou* SUR LE POINT DE...

Être près de.... devant un infinitif, se tourne par *dans peu, bientôt*, MOX *ou* JAMJAM; et le Verbe suivant se met au futur en *rus, ra, rum*, pour l'actif; en *dus, da, dum*, pour le passif, avec *sum, eram.*

Exemple :

Il était sur le point de prendre la ville, *mox* ou *jamjam oppido potiturus erat.* On dit encore, *in eo erat ut oppido potiretur.*

Faire faire un mauvais coup à quelqu'un, *aliquem ad facinus impellere.* Chercher à se faire louer, *laudem captare.* Se faire regarder de quelqu'un, *alicujus oculos in se convertere.* Faire vendre les biens de quelqu'un à l'enchère, *alicujus bona sub hastâ*, ou *per præconem vendere.* Faire jouer une comédie, *comœdiam in theatrum dare* ou *publicè exhibere.* Faire étudier quelqu'un, *aliquem litteris instrui curare.* Il ne professe aucun métier qui puisse le faire subsister, *nullam artem undè vivat profitetur.*

23

NE MANQUER PAS DE.....

I.

Ne manquer pas de.... devant un infinitif, se tourne par *certainement*, profectò.

Exemple :

Je ne manquerai pas de lui écrire ; *tournez*, je lui écrirai certainement, *ad illum profectò scribam.*

II.

Mais quand on commande quelque chose, *ne manquez pas*, se tourne par *souvenez-vous*, memento ; au pluriel, *mementote.*

Exemple :

Ne manquez pas de l'avertir, *memento ut illum moneas.*

LAISSER *devant un Infinitif.*

I.

Laisser, devant un infinitif, se tourne par *permettre que*, et s'exprime par *sinere* (Le *que* se retranche).

Exemple :

Vos chants ne me laissent pas dormir, *cantus tui non sinunt me dormire.*

II.

Ne pas laisser de, devant un infinitif, se tourne par *cependant*, tamen.

Exemple :

Quoique je vous attende vous-même, ne laissez pas de donner une lettre, *quanquàm te ipsum expecto, da tamen epistolam.*

S'OCCUPER A.... SE METTRE A. .. SE MÊLER DE...

Les Verbes *s'occuper à* , *se mêler de*, devant un infinitif, ne s'expriment pas en latin.

Exemple :

Il s'occupe à lire; *tournez*, il lit, *legit.*

Se mettre à.... devant un infinitif, s'exprime en latin par *cœpisse, cœpi*; il se mit à pleurer, *flere cœpit.*

AVOIR LA FORCE DE... LA HARDIESSE DE...

Avoir la force de... devant un infinitif, s'exprime par *sustinere, audere*, avec l'infinitif.

Exemple :

Avez-vous bien la force de nier cela? *sustinuisti, ausus es id negare?*

NE SERVIR qu'à....

Ne servir qu'à.... devant un infinitif, ne s'exprime pas en latin.

Exemple :

Cela ne sert qu'à aigrir ma douleur; *tournez*, cela aigrit... *hoc dolorem meum exulcerat.*

SAVOIR *devant un Infinitif français.*

Savoir, devant un infinitif, ne s'exprime pas en latin.

Exemple :

Il sut profiter de cette occasion; *tournez*, il profita de.... *eâ occasione usus est.*

IL ME TARDE DE... JE SUIS DANS L'IMPATIENCE DE...

Il tarde de... être dans l'impatience de... s'exprime par *nihil longius est quàm....* avec l'infinitif, ou *quàm ut....* avec le Subjonctif.

Exemple :

Il me tarde de vous voir, *nihil mihi longius est quàm ut te videam.*

IL NE TIENT QU'À.....

Il ne tient qu'à moi, qu'à vous, qu'à lui que cela ne se fasse, *per me*, *per te unum stat*, *quominùs id fiat*.

AVOIR BEAU.

Avoir beau.... devant un infinitif, se tourne par *en-vain*, *frustrà*, ou *quoique*, *quamvis*.

Exemple :

Vous avez beau crier ; *tournez*, vous criez en vain, *frustrà vociferaris ;* ou, quoique vous criiez, *quamvis vociferére*.

AVOIR DE LA PEINE A....

Avoir de la peine à.... devant un infinitif, se tourne par *difficilement*.

Exemple :

Il a eu de la peine à obtenir cela ; *tournez*, il a obtenu difficilement, *ægrè id impetravit*.

N'avoir pas de peine à... se tourne par *facilement*.

A FORCE DE....

A force de... devant un infinitif, se rend par le nom dérivé du Verbe, avec *multus*, *a*, *um*.

Exemple.

A force de travailler il est devenu savant ; *tournez*, par beaucoup de travail... *multo labore doctus evasit*.

POUR NE PAS DIRE.

Pour ne pas dire s'exprime par *ne dicam*, et le nom ou l'adjectif suivant se met au même cas que celui qui précède, quand on renvoie le premier Verbe à la fin.

Exemple :

Vous êtes un enfant, pour ne pas dire un badin ; *tu puer, ne dicam, nugator es*.

AVOIR LE BONHEUR DE.... AVOIR LE MALHEUR DE....

Avoir le bonheur de... s'exprime par *contingere ut...*
le malheur de... par *accidere ut.*

Exemples :

J'ai eu le bonheur de voir le roi ; *tournez*, il m'est
arrivé de... *mihi contigit ut regem viderem.*

J'ai eu le malheur d'être vaincu, *mihi accidit ut
vincerer.*

AVOIR LIEU, *sujet* ou *raison.*

Avoir lieu, sujet ou *raison*, se tourne par le Verbe
être, et l'infinitif suivant se met au gérondif en *di.*

Exemple :

Vous n'avez pas lieu... de craindre, *c'est-à-dire,*
lieu n'est pas à vous de craindre, *tibi non est timendi
locus.*

(On peut encore exprimer *de* par *quòd* ou *cur* avec
le Subjonctif ; *non est quòd timeas* (e).

VOUS NE SAURIEZ CROIRE.

Souvent l'Imparfait du Subjonctif au commencement
d'une phrase, se met en latin au présent du Subjonctif,
surtout avec *volo, nolo, malo, audeo* et *possum.*

Exemples :

Vous ne sauriez croire, *vix credas*, ou *vix credi-
deris.*

Vous le prendriez pour un homme sage, *eum sapere
putes.*

(e) *Non est quòd timeas*, sous-entendu *non est aliquid*, ou
nihil est propter quod timeas. Non est cur, sous-entendu *non
est causa cur.*

MALGRÉ.

I.

Malgré, devant un Nom de personne, s'exprime par *invitus*, *a*, *um*, que l'on fait accorder avec ce nom.

Exemples :

Il a fait cela malgré lui, *id invitus fecit.*
Je l'ai renvoyé malgré lui, *illum invitum dimisi.*
J'ai fait cela malgré lui, *id*, *illo invito*, *feci.*

II.

Malgré, devant un nom de chose, se tourne par *quoique* avec un Verbe.

Exemple :

Il le tua, malgré ses cris redoublés ; *tournez*, quoi-qu'il criât beaucoup , *illum quamvis clamitaret*, *interfecit.*

AU HAUT DE... AU MILIEU DE... AU BAS DE...

Le haut, le sommet d'un arbre, d'un rocher, d'une montagne, *summa arbor*, *summa rupes*, *summus mons.* Au haut de l'arbre, *in summá arbore.*

Le milieu d'un arbre, d'un rocher, d'un montagne, *media arbor*, *media rupes*, *medius mons.* Au milieu du marché, *in medio foro.*

Le bas d'un arbre, d'une montagne, *ima arbor*, *imus mons.*

Le bout des doigts, *extremi digiti.*

Le fond de la mer, *imum mare.*

F I N.

Supplément au Participes.

Conjonctions françaises qui peuvent se rendre en
latin par des Participes.

Lorsque.

Lorsque Tarquin le superbe assiégeait Ardée, il per-
dit la couronne. *Tarquinius superbus Ardeam oppu-
gnans, imperium perdidit.* (Eut.) Lorsque Q. Cincinnatus
était à la charrue, on lui annonça qu'il avait été nommé
dictateur, *aranti Quintio Cincinnato nunciatum est eum
dictatorem esse factum.* (Cic.) Lorsque César fut maître
d'Alexandrie, il donna le royaume à Cléopatre, *Cæsar
Alexandriá potitus, regnum Cleopatræ dedit.* (Eut.)
Lorsque Tarquin le superbe régnait, Pythagore vint en
Italie, *Pythagoras, Tarquinio superbo regnante, in
Italiam venit.* (Cic.)

Pendant que, tandis que.

Pendant qu'Alexandre assistait aux jeux, on lui ap-
porta la nouvelle que ses soldats avaient défait les Perses,
*Alexandro ludos spectanti nuncius affertur Persas à
suis superatos.* (Q. Curt.) Pendant que les Perses avan-
çaient, les Grecs s'emparèrent des Thermophyles, *Græci
Thermophylas, advenientibus Persis, occupavére.* (Just.)
Tandis que Clitus disait ces mots, une lance lui perça le
côté. *Cliti hæc dicentis latus hasta transfixit.* (Q. Curt.)

Après que, voyez page 254.

Quand ou si.

Quand la nature résiste, le travail est inutile, *reluctante
naturá, irritus labor est.* (Sén.) Si on éteint la piété envers les Dieux, on anéantit la bonne foi et la société ci-
vile, *pietate adversus Deos sublatá, fides etiam et socie-
tas humani generis tollitur.* (Cic.) Nous ne croyons pas
ordinairement un menteur, même quand il dit la vérité,
*mendaci homini, ne verum quidem dicenti, credere sole-
mus.* (Id.) Quand la lune se trouve devant le soleil,
elle nous cache sa lumière et ses rayons, *luna opposita
soli radios ejus et lumen obscurat.* (Id.)

Parce que.

Denys se brûlait la barbe avec un charbon ardent, parce qu'il craignait les rasoirs, *Dionysius, cultros metuens tonsorios, candenti carbone sibi adurebat capillum.* (Cic.) Alexandre aimait Héphestion plus que tous ses autres amis, parce qu'il avait été élevé avec lui, *Hephestion longè omnium amicorum carissimus erat Alexandro, cum ipso educatus.* (Q. Curt.) On rapporte que les Samnites ne vinrent au secours des Romains qu'après la bataille, parce qu'ils attendaient l'issue du combat, *Romanis post prœlium demùm factum Samnites venisse subsidio, expectato eventu pugnœ, ferunt.* (Tite-Live.)

Quoique.

Darius fit traîner au dernier supplice Charidème, quoiqu'il lui donnât des avis très-salutaires, *Darius Charidemum maximè utilia suadentem abstrahi jussit ad capitale supplicium.* (Q. Curt.) Pyrrhus ne pouvait gagner Fabricius, quoiqu'il lui promît la quatrième partie de son royaume, *Fabricius sollicitari non poterat ut ad Pyrrhum transiret, quartá parte regni promissá* (Eut.) Nous ne faisons pas attention à bien des choses, quoiqu'elles soient devant nos yeux, *pleraque ante oculos posita, transimus.* (Sén.)

La préposition *de* ou *pour* devant un Infinitif, se rend bien quelquefois par un Participe. *Exemp.* Hannon se repentait d'avoir entrepris la guerre contre les Romains, *Hannonem pœnitebat belli suscepti adversus Romanos.* (Tite-Live.) Miltiade était d'avis de ne pas attendre le secours, *Miltiades erat autor non expectandi auxilii.* (Just.) Régulus fut envoyé à Rome pour faire l'échange des captifs, *Regulus de captivis commutandis Romam missus est.* (Cic.) Alexandre ôta son habit pour se jeter dans le fleuve, *Alexander vestem detraxit corpori projecturus semet in flumen.* (Q. Curt.) Il envoya Héphestion dans la Bactriane pour y préparer des vivres, *Hephestionem in Bactrianam misit commeatus paraturum.* (Id.)

Voyez la préposition *sans*, page 252.

Le *qui* ou *que* relatif se supprime élégamment, et le Verbe qui suit se change en Participe. *Exemp.* Il n'y a pas de vice plus affreux que l'avarice, sur-tout dans les Princes qui gouvernent un état, *nullum vitium tetrius quàm avaritia, presertìm in Principibus Rempublicam gubernantibus.* (Cic.) Les hommes qui reprochent des services, sont bien odieux, *odiosum sanè genus hominum officia exprobrantium.* (Id.) Le pilote qui tient le gouvernail, est assis sur la poupe du vaisseau, *gubernator, clavum tenens, sedet in puppi.* (Cic.) Timothée rehaussa par beaucoup de vertus la gloire qu'il avait héritée de son père, *Timotheus à patre acceptam gloriam multis auxit virtutibus.* (Corn. N.) César épousa Calpurnie, fille de Pison, qui devait lui succéder dans le consulat, *Cæsar Calpurniam Pisonis filiam duxit, successuri sibi in consulatu.* (Suet.) Celui qui observe la loi de Dieu, se gardera bien de désirer le bien d'autrui, *legi divinæ parens nunquàm committet ut alienum appetat.* (Cic.) Je céderai sans peine à ceux qui disent la vérité, *verum dicentibus facilè cedam.* (Cic.)

Quand *et* unit deux Verbes, quelquefois on peut changer un de ces Verbes en Participe. *Exemp.* Quinctius Cincinnatus possédait un champ de quatre arpens, et le cultivait de ses propres mains, *Quinctius Cincinnatus agrum quatuor jugerum possidens, manibus suis colebat.* (Eut.) Les trente tyrans confisquèrent les biens de plusieurs, et les partagèrent entr'eux, *triginta tyranni plurimorum bona publicata inter se diviserunt.* (Corn. N.) Démétrius engagea Philippe à laisser les Étoliens, et à déclarer la guerre aux Romains, *Demetrius impulit Philippum ut, omissis Ætolis, bellum Romanis inferret.* (Just.)

On change quelquefois certains Noms en Participes. *Exemp.* La perte de la Sicile et de la Sardaigne tourmentaient Annibal, *angebant Annibalem Sicilia Sardiniaque amissæ.* (Tite-Live.) Avant la fondation de Rome, *antè Romam conditam.* (Cic.) Avant la naissance d'Épaminondas, *antè Epaminondam natum.* (Corn. N.) Après l'expulsion des Rois, *post exactos Reges.* (Eut.) Après la prise de la ville, *post captam urbem*. (Id.) Depuis l'incendie du Capitole, *ab incenso Capitolio*. (Sall.) Il y a 63 ans depuis la première guerre punique jusqu'à la fin de la seconde : *tres et sexaginta anni sunt à primo punico ad secundum bellum finitum.* (Tite-Live. Avec le secours de Dieu, *Deo juvante.* (Cic) Sous le règne d'Astyage, *Astyage regnante.* (Id.) Par l'ordre d'Alexandre, *jubente Alexandro.* (Q. Curt.) Par les conseils d'Epiménide, *Epimenide suadente.* (Cic.) Après la mort de Trajan, *defuncto Trajano.* (Eut.) Les livres qu'on écrit sur le mépris de la gloire, *libri quos scribunt de contemnendâ gloriâ.* (Cic.)

Deux Noms séparés par *de*, se rendent quelquefois par l'Ablatif absolu, comme dans les phrases suivantes. *Exemp.* Sous les yeux de Dieu, *Deo teste.* (Cic.) Sous le consulat de Cicéron et d'Antoine, *Cicerone et Antonio consulibus.* (Suét.) Sous la conduite de Pausanias, *Pausaniâ duce.* (Corn. N.) Sous le règne de César, *Cæsare Imperatore.* Avant le consulat de Cicéron, *ante Ciceronem consulem.* (Cic.) Avec le secours de Dieu, *propitio Deo.* (Sén.) Du vivant d'Annibal, *Annibale vivo* (Corn. N.) Avec l'aide de Brutus, *Bruto adjutore.* (Tite-Live.) Avec les leçons de la sagesse, *sapientiâ præceptrice.* (Cic.)

Il ne faut pas employer les Participes toutes les fois que l'occasion s'en présente. Cela finirait par rendre le discours désagréable. Il est bon de se servir aussi des conjonctions *cùm*, *ubi*, *postquam*, etc. et des relatifs *qui*, *quæ*, *quod*. Les meilleurs auteurs latins nous en donnent des exemples. Voici les règles que l'on peut observer :

L'emploi des Participes est convenable toutes les fois qu'ils contribuent à la clarté, à la brièveté, à la variété du discours, et qu'ils obvient à la répétition fréquente d'un mot ou d'une finale qui ne flatterait pas agréablement l'oreille. *Exemp. Cæsar cùm Alpes trajecisset, venit in Galliam.* Cette phrase est bonne ; mais elle sera plus courte, si l'on dit : *Cæsar, trajectis Alpibus, venit in Galliam.* Dans cette phrase : *Homo, qui eos qui peccant, vituperat, ipse debet vitiis carere ;* la répétition du relatif *qui* est désagréable et rend la phrase longue. On remédiera à cet inconvénient par l'emploi du participe : *homo peccantes vituperans* ou *qui peccantes vituperat, ipse debet vitiis carere.* Au lieu de dire : *cùm exercitus Alpes trajecisset, et in Galliam venisset*, pour éviter les deux désinences *isset*, on dira : *cùm exercitus, Alpibus trajectis, in Galliam venisset*, etc.

On doit s'abstenir de l'emploi des participes, quand ils rendent le discours obscur, et qu'ils peuvent occasionner un double sens. Par exemple, si au lieu de dire : *hominem qui Deum amat*, on disait : *hominem Deum amantem*, on ne serait pas clair, puisque la phrase pourrait aussi bien signifier *Deum qui amat hominem*, que *hominem qui amat Deum.*

Le participe serait encore déplacé s'il rendait la phrase désagréable à l'oreille comme dans celles-ci : *hominem, virtutem amantem ; homines virtutes amantes ; in his terris multis hominibus vitiis oppletis uti sæpe cogimur.*

On ne doit pas préférer la tournure par les participes, lorsqu'on veut rendre une pensée importante, qui demande d'être exprimée avec un peu d'étendue; car, dans ce cas, la brièveté ne produit pas le même effet. Ainsi on aurait tort d'employer des participes au lieu des conjonctions qui se trouvent dans la phrase ou dans la période suivante : *Deum, cùm nos innumeris beneficiis cumulare gestiat, omnique ratione nostræ commoditati et voluptati prospiciat, non summo amore prosequi, summa est insania.* Cette phrase est bien plus expressive que si l'on disait : *Deum nos innumeris beneficiis cumulare gestientem, omnique ratione nostræ commoditati et voluptati prospicientem, non summo amore prosequi, summa est insania.*

Les historiens se servent plus fréquemment des participes que les orateurs, parce qu'ayant beaucoup de circonstances et de petits détails à raconter, ils alongeraient trop leur récit, en rendant tout par les relatifs *qui, quæ, quod*, et les conjonctions *cùm, postquam*, etc. On apprendra le bon usage des participes chez les historiens, en lisant particulièrement César et Tite-Live.

Supplément sur l'emploi du Subjonctif.

On se sert en général du Subjonctif quand on parle d'une chose incertaine, ou possible. C'est sur ce principe que se fondent les régles suivantes.

Les Latins emploient le Subjonctif dans une phrase incidente qui suit un que retranché. Exemp. Temerè credunt multi eum qui orationem bonorum imitetur, facta quoque imitaturum. (*Cic.*) Non est consentaneum, qui metu non frangatur, eum frangi cupiditate. (*Id.*)

Mais si dans la phrase incidente on parle d'une chose certaine et assurée, on peut laisser l'Indicatif. Exemp. Æquum est filium habere bona quæ possedit pater. (*Plaute.*) Facilis est conjectura, ea maximè esse expetenda, quæ plurimùm habent dignitatis. (*Cic.*)

On emploie le Subjonctif dans une phrase incidente précédée d'une autre phrase qui régit déjà ce mode. Exemp. Omnis virtus nos ad se allicit, facitque ut eos diligamus, in quibus ea inesse videatur. (*Cic.*)

Mais si dans la phrase incidente on parle d'une chose certaine et assurée, on laisse l'indicatif. Exemp. Asia tàm opima est et fertilis, ut multitudine earum rerum, quæ exportantur, facilè omnibus terris antecellat. (*Cic.*) Éloquendi vis efficit ut ea quæ ignoramus, discere, et ea quæ scimus, alios docere possimus. (*Cic.*)

On emploie assez ordinairement le Subjonctif.

1° *Après ces mots il y en a, il y en a eu qui, est ou sunt, ou fuerunt qui, sous-ent.* homo, *ou* aliquis, homines ou quidam. *Exemp.* Sunt qui censeant unà animum et corpus occidere. (*Cic.*) Sunt autem alii philosophi, qui Dei mente atque ratione omnem mundum administrari et regi censeant. (*Id.*) Multi sunt qui dicant. (*Sen.*) Est aliquid quod non oporteat, etiamsi licet. (*Cic.*)

On trouve aussi des exemples à l'Indicatif, mais le Subjonctif est plus ordinaire. Exemp. Sunt bestiæ quædam in quibus inest aliquid simile virtutis. (*Cic.*)

2° *Après* quis est qui, quotus quisque est, *etc.* Exemp. Quis est qui non oderit libidinosam, protervam adolescentiam? (*Cic.*) Quotusquisque est qui voluptatem neget esse bonum? (*Id.*) Nemo est orator qui se Demosthenis

thenis similem esse nolit. (*Id.*) Nullum est animal , præter hominem , quod habeat notitiam aliquam Dei. (*Id.*)

3° *Après* reperio *et* invenio, *ou* reperior *et* invenior , *quand ces Verbes sont employés pour rendre les mots français : il y a des gens qui , on trouve des gens qui.* Exemp Pauciores viri reperti sunt, qui suas cupiditates, quàm qui hostium copias vincerent. (*Cic.*) Inventi sunt multi, qui non modò pecuniam , sed vitam etiam profundere pro patriâ parati essent. (*Id.*) Reperies multos , quibus periculosa consilia videantur. *Id.*)

Les Conjonctions etsi , tametsi , etiamsi , quanquàm , quamvis , *gouvernent l'Indicatif quand on parle d'une chose comme assurée.* Exemp. Eloquentiæ studendum est , etsi eâ quidam perversè abutuntur. (*Cic.*) Tametsi vicisse debeo , tamen de meo jure decedam (*Id.*) Homo, quod crebrò videt non miratur, etiamsi , cur fiat , nescit. (*Id.*) Quanquàm adeò excellebat Aristides abstinentiâ , ut unus cognomine justus sit appellatus , tamen exilio decem annorum multatus est. (*Corn. N.*) Miltiades erat inter suos dignitate regiâ , quamvis carebat nomine. (*Id.*)

Mais si on parle d'une chose incertaine , possible , on met le Subjonctif. Exemp. Sunt qui , quod sentiunt , etsi optimum sit , tamen invidiæ metu non audent dicere. (*Cic.*) Rectum est in contentionibus , etiamsi nobis indigna audiamus , tamen gravitatem retinere , iracundiam repellere. (*Id.*) Quod turpe est , id , quamvis occultetur , tamen honestum fieri nullo modo potest. (*Id.*)

Antequàm , priusquàm *régissent l'Indicatif devant le Présent et le Parfait, quand la chose qui précède est certaine , et que celle qui suit l'est aussi.* Exemp. Ante occupatur animus ab iracundiâ, quàm providere ratio potuit , ne occuparetur. (*Cic.*) Antequàm de incommodis Siciliæ dico, pauca mihi videntur esse de proviuciæ dignitate dicenda. (*Id.*) Membris utimur , priùsquàm didicimus cujus ea utilitatis causâ habeamus. (*Id.*) Priùsquàm de ceteris rebus respondeo , de amicitiâ paucâ dicam. (*Id.*)

Avec l'Imparfait, on met le Subjonctif. Exemp. Du—

24

centis annis antequàm Romam caperent, in Italiam Galli
transcenderunt (*Tite-Live.*)

*On emploie toujours le Subjonctif quand on parle
d'une chose douteuse.* Exemp. Tempestas minatur, antequàm surgat ; crepant ædificia, antequàm corruant.
(*Sén.*)

Dùm, donec *et* quoad, *quand ils signifient* tant que,
tout le temps que, *gouvernent l'Indicatif.* Exemp. Lace-
dæmoniorum gens fortis fuit, dùm Lycurgi leges vigebant.
(*Cic.*) Cato, quoad vixit, virtutum laude crèvit.
(*Corn. N.*)

Lorsque ces Conjonctions signifient jusqu'au moment
précis où une telle chose est arrivée, *elles gouvernent
aussi l'Indicatif.* Exemp. Julius Cæsar examinis aliquan-
diù jacuit, donec lecticæ impositum tres servuli domum
retulerunt. (*Suet.*) Retine Phormionem, dùm hùc ego
servos evoco. (*Ter.*)

Mais si elles peuvent se rendre par en attendant que
telle chose se fasse, *lorsqu'on ignore le moment précis
où elle arrivera, elles régissent le Subjonctif.* Exemp.
Iratis subtrahendi sunt ii in quos impetum conantur facere, dùm se ipsi colligant ; aut rogandi orandique sùnt,
ut, si quam habènt ulciscendi vim, differant, dùm defer-
vescat ira. (*Cic.*) Herba subsecari falcibus debet, et
quoad perarescat, furcillis versari. (*Varr.*)

Cùm *se construit avec l'Indicatif quand on parle d'une
chose certaine et assurée, et avec le Subjonctif, quand
il s'agit d'une chose incertaine.* Exemp. Cùm præcipitur
ut nobismetipsis imperemus, hoc præcipitur, ut ratio
coerceat temeritatem. (*Cic.*) Fraus fidem in parvis sibi
præstruit, ut, cùm operæ pretium sit, cum mercede
magnâ fallat. (*Tite-Live.*) *Voyez la note, page* 185.

Voyez la note sur si, *page* 184.

Place que doivent occuper certains mots dans les phrases.

1° Les conjonctions se mettent assez ordinairement au commencement de la phrase, excepté verò, enim, autem, quoque
et quidem, qui se placent toujours après le premier mot. Ex.
Tu verò ; vos enim ; Romani autem ; cives quoque ; ego quidem.

2° Quand dans un même membre de phrase, on répète un

nom pour exprimer le mot français *autre*, on place le nom répété à côté de l'autre. Ex. *Clavus clavo truditur*, un clou est chassé par un autre, ou un clou en chasse un autre. *Homines hominibus maximè utiles esse possunt.* (Cic.) *Cives enim civibus parcere æquum censebat.* (Nep.) *Apud alios timorem timor vicit.* (Plin)

3º *Quisque*, mis pour *omnis*, se met bien immédiatement après *suus*, *sibi*, *se*, etc., et après le superlatif et le nom de nombre auxquels il se rapporte. Ex. *Se quisque amat. Suum cuique pulchrum. Suos quisque liberos amat. Doctissimus quisque. Decimum quemque. Tertio quoque anno.*

4º Quand *qui*, *quæ*, *quod*, est employé pour *is*, *ea*, *id*; *ille*, *illa*, *illud*, il se met toujours au commencement de la phrase, car il sert à unir deux phrases entre elles. Ex. *Factum hoc est. Quod quis negat?* et non pas, *quis quod negat?*

5º Lorsque *qui*, *quæ*, *quod*, signifie *celui qui*, *celle qui*, il est quelquefois élégant de le mettre après un ou plusieurs mots. Ex. *Hæc qui facit, non ego eum cum summis viris comparo, sed*, etc. (Cic.) *Verùm etiam amicum qui intuetur, tanquam exemplar intuetur sui.* (Id.)

6º Le relatif *qui*, *quæ*, *quod*, doit être mis le plus près possible de l'antécédent auquel il se rapporte; c'est la clarté qui l'exige. Ainsi : *Felix est haud dubiè is qui Deum amat*, vaut mieux que *is haud dubiè felix est qui*, etc. *Hominem qui litteras amat*, *valde amo*, est meilleur que *hominem valde amo qui litteras amat.* Cette règle doit être scrupuleusement observée toutes les fois qu'il y aurait une amphibologie à craindre, comme *hominem valdè diligit Petrus, qui litteras amat.*

7º On met bien entre l'adjectif et le nom les mots qui en dépendent ou qui en sont gouvernés, comme : *magnus patris amor* ; *mirificus generis vestri fuit erga me semper animus* ; *tuus ergà patrem amor*; *tanta magnitudo est tuorum ergà me meritorum.*

8º Les mots qui ont une signification opposée se placent très-près les uns des autres. Ex. *Cùm homo imbecillus à valentissimâ bestiâ laniatur.* (Cic.) *Concordia maxima, minima avaritia erat.* (Sall.) *Fragile corpus animus sempiternus movet.* (Cic.) *Non enim video quomodo sedare possint mala præsentia præteritæ voluptates.* (Cic.)

9º Les membres de phrase où il se trouve des adverbes de lieu et de temps, des adverbes interrogatifs, des conjonctions conditionnelles, des mots qui expriment une comparaison, se placent bien au commencement. Ainsi : *Cur fleas nescio*, est meilleur que *nescio cur fleas. Quandò venturus sit ignoro*, vaut mieux que *ignoro quando venturus sit. Ubi sit quæris*, mieux que *quæris ubi sit. Hunc librum, si potes, da mihi*, au lieu de *da mihi hunc librum, si potes. Ego ut patrem, ità te amo*,

mieux que *ego te amo ut patrem. Qualis pater, talis filius,* au
lieu de *filius talis qualis pater. Quantæ res à nemine gestæ
sunt, tantas Cæsar gessit;* mieux que *Cæsar tantas res gessit,
quantæ à nemine gestæ sunt. Quot bella alii vix legerunt, tot
Pompeius gessit,* au lieu de *Pompeius tot bella gessit, quot alii
vix legerunt,* etc.

10° Il est élégant de séparer le sujet et l'attribut, ou d'autres
mots de la phrase par une phrase incidente, toutes les fois que
cela ne nuit point à la clarté du discours. Ex. *Confirmo tibi me,
si potero, ad te venturum esse.* Au lieu de *confirmo tibi me ad
te venturum esse, si potero. Homines, quia malè vivis te oderunt,* au lieu de *homines te oderunt, quia malè vivis. Multi,
si virtutem accuratiùs nossent, eam meliùs colerent,* mieux que
*multi virtutem meliùs colerent, si eam accuratiùs nossent. Au-
dio esse, qui, etsi nihil sciant, tamen multa narrare velint,*
au lieu de *audio esse qui multa narrare velint, etsi nihil sciant.
Rogote, ut, quid scias, mihi dicas. Miror quomodò, cùm ego
te tantopere amaverim, me odisse possis.*

On met la conjonction *ut*, avec la phrase qui en dépend, devant le Verbe qui la régit. Ex. *Signum ut demolirentur, imperavit.* (Cic.) *Ætoli tandem, ut conditiones pacis convenirent,
effecerunt.* (Liv.) On emploie volontiers cette construction avec
dignus Ex. *Mortuus est vir, qui, ut diutiùs viveret, dignus erat.*
Avec *qui* mis pour *ut.* Ex. *Pater tuus, qui amaretur, semper
dignus fuit.*

11° On unit les mots et les phrases par les conjonctions *et, ac,
atque, que,* etc.

Pour donner plus de force au discours, au lieu de *et* on répète bien la conjonction ou le relatif qui précède. Ex. *Si Deum,
si virtutem amas. Si quis rex, si qua civitas exterarum gentium, si qua natio fecisset.* (Cic.) *Omnia enim à me in te pro-
fecta sunt, quæ ad tuum commodum, quæ ad honorem, quæ
ad dignitatem pertinerent.* (Id.) On répète élégamment les conjonctions ou les mots négatifs. Ex. *Nemo te colit, nemo te amat.
Illam partem excusationis nec nosco, nec probo.* (Cic.) *Quem
tibi aut hominem, aut verò Deum auxilio futurum putas?* (Id.)
*Quantùm mihi vel fraus inimicorum, vel causa amicorum, vel
respublica tribuet otii, ad scribendum conferam.* (Id.) *Quod in
Catulo, et in patre et in filio, vidimus.* (Id.)

La répétition de *et* sert aussi à exprimer *non-seulement, mais
encore.* Ex. *Atque in omni re considerandum est, et quid pos-
tules ab amico, et quid patiare à te impetrari.* (Id.)

Les bornes de cette grammaire ne permettent pas d'insérer plus
de règles ni de rapporter plus d'exemples. On laisse aux maîtres
le soin d'y suppléer, en faisant remarquer aux Élèves les différentes constructions et les tournures les plus élégantes qu'ont em-
ployées les Auteurs qu'ils expliquent. Il suffit d'ajouter qu'en gé-

néral les mots occupent dans une phrase la place qu'occupent les idées. Ce qu'on pense en premier lieu, doit avoir la première place. On doit mettre aussi les expressions les plus énergiques avant celles qui le sont le moins. Souvent la clarté, l'énergie, la grâce demandent pour un mot une place qu'il ne devrait pas avoir d'ailleurs.

DU GENRE DES NOMS.

Règles générales pour toutes les Déclinaisons.

1° Tous les noms propres ou communs d'hommes, de peuples et de vents sont du masculin, comme *Alexander*, *Solon*, etc.; *Agricola*, *vir*, etc.; *Scytha*, *Arabs*, etc.; *Boreas*, *auster*, *venti Etesiæ*, etc.

Les noms de mois ne sont proprement que des adjectifs; ils sont du masculin, parce qu'on sous-entend le nom *mensis*, ou que ce nom leur est joint: *Januarius*, *mensis Junius*, etc.

2° Tous les noms propres ou communs de femmes, de pays et d'îles sont du féminin. Ex. *Eva*, *Dido*, *Venus*, *Clio*, etc. *mater*, *filia*, etc.; *Græcia*, *Epirus*, etc.; *Sicilia*, *Cyprus*, *Delos*, etc.

On sous-entend *terra* avec les noms de pays, et *insula* avec les noms d'îles.

Le nom *arbor* et la plupart des noms propres d'arbres sont du féminin. Ex. *Cedrus*, *Quercus*, *Abies*, *Ilex*, etc., excepté ceux de la deuxième déclinaison terminés en *er*, qui sont du masculin, comme *Pinaster*, *Oleaster*, etc., et ceux de la troisième déclinaison en *er* et en *ur*, qui sont du neutre, comme: *Suber*, *eris*, liège; *robur*, *roboris*, chêne. Ceux de la seconde déclinaison terminés en *um* sont aussi du neutre, comme: *Ebenum*, *Buxum*, etc.

La plupart des noms des villes sont du féminin, parce qu'on sous-entend le mot *urbs*. Ex. *Corinthus*, *Lacedæmon*, *Carthago*, *Athenæ*, etc.

Quelques noms de villes en *o* sont du masculin: *Croto*, *Hippo*, *Narbo*, *Sulmo*, ainsi que les pluriels en *i*: *Delphi*, *Parisii*, etc.

Tous les noms de villes en *um* sont du neutre: *Arpinum*, *Saguntum*, etc., de même que les noms en *e* et en *ur* de la troisième déclinaison et les pluriels en *a*: *Præneste*, *Tibur*, etc.; *Ecbatana*, *orum*, etc.

3° Tous les mots indéclinables sont neutres, *nihil*, *fas*, *gummi*, etc. Sont du neutre aussi les lettres de l'alphabet, *A longum*, *Y græcum*, etc., les infinitifs, les impératifs, les adverbes et les autres particules, quand ces mots sont employés substantivement: *Scire tuum*, *triste vale*, et tous les mots que l'on ne considère pas d'après leur signification, mais d'après leurs lettres ou leurs syllabes, comme: *homo est dissyllabum*, le mot *homo* est de deux syllabes. *Ad est addendum*, il faut ajouter *ad*. Dans ces exemples, ou sous-entend *nomen* ou *vocabulum*.

4° Il y a des noms *communs*, c'est-à-dire, des noms qui, sous la même terminaison, sont tantôt du masculin, tantôt du féminin, selon les êtres qu'ils désignent. Voici les principaux : *Adolescens*, *antistes* ; *auctor, augur, bos, canis, civis, comes, conjux, custos, dux, hospes, infans, index, interpres, judex, juvenis, municeps, opifex, parens, patruelis, princeps, sacerdos, sus, testis, vates, vindex.*

Règles particulières pour chaque Déclinaison.
PREMIÈRE DÉCLINAISON.

Les noms en *a* et *e*, et les pluriels en *æ* sont du féminin. *Rosa, musice, divitiæ. Adria*, golfe de Venise, est du masculin.

Les noms en *as* et en *es*, venant du grec, conservent le genre masculin qu'ils ont dans cette langue. *Boreas, cometes.*

Les noms d'hommes en *a* sont masculins d'après la règle générale. *Incola, advena, collega*, etc. ; mais si ces noms désignaient des femmes, ils seraient féminins.

SECONDE DÉCLINAISON.

Les noms en *us* et en *er* sont du masculin ; ceux en *um* sont du neutre.

Quelques noms en *us* sont féminins, comme : *alvus, domus, humus, vannus*, ainsi que les noms formés du grec, *dialectus, diphtongus, exodus, methodus, periodus, synodus, abyssus, papyrus.*

Pelagus et *virus* sont neutres.

Vulgus est masculin et neutre.

TROISIÈME DÉCLINAISON.

1° Sont du masculin les noms en *o* ; *homo, leo*, etc. ; en *or* ; *dolor, mæror, tumor*, etc. ; en *os* ; *mos, flos*, etc. ; en *er* ; *aer, passer*, etc. ; et ceux en *es*, lorsqu'ils ont au génitif une syllabe de plus qu'au nominatif: *miles, militis ; pes, pedis*, etc.

EXCEPTIONS.

Caro, echo, et les noms en *do* et *go* ; *consuetudo, origo*, etc., sont du féminin. Cependant *ordo, cardo, ligo, harpago*, restent masculins. De plus sont féminins les noms en *io* ; *actio, communio*, etc., à l'exception de *unio*, perle ; *scipio*, bâton, *titio, papilio, vespertilio*, etc.

Cor, adur, murmor, æquor, sont neutres.

Cos, dos, glos, sont féminins ; mais les noms grecs *chaos, epos, melos*, et les noms *os, oris, os, ossis*, sont neutres.

Cadaver, iter, piper, ver, verber, et quelques autres en *er*, que l'usage apprendra, sont neutres.

2° Sont du féminin les noms en *as*, *is*, *ys*, *aus*, *x*, *s*, précédé d'une consonne, et ceux en *es* qui n'ont pas plus de syllabes au génitif qu'au nominatif. *Ætas, apis, chelys, laus, lex, mors, plebs, fames, famis, vulpes, vulpis*, etc.

EXCEPTIONS.

Adamas, elephas, gigas et *as* sont masculins; *vas, vasis*, est neutre.

Beaucoup de noms en *is* sont masculins, voici les principaux, *amnis, anguis, axis, callis, canalis, cinis, collis, crinis, ensis, fuscis, fustis, ignis, lapis, mensis, orbis, panis, piscis, postis, pulvis, sanguis, sentis, torris, unguis, vectis, vermis*, etc.

Apex, codex, grex, pollex, vervex, et quelques autres sont masculins.

Mons, pons, fons, dens, chalybs, hydrops, rudens, seps, sont du genre masculin.

3° Sont du genre neutre les noms terminés en *a*, *e*, *c*, *l*, *n*, *t*, *ar*, *ur*, *us*; comme : *poëma, mare, lac, fel, flumen, caput, calcar, fulgur, corpus*, etc.

EXCEPTIONS.

Sal, sol; ren, splen, lien, pecten; canon, agon; far, furfur, turtur, vultur; mus, lepus, tripus, sont masculins.

Salus, palus, tellus, virtus, incus, juventus, senectus, servitus, pecus, pecudis, sont féminins.

QUATRIÈME DÉCLINAISON.

Les noms en *us* sont masculins, et ceux en *u* neutres. Il n'y a d'exceptions pour les noms en *us* que pour *acus, domus, manus, porticus, tribus*, et le pluriel *idus*, qui sont féminins.

CINQUIÈME DÉCLINAISON.

Les noms de cette déclinaison sont féminins, excepté *meridies*, qui est masculin. *Dies* est commun au singulier ; mais il est masculin au pluriel.

EXPLICATION DES ABRÉVIATIONS.

Qui se trouvent dans les Auteurs latins, tant anciens que modernes.

1° Prénoms des anciens. A. signifie *Aulus* ; Ann. *Annæus*; App. *Appius*; C. *Caius*; Cl. *Claudius*; Cn. *Cnæus* ou *Cneus*; Corn. *Cornelius*; D. *Decius*; Jul. *Julius*; L. *Lucius*; Lep. *Lepidus*; M. *Marcus*; M? ou M' *Ma-*

nius; P. *Publius*; Q. *Quintus*; Ser. *Servius*; S. ou Sex.
Sextus; Sp. *Spurius*; T. *Tullius*, ou *Titus*; Ti. ou Tib.
Tiberius.

2° Autres Noms. A. V. C. signifie *anno urbis con-
ditæ*; A. P. R. C. *anno post Romam conditam*; a. d. *ante
diem*; Æd. Cur. *Ædilis Curilis*; Cal. ou kal. *Calendæ*
ou *calendis*; col. *collega*; cos. *consul*; coss. *consules*,
ou *consulibus*; C. D. ou cos. des. *Consul designatus*;
D. *Divus*; D. O. M. *Deo optimo maximo*; D. M. *Diis
Manibus*; D. D. *dono dedit*, ou *Deo dicavit*; D. D. D.
dat, *dicat*, *dedicat*, ou *dona dat*, *dedicat*; F. ou Fil.
filius, par exemple, M. F. *Marci filius*; F. F. F. *Felix*,
faustum, *fortunatum*; H. S. *Sestertius*, ou *Sestertiùm*.
Id. *idus* ou *idibus*; Imp. *Imperator*; I. O. M. *Jovi optimo maximo*; M. T. C. *Marcus Tullius Cicero*; Non.
Nonæ, ou *nonis*; P. *posuit*; P. C. *Patres conscripti*;
P. F. *Publii filius*; P. M. ou Pont. Max. *Pontifex
maximus*; P. S. ou Ps. *Plebiscitum*; Præt. *Prætor*;
Prætt. *Prætores*; Propr. *Proprætor*.

3° Dans les lettres. S. *Salutem*. S. D. *Salutem dicit*.
S. P. D. *Salutem plurimam dicit*. S. V. B. E. E. V. *Si
vales*, *benè est*, *ego valeo*.

4° S. C. *Senatus - consultum*. S. P. Q. R. *Senatus
Populusque Romanus*.

5° Dans les écrits modernes. A. signifie *anno*. A. C.
anno Christi. A. C. N. *anno Christi nati*. A. M. *anno
mundi*, ou *artium magister*. A. R. S. *anno reparatæ
salutis*. C. *Candidatus*. D. devant le nom d'un saint,
Divus; d'un savant, *doctor*. ICtus, *Jurisconsultus*. I.
V. D. *juris utriusque doctor*. I. V. L. *juris utriusque
licentiatus*. L. devant un nom, *licentiatus*. L. B. *lector
benevole*. L. S. dans les patentes, *locus sigilli*. M. devant un nom, *Magister*. M. D. *medicinæ doctor*. MS.
ou Cod. MS. *codex manuscriptus*., au plur. Codd. Mss.
PP. après un nom, *professor publicus*; sur une inscrip-
tion ou un programme, *publicè posuit*. P. S. dans les
lettres, *postscriptum*. Q. B. V. *quod benè vertat*. Q.
D. B. V. *Quod Deus benè vertat*. S. ou SS. Th. D.
Sanctæ ou *sacrosanctæ Theologiæ doctor* S R. I. *Sa-
crum Romanum imperium*. a. c. *anni currentis*. c. *ca-*

put. etc. *et cetera.* extr. *extremo.* sous-entend. *capite.* fin. *in fine.* ff. signifie *les pandectes.* h. a. *hujus anni , hoc anno.* h. l. *hoc loco.* i. e. *id est.* i. q. *idem quod.* l. *liber.* l. c. *loco citato.* p. *pagina.* sc. *scilicet.* s. ou sect. *sectio.* seq. ou s. *sequens.* seqq. ou ss. *sequentia.* v. ou vid. *vide.* v. signifie aussi *versus.* v. c. *verbi causâ.* v. g. *verbi gratiâ.*

6° Auteurs cités après les exemples de cette Grammaire. Cæs. *César.* Cic. *Cicéron.* Corn. N. *Cornelius Nepos.* Eut. *Eutrope.* Hor. *Horace.* Just. *Justin* Phæd. *Phèdre.* Q. Curt. *Quinte-Curce.* Sall. *Salluste.* Sén. *Sénèque.* Suét. *Suétone.* Tér. *Térence.* T. Liv. *Tite-Live.* Varr. *Varron.* Vell. *Velleius Paterculus.* Virg. *Virgile.*

DU CALENDRIER ROMAIN.

Les Romains partageaient leurs mois en trois parties ; les *Calendes*, les *Nones* et les *Ides*. Les Calendes étaient le premier jour de chaque mois ; ce mot vient de l'ancien verbe *calare*, appeler, convoquer, parce qu'on assemblait le peuple ce jour-là. Les Nones étaient le 5ᵉ jour, et les Ides le 13ᵉ, excepté dans les mois de Mars, de Mai, de Juillet et d'Octobre, que les Nones étaient le 7ᵉ jour et les Ides le 15ᵉ. Les *Nones* étaient ainsi appelées, parce que c'était le 9ᵉ jour avant les Ides, en y comprenant le jour des Nones et celui des Ides. Le mot d'*Ides* vient de l'ancien verbe *iduare*, partager, parce que les Ides partageaient le mois en deux parties.

Voici comment les Romains comptaient les jours de leurs mois. Prenons le mois de Mars. Le premier Mars, on disait, le jour des Calendes de Mars, en latin, *Calendis Martiis*. Le 7 du même mois se nommait le jour des Nones de Mars, en latin, *Idibus Martiis*.

Les jours entre les Nones et les Calendes se comptaient de la manière suivante : la veille des Nones s'appelait *pridiè Nonas Martias*, et tombait le 6 Mars. Le 5 Mars s'appelait le troisième jour avant les Nones, en comptant le jour des Nones pour un, en latin, *tertio Nonas Martias*, sous-entendu *die antè*. Le 4 Mars, *quarto* ; le 3, *quinto* ; le 2, qui est le lendemain des Calendes, *sexto Nonas Martias*.

On suivra la même marche pour compter les jours entre les Ides et les Nones. Ainsi la veille des Ides de Mars qui répond au 14 du même mois, se nomme *pridiè Idus Martias*. Le 13, *tertio Idus Martias*, par la raison que nous avons dite précédemment, et en remontant de la même manière, on trouvera que le lendemain des Nones était nommé le 8ᵉ jour avant les Ides de Mars, *octavo Idus Martias*, sous-ent. *die antè*.

Le 31 du mois de Mars étant la veille des Calendes d'Avril, se nomme *pridiè Calendas Apriles*. Le 30, *tertio Calendas Apriles* ; et en remontant, on trouvera que le lendemain des Ides de Mars s'appelle *decimo septimo Calendas Apriles*, sous-ent. *die antè*.

Quand Février avoit 29 jours, on répétait le jour nommé en latin, *sexto Calendas Martias* : c'est à-dire, que celui qui répondait au 25 Février s'appelait *bis sexto Calendas*, et le 24 du même mois se nommait *sexto Calendas Martias*. C'est de l'expression *bis sexto* que vient le mot *bissextile*.

Le mois de Juillet s'est appelé autrefois *quintilis*, et le mois d'Août, *sextilis*.

On a fait les deux vers latins qui suivent pour indiquer combien de jours on devait compter avant les Nones et les Ides de
chaque mois.

Maius sex Nonas, October, Julius et Mars.
Quattuor at reliqui; dabit Idus quilibet octo.

CALENDRIER ROMAIN.

Jours de nos mois.	Mars, Mai, Juillet, Octobre. 31 *Jours.*		Janvier, Août, Décembre. 31 *Jours.*		Avril, Juin, Septembre, Novembre. 30 *Jours.*		Février, 28 *Jours;* tous les 4 ans, 29 *Jours.*	
1.	Calendis.		Calendis.		Calendis.		Calendis.	
2.	VI.		IV.		IV.		IV.	
3.	V.		III.		III.		III.	
4.	IV.	*anté non.*	Prid. non.	*anté non.*	Prid. non.	*anté non.*	Prid. non.	*anté non.*
5.	III.		Nonis.		Nonis.		Nonis.	
6.	Prid. non.		VIII.		VIII.		VIII.	
7.	Nonis.		VII.		VII.		VII.	
8.	VIII.		VI.		VI.		VI.	
9.	VII.		V.		V.		V.	
10.	VI.	*anté Idus.*	IV.	*anté Idus.*	IV.	*anté Idus.*	IV.	*anté Idus.*
11.	V.		III.		III.		III.	
12.	IV.		Prid. id.		Prid. id.		Prid. id.	
13.	III.		Idibus.		Idibus.		Idibus.	
14.	Prid. id.		XIX.		XVIII.		XVI.	
15.	Idibus.		XVIII.		XVII.		XV.	
16.	XVII.		XVII.		XVI.		XIV.	
17.	XVI.		XVI.		XV.		XIII.	
18.	XV.		XV.		XIV.		XII.	
19.	XIV.	*anté Calendas mensis sequentis.*	XIV.	*anté Calendas mensis sequentis.*	XIII.	*anté Calendas mensis sequentis.*	XI.	*anté Calendas Martias.*
20.	XIII.		XIII.		XII.		X.	
21.	XII.		XII.		XI.		IX.	
22.	XI.		XI.		X.		VIII.	
23.	X.		X.		IX.		VII.	
24.	IX.		IX.		VIII.		VI.	
25.	VIII.		VIII.		VII.		V.	
26.	VII.		VII.		VI.		IV.	
27.	VI.		VI.		V.		III.	
28.	V.		V.		IV.		Prid. calend. Martias.	
29.	IV.		IV.		III.			
30.	III.		III.		Prid. calend. mensis seq.			
31.	Prid. calend. mensis seq.		Prid. calend. mensis seq.					

TABLE DES MATIÈRES.

SYNTAXE.

Les articles marqués d'une *, indiquent les principales notes ajoutées à cette Grammaire.

Fin de la Table.

www.ingramcontent.com/pod-product-compliance
Lightning Source LLC
Chambersburg PA
CBHW071905020726
47502CB00003B/904